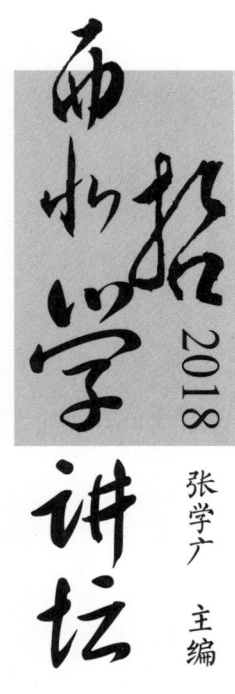

张学广 主编

中国社会科学出版社

图书在版编目(CIP)数据

西北哲学讲坛. 2018 / 张学广主编. —北京：中国社会科学出版社，2019.1

ISBN 978-7-5203-4915-4

Ⅰ.①西… Ⅱ.①张… Ⅲ.①哲学—文集 Ⅳ.①B-53

中国版本图书馆 CIP 数据核字 (2019) 第 184100 号

出 版 人	赵剑英
责任编辑	冯春凤
责任校对	张爱华
责任印制	张雪娇
出　　版	中国社会科学出版社
社　　址	北京鼓楼西大街甲 158 号
邮　　编	100720
网　　址	http://www.csspw.cn
发 行 部	010-84083685
门 市 部	010-84029450
经　　销	新华书店及其他书店
印　　刷	北京君升印刷有限公司
装　　订	廊坊市广阳区广增装订厂
版　　次	2019 年 1 月第 1 版
印　　次	2019 年 1 月第 1 次印刷
开　　本	710×1000　1/16
印　　张	15
插　　页	2
字　　数	246 千字
定　　价	88.00 元

凡购买中国社会科学出版社图书，如有质量问题请与本社营销中心联系调换
电话：010-84083683
版权所有　侵权必究

顾　　　问：赵敦华
编委会主任：张学广　李　波
编委会成员（以姓氏笔画为序）
　　　　　　　王　军　王美凤　王雪梅　付粉鸽
　　　　　　　李利安　李　波　李海波　刘　宇
　　　　　　　张学广　胡军良　耿　建　谢阳举
　　　　　　　魏　冬

目　录

总序 …………………………………………… 赵敦华（1）

马克思主义哲学

人学、物学与哲学 …………………………………… 汪信砚（1）
实践模式是真理与价值统一的实现形式 …………… 王宏波（11）
马克思主义哲学研究中的问题及进展 ……………… 鉴传今（25）
政治哲学视野中的空间与政治 ……………………… 强乃社（39）

中国哲学

20世纪中国哲学的"三化" ………………………… 赵敦华（51）
诠释学与传统继承问题——从冯友兰的抽象继承法讲起 … 洪汉鼎（62）
"三教合一"与理学的形成与流变 ………………… 刘学智（81）

外国哲学

蒯因与语言哲学中的主要问题 ……………… D. K. 佛雷斯达尔（93）
流俗时间刍议 ………………………………………… 靳希平（108）
客观性：争论、问题与反思 ………………………… 金　延（128）
论文本诠释的有效性 ………………………………… 傅永军（145）
维特根斯坦与颜色不相容问题 ……………………… 黄　敏（161）

科学技术哲学

面向21世纪的技术哲学 …………………………… 陈　凡（171）

维特根斯坦与人工智能哲学 …………………………… 李国山（191）
主流人工智能与通用人工智能比较谈 ………………… 徐英瑾（208）

后记 ……………………………………………………………（227）

总　序

赵敦华

　　西北大学哲学学院决定将国内外专家所做的哲学学术报告集正式出版，这不仅对于新成立的学院自身，而且对于全国哲学学科发展，都是一件好事。多年来，包括北京大学在内的重点高校，都出版过学术报告集，在广大青年学子中产生了很大的影响，对于哲学普及和人文通识起到潜移默化的推动作用。

　　一位专家学者很不容易将自己积累多年的学识凝聚为一场报告，特别是像哲学这样一门需要反思深虑而不是记忆点滴知识的学问，听众可能不多，现场影响或有限，加上录音的整理修订、编辑出版是一件非常费力的工作，不少报告有可能像一阵风一样吹过，并没有留下与它的宝贵价值相称的深刻痕迹。我知道，这些报告文字稿集辑出版，极大地延长了报告的时效，不仅引起曾经亲临现场的人有一个回味和深思，而且为更多未能亲临现场的人提供了一个个点燃心智的机会，西北大学哲学学院不辞辛苦出版学术报告集，值得关注，值得提倡。

　　一场优质的学术报告应该使普及和提高能够双向受益。它为那些已有准备的人提供新鲜的空气和养料，也为那些尚无准备的人植入新的种子。哲学由于它的学科特殊性更在呼唤一些优质的学术报告，以便让我们的社会大众尤其青年学子能有机会获得非专业的哲学教育，也让哲学的进一步提高受到时代和大众的激励。黑格尔和马克思都曾指出：哲学是时代精神的精华。这意味着，哲学应来自时代和人民，也应把经过审视的时代精神回馈给时代和人民。

　　马克思还有一句著名的格言，"哲学家们只是用不同的方式解释世界，而问题在于改变世界"①。他强调新哲学那种不同于古典哲学的实践品格和社会使命，接受马克思哲学影响的学者和政治家便都十分强调哲学在认识世界和改造世界中的重要作用。但是，哲学曾经发挥过的巨大作用并不意味着我们在哲学的时代化中国化方面已经做得很好。恰恰相反，哲学在中华民族伟大复兴中理应发挥的作用还远未发挥出来。

一百多年来，中国在西方强势文明的冲击下更多关注"救亡图存"和"奋起直追"的生存问题，这使原本就极为强调经世致用的传统文化更加向着急功近利的方向发展。其结果是，马克思主义哲学所强调的实践功能或许往往被片面理解，因而一方面在强调哲学对于政治的指导作用，另一方面却使哲学变成可有可无或随意揉搓的工具。生存问题迫使我们将有限的资源投身于科学技术发展，而包括哲学在内的人文学科被边缘化便成为不可避免的现实。对于这种（很大程度上也是迫不得已的）片面发展的后果，我们现在正不得不承受，也不能不着手加以改变。

近几年，我一直在思考中国现代哲学的"三化"问题。马克思主义哲学的中国化、中国传统哲学的现代化、西方哲学的处境化是中国现代哲学曾经历和依然在经历的三个基本维度。如何使中国当下三种基本哲学形态各自在回归原典和关注现实之间、粹取精华和面向现代之间、维持原味和适应中国之间保持必要的张力，以辩证的思维方式和实事求是的基本精神促进中国哲学的综合创新，就不只是哲学学术圈的象牙塔事情，而且是社会大众和现代转型的共同事业。哲学一方面像黑格尔所说的"密纳发的猫头鹰，只在黄昏时才起飞"，在一个时代成熟甚至结束时才去总结它的精神，但是哲学另一方面也如马克思所说"在于改造世界"，积极地干预时代的变化和促进社会的进步。中国现代哲学的"三化"每一阶段都曾经与中国当时的社会历史状况密切相关，中国未来哲学的"三化"也同样离不开中国正在和即将进行的社会变革的大环境。

就中国当下的社会发展阶段而言，新时代人们对美好生活的向往不只包括物质生活的更加丰裕，而且包含精神生活的更加充实。中国社会要能走向更加文明、更加和谐、更加幸福的阶段，甚至包括全社会的创新能力的提高，都必须更加重视包括哲学在内的人文学科的普及和提高。对于一

---

① 《马克思恩格斯文集》，第 1 卷，人民出版社 2009 年版，第 502 页。

个文明社会和伟大国家来说,仅仅有眼前利益和物质财富是远远不够的。它必须在教育科技的创新上引领世界,必须在文化价值的创造上值得人们称羡,必须在素质心态上达到真正的平和幸福,必须在行为举止上成为促进和平、维持公正的真正力量。而中国不管是在内部治理上还是国际形象上距离这一目标还都有很长的路要走。

哲学在促进人们的美好生活上究竟能起什么作用呢?这当然是一个极其复杂的大课题,我在这里愿意借用大哲学家罗素在《哲学问题》中对于哲学价值的一些论述,说明哲学在提升人们精神生活方面的巨大作用。罗素认为,哲学可以"为心灵提供食粮","只有在心灵的食粮之中才能够找到哲学的价值;也只有不漠视心灵食粮的人,才相信研究哲学并不是白白浪费时间。"在罗素看来,"哲学之应当学习并不在于它能对于所提出的问题提供任何确定的答案,因为通常不可能知道有什么确定的答案是真确的,而是在于这些问题本身;原因是,这些问题可以扩充我们对于一切可能事物的概念,丰富我们心灵方面的想象力,并且减低教条式的自信,这些都可能禁锢心灵的思考作用。此外,尤其在于通过哲学冥想中的宇宙之大,心灵便会变得伟大起来,因而就能够和那成其为至善的宇宙结合在一起。"①

罗素在这里还指的只是哲学对于个人所能起的心灵食粮作用,尽管这的确是哲学的重要作用。正如上面所说,哲学还有改造世界的重要作用。马克思曾指出:"批判的武器当然不能代替武器的批判,物质的力量只能用物质力量来摧毁;但是理论一经掌握群众,也会变成物质力量。理论只要说服人[ad hominem],就能掌握群众;而理论只要彻底,就能说服人[ad hominem]。所谓彻底,就是抓住事物的根本。而人的根本就是人本身。"②马克思所主张的哲学改造世界的使命首先就在于用彻底的理论说服人,然后去努力建立"每个人的自由发展是一切人的自由发展的条件"的联合体。③ 这毫无疑问是一个哲学与人民不断互动的漫长过程,哲学教育和哲学普及必将是"人类解放"事业的举足轻重的工作。

---

① 罗素:《哲学问题》,何兆武译,商务印书馆2007年版,第128、133页。
② 《马克思恩格斯文集》,第1卷,人民出版社2009年版,第11页。
③ 《马克思恩格斯文集》,第2卷,人民出版社2009年版,第53页。

当然，这种哲学普及工作不应急功近利，也不会一蹴而就。在我看来，哲学工作者在进行卓绝的哲学创造时，有义务进行哲学普及。因此，但愿有越来越多的哲学工作者能够将哲学提高和哲学普及结合起来，但愿越来越多高质量的高校哲学学术报告能够走出围墙，播撒于社会。

人学、物学与哲学

汪信砚[*]

老师们，同学们，大家好！

今天我要讲的主题是"人学、物学与哲学"。谈这么一个问题，也就是想谈一谈多年来我自己从事哲学研究的一些体会。围绕这个主题我想谈三个问题。

一

第一个问题是人学的学科定位。

很多年以来，在许多学者的共同努力下，人学已逐渐成为我们国家学术界、特别是马克思主义哲学领域里的一个热点，一门显学。研究的人很多，出版发表的论著不少。但是，到底什么是人学呢？没有人讲得很清楚。

在互联网上查阅人学的英文名称，一般都会显示出"hominology"这个词，而对这个词的解释和这个英文词的例句基本上都来自近十年的中国人学研究论文。可以肯定地说，这些网上资源的源头是"中国人学学会"的英文名称。中国人学学会1996年筹备成立，至2001年才经民政部批准

---

[*] 汪信砚，武汉大学哲学学院教授，博士生导师，教育部"长江学者"特聘教授，国家"万人计划"哲学社会科学领军人才，兼任第七届国务院学位委员会哲学学科评议组成员，湖北省哲学学会会长，《武汉大学学报》（哲学社会科学版）主编。主要著作有《科学价值论》《科学真理的困惑与解读》《当代视域中的马克思主义哲学》《科学：真、善、美的统一》《汪信砚文选》等。

正式成立。2001年9月在北京大学召开中国人学学会正式成立大会之前，首任会长黄楠森教授等人很是为其英文名称犯难，最后接受了这样一个建议，即用"hominology"来译"人学"，将中国人学学会的英文名称定为"China Hominology Society"。然而，hominology（有时也写作 homonology）这个词在英文文献中非常生僻，而且它本身的意思是"人类学"（常用 anthropology）。例如，有一个设在莫斯科的 International Center of Hominology（国际人类学中心），它主要致力于研究在世界各国发现的野人、雪人、大脚兽等。因此，hominology 根本就没有我们通常所说的人学的意思。

就我所知，与我们所谓的人学相关的英文词汇主要有三个，这就是 Human Studies、Human Science 以及 Humanities。

上述三个英文词汇中，Human Studies（人的研究）的外延最广，它泛指一切关于人的研究，包括不同学科从不同角度对人的研究，如生物学、生理学、心理学、人类学、社会学、语言学、历史学、哲学等都以不同方式对人的不同方面进行研究。例如，美国学者 Abram Kardiner 和 Edward Preble 曾写过《他们研究了人》(*They Studied Man*) 这样一本书，其所列举的西方思想史上在对人的研究上有重大影响的十位思想家中，就既有生物学家达尔文、人类学家弗雷泽和马林洛夫斯基、社会学家涂尔干，也有心理学家弗洛伊德和哲学家斯宾塞。因此，就所涉学科部类而言，Human Studies 即人的研究，既可以是人文学科的，也可以是社会科学的，还可以是自然科学的。

Human Science（人的科学）在涵盖的范围上较 Human Studies 略为窄一些，并被包含在 Human Studies（人的研究）之中。就其来源而言，这个词可以追溯到17世纪意大利思想家维柯和19世纪的德国哲学家狄尔泰。维柯立志要创立一门"新科学"（Scienza Nuova），即"人类社会的科学"，它既包括语言学、文学、历史学和哲学等人文学科，也包括政治学、法学等社会科学学科。维柯称为"新科学"的东西，狄尔泰称为"精神科学"（Geisteswissenschaften），并明确指出这种"精神科学"包括哲学、历史学、政治学、法学、政治经济学、神学、文学和艺术等。在英语世界中，维柯·狄尔泰传统所要开创和论证的这种不同于自然科学并与自然科学相对等的新"科学"，普遍地被理解和翻译为"Human Science"。例如，美国维柯思想研究专家利昂·庞帕（Leon Pompa）非常确定地用"Human Science"来指称维柯的"新科学"（Scienza Nuova），而狄尔泰哲学研究专家雷蒙·J. 贝塔佐斯（Ramon J. Betanzos）则直接把狄尔泰的名著 *Einleitung in die Geisteswissenschaften*（《精神科学引论》）翻译为 *Intrduction to the Human Science*（《人的科学导言》）。由此可以清楚地看出，Human Science 这个词的意指大体上相当于我们通常所说的"人文社会科学基础学科"（其中不包括那些实证性和应用性的社会科学学科），即人文社会科学领域中的"人的研究"（Human Studies）。

Humanities 所涵盖的范围更窄一些，它只是 Human Science（人的科学）的一部分，仅指语言学、文学、艺术、历史学、哲学等学科或这些学科所作的"人的研究"。Humanities 一词通常被翻译为"人文科学"，但最好是把它译为"人文学科"。1974 年出版的《不列颠百科全书》（世界上最权威的百科全书，是世界上三大百科全书——美国百科全书、不列颠百科全书、科利尔百科全书——之一，在国际学术界享有极高的学术声誉。它于 1771 年在苏格兰爱丁堡出版第一版，以后不断修订再版。1929 年出版的第 14 版由 140 个国家和地区的 4000 多位学者共同完成。1941 年版权归美国芝加哥大学所有，由总部设在美国芝加哥的不列颠百科全书公司出版。中文版情况：1986 年出版了 10 卷本的《简明不列颠百科全书》，1999 年出版了《不列颠百科全书》国际中文版。）的最新一版即第 15 版的"人文学科"条目认为：人文学科是那些既非自然科学也非社会科学的学科的总和，它是"关于人类价值和精神表现的人文主义传统的学科"。该书第 15 版的最新修订本（2005 年）写道："人文学科是这样一些知识部门，它们关注人类及其文化，关注源自重视人类价值、重视人类精神表达自身的独特能力的各种分析的和批判的探索方法。作为一个用于教育的学科群，人文学科在内容和方法上区别于物理和生物科学，也不同于社会科学。人文学科包括所有关于语言、文学、艺术、历史和哲学的研究。"

虽然英文中的 Human Studies、Human Science 以及 Humanities 都这样那样地研究人，但不能说它们都属于"人学"。就其性质而言，只有 Humanities 即人文学科才是真正意义上的人学，它是人类自我意识的理性表达形式。

二

第二个问题是人学与物学的区分。

人学是与"物学"相对而言的。我认为,所有的人文学科都是人学,而所有的科学(包括自然科学和社会科学)则都是"物学"。熊十力在《新唯识论》中曾说:科学是"逐物之学",是追求知识的学问;哲学是"返己之学",是关于修养的学问。他认为,如果用科学代替哲学,只讲逐物而不讲返己,那么人就丧失了内部生活的灵性,剩下的就只是由科学所获得的一大堆无灵性的知识。熊十力所说的"逐物之学"即"物学","返己之学"即"人学"。在我看来,不仅哲学是"返己之学"或"人学",所有的人文学科也都是人学。人学与物学即人文学科与科学的区别表现在以下几个方面:

第一,理论旨趣不同。

作为物学,科学的目的是要揭示对象的性质和规律、获取关于对象的尽可能普遍的知识,其所要回答的主要是对象"是什么"、"怎么样"、"为什么"等问题。作为人学,人文学科的根本目的不是要获取关于对象的知识,而是要探寻人的生存意义和人的价值,并由此表达某种价值观念和价值理想,从而为人的行为确立和提供某种价值导向,其所要回答的主要是"应如何"的问题。可以说,科学是一种纯粹的知识体系,而人文学科则是建立在一定知识基础上的价值体系。

需要说明的是,科学(包括自然科学和社会科学)也研究人,但它们并不把人当作人来看待,而是把人当作一种"物"即当作一种完成了的存在物或既成的事实性存在来研究,致力于发现支配人这种事实性存在的社会的、文化的、心理的甚或生物学的规律,因而它们对人的研究与对别的存在物的研究并没有本质的不同。与此不同,人文学科不是把人当作一种"物"、当作一种既成的事实性存在来看待,而是把人真正当作人即当作一种始终未完成的存在物来研究。可以这样说,科学研究和人文学科的研究都是要探寻某种东西,其中,科学研究所要探寻的是某种既成的事实,如电子、光普、细胞、人的生理或心理活动特点和规律等等,它所要探寻的东西本身是确定可寻的,一旦探寻到了这种东西，一项具体的科学研究的任务即告完成；人文学科的情况则很不相同，它所要探寻的东西从一开始就注定是找不到的，或者说，先前的探寻者总是以为他们找到了而后来的探寻者却总是认为先前的探索者并未找到或并未完全找到。但是，这丝毫也无损于人文学科及其研究的重要性，人文学科及其研究的重要性也不在于其探寻的结果而在于其探寻的过程。这是因为，人文学科所要探寻的东西是人的生存意义或人的价值，而人的生存意义、人的价值并不是现成地摆在什么地方而等待我们去发现的，而是在人文学科的探寻过程中不断地被开掘出来的、不断地生成着。正是通过对于人的生存意义、人的价值的永无止境的开掘和追问，人文学科不断地从新的方面、新的高度展示出人不同于任何其他存在物的始终未完成状态。

同样，人文学科也会研究物、研究各种事实性存在的性质和规律。例如，语言学非常重视研究语言的结构和功能及其发展规律，文学艺术一向注重运用写实手法，史学历来讲究对史料的考证，而近代以来的历史哲学则一直孜孜不倦地致力于历史规律的探索。但是，人文学科决不满足于、决不止于发现对象的性质和规律，而总是要进一步追问如此这般的对象、对象如此这般的性质和规律对人的生存和发展、对人的价值及其实现有何意义。

第二，致思方向不同。

对于人学与物学即科学与人文学科在致思方向上的区别，新康德主义弗莱堡学派的代表人物之一李凯尔特曾作过说明。李凯尔特把人文学科称为"文化科学"并分析了它与自然科学的区别。他认为，"自然科学是'抽象的'，目的是得到一般规律，人文研究是'具体的'，它关心个别和独特的价值观。"李凯尔特有时又把人文学科称为"历史科学"。他说："有一些科学，它们的目的不是提出自然规律，甚至一般说来也不仅仅是要形成普遍概念，这就是在最广泛的意义上而言的历史科学。这些科学不想缝制一套对保罗和彼得都同样适合的标准服装，也就是说，它们想从现实的个别性方面去说明现实，这种现实决不是普遍的，而始终是个别的。而一旦对个别性进行考察，自然科学概念就必定失去其作用。因为自然科学概念的意义恰恰在于它把个别的东西作为'非本质的'成分排除掉。历史学家可能引用歌德关于普遍的东西的话：'我们利用普遍的东西，但是我们不喜欢普遍的东西,我们只喜欢个别的东西。'"①

　　李凯尔特的上述看法是有道理的。就致思方向而言,因为要发现一般规律,各门科学在研究对象时总是致力于"抽象化"或"普遍化",也就是说,它总是致力于把个别事实归结为某种规律的作用和表现,并把特殊规律提升为一般规律,从而抽象出越来越普遍的规律,获取关于对象的越来越普遍的知识。与一切科学的致思方向不同,人文学科在研究对象时总是致力于"具体化"或"个别化",它强调和珍视各种个别的东西、富有个性特色的东西、独特的东西的价值,并借此来开掘人的生存的丰富意义。例如,用科学的眼光来看人,人必然被抽象为无差等的"类",不同人之间的这样那样的差异被当作毫无意义的东西而忽略不计的;而用人文学科的眼光来看人,人总是具体的、个别的、有着不同境遇和生存状态的个体。即使是高度抽象的哲学理论,它对人的研究也仍然体现出"具体化"或"个别化"的致思方向。例如,马克思曾说:"人的本质不是单个人所固有的抽象物。在其现实性上,它是一切社会关系的总和。"② 对于马克思的这一论述,与人们通常所作的理解不同,我认为马克思在这里不是要回答、并没有回答、事实上也不可能回答什么是人的本质的问题,因为只有对于那些业已完成的存在物或既成的事实性存在,我们方可追问它们的本质是什么,而"什么是人的本质"或"人的本质是什么"这类知识论的提问方式是根本不适合于人这种始终未完成的存在物的,也就是说,既然人是一种始终未完成的存在物,那么,我们就不能将其作为一种既已完成的、其本质已定型的事实性存在来对待。正是由于深刻地洞察到了人是一种始终未完成的存在物,所以马克思在这里并没有去追问或试图回答什么是人的本质的问题,而只是提出了考察人的本质的根本途径和方法:现实的人的本质是在一定社会关系中生成并由一定社会关系决定的,因此,要了解一个人的本质,就必须考察其所置身于其中的全部社会关系。显然,马克思在对人的研究上的致思方向就是"具体化"或"个别化"。哲学研究是这样,文学、艺术、史学的研究也

---

　　① [德] H. 李凯尔特:《文化科学和自然科学》,涂纪亮译,杜任之校,商务印书馆1986年版,第50页。

　　② 《马克思恩格斯全集》第3卷,人民出版社1995年版,第5页。

都莫不如此。

总之,"抽象化"或"普遍化"与"具体化"或"个别化"是人学与物学即科学与人文学科在致思方向上的重要区别。

英国著名学者斯诺在他的名著《两种文化》一书中分析科学文化与人文文化的对立和区别时认为,科学文化是历时的,人文文化是共时的,它们"一种是积累的、组合的、共意的、注定了必然穿越时间而进步。另一种是非积累的、非组合的,不能抛弃但也不能体现自己的过去。"他指出:"到2070年我们也不能说,任何活着的人都比莎士比亚更了解莎士比亚的体验,这样做也是愚蠢的。而那时一个像样的18岁的物理系学生将比牛顿懂得更多的物理学。"[①] 斯诺的结论是,科学文化的进步是谁都不会怀疑的,而"人文文化没有内在的进步"。斯诺否认人文文化的进步性是错误的,但他却提出了这样一个重要问题:科学(包括自然科学和社会科学)研究总是致力于"抽象化"或"普遍化",科学的发展表现为其所获得的关于事物的性质和规律的知识越来越普遍,因而科学的进步性是显而易见的;人文学科的研究总是致力于"具体化"或"个别化",它们只有在表达了一种独特的价值观念、价值理想时才会受到人们的重视,因而在时间系列中先后出现的人文学科理论之间是不可比较的,既然如此,那么人文学科的进步性何以可能?显然,这个问题是由人文学科独特的致思方向引起的。我认为,就历史上人文学科领域中的每一重要理论或思想都表达了一种独特的价值观念、价值理想而言,它们在人类思想史上都占有不可替代的地位,因而都永远不会过时;但就各门人文学科研究在不断地从新的方面、新的高度开掘出人的生存意义、探寻到人的价值而言,各门人文学科又都在不断地实现着历史性的进步。

第三,思维方式不同。

各门科学都以探寻对象的性质和规律、获取关于对象的知识为己任,这样一种旨趣决定了一切科学的思维方式都必然是实证的。比如说,你要探索金属的导电性,要揭示水的沸点或冰点,要弄清商品流通和交换的规律等等,你就必须进行实证的研究,并用实验或实证材料来说服人们相信

---

① [英] C. P. 斯诺:《两种文化》,纪树立译,三联书店1995年版,第89页。

你的研究结论。与此不同，人文学科的旨趣在于表达一定的价值观念或价值理想，因而它的思维方式不可能是实证的，其中，尤其是哲学的思维方式是非实证的。人文学科中那些体现出某种人文精神的命题（如普罗泰戈拉："人是万物的尺度"；克罗齐："一切历史都是当代史"；丹纳："艺术是一种既高雅而又通俗的东西"，等等），往往看起来是一些事实命题（作为对事实的描述，事实命题的典型特点可以用"A 是 P"的句式来表达），实际上却是价值命题（作为对某种价值观念或价值理想的表达，价值命题的典型特点可以用"A 应该是 P"的句式来表达），这些价值命题既不能从事实命题中推导出来，也不可能用经验来予以验证。

当然，我们说人文学科的思维方式是非实证的，这并不意味着各门人文学科的思维方式都是一样的。虽然各门人文学科的根本旨趣是相同的，都是要揭示人的生存意义、探索人的价值及其实现途径，但它们的思维方式也是很不相同的。其中，文学和艺术是表达性或"显示"性的，关于这一点，鲁迅说得好："悲剧将人生的有价值的东西毁灭给人看，喜剧将那无价值的撕破给人看"；语言学和历史学是理解性的，也正因为如此，严格说来，解释学（准确地说，应该叫作诠释学）即关于理解的学问和技巧仅仅与语言和历史相关；而哲学则是反思性的。

综上所述，人学与物学即人文学科与科学的分野主要就在于它们有着不同的理论旨趣、不同的致思方向和不同的思维方式。

三

最后我简单地讲讲第三个问题，即哲学与人学的关系。

关于哲学与人学的关系，国内学界一直有激烈的争论，它主要表现为这样两个不同的命题，即"哲学是人学"与"人学是哲学"。

"人学是哲学"这一命题，强调"人学是关于人的哲学"。按照这一命题，人学只是哲学的一个分支或部门，甚至只是马克思主义哲学的一个分支学科。这一命题把哲学以外的人文学科、甚至把各种非马克思主义哲学和马克思主义哲学中的其他内容都排除在人学之外，是完全没有道理的。

我是"哲学是人学"这一命题的主张者。按照这一命题，不仅哲学是人学，其他的人文学科也是人学。不过，提出这一命题，主要是要强调哲学并不是一种关于物、关于外部世界的知识体系，而是一种关于人的生存意义和人的价值、关于外部世界按照人的需要应该是怎样的或者说人与世界的关系应该如何以及人应该如何做的价值体系。如果把哲学理解为一种知识体系，那么，在科学非常发达的现代，哲学已完全没有存在的必要了。因此，哲学只有作为价值体系、只有作为人学才是可能的。尽管哲学在历史上曾经扮演过"人类知识的总汇"和"科学的科学"的角色，但那只是表明哲学作为人学也有一个逐渐成熟的过程，即与"物学"相分离和揖别并走向人学的过程。

当然，哲学是一门特殊的人学。哲学作为一门人学的特殊性即哲学与其他人文学科的区别，就在于上述的哲学的独特的思维方式即反思。我们说哲学的思维方式是反思，意味着说哲学是以反思的方式来研究人的。

众所周知，哲学的对象是人与世界的关系。人与世界的关系不过是人的活动及其结果。实践和认识既是人类活动的两种基本类型，也是人与世界关系的两种基本形式。当然，除了实践关系和认识关系外，人与世界的关系还包括价值关系，但价值关系是人在实践和认识活动中建构起来的，因而它也是人的活动的结果。因此，哲学研究人与世界的关系不过是研究人的活动及其结果，不过是研究人自身而已。

我认为，哲学反思的最本质含义应当是"反观"，即从人与世界的关系、特别是从人的对象性活动及其结果来反观人自身，包括人这种特殊存在物的性质、地位、作用、能力、生存方式、生存状态等等，以便求得人的生存自觉和人的价值的实现。这是因为，人的性质、地位、作用、能力、生存方式、生存状态等总是投射或表现于一定的人与世界的关系之中，特别是投射或表现于人的对象性活动及其结果之中；只有从反映着、表现着人的性质、地位、作用、能力、生存方式、生存状态等等的人与世界的关系、特别是人的对象性活动及其结果来反复不断地反观人自身，才能实现对人的生存意义、人的价值及其实现问题的哲学把握。

哲学对人与世界关系的反思，不是为了获取关于人与世界关系的知识，而是要在把握人与世界关系的现状的基础上，按照一定的价值标准对现存的人与世界关系进行审视和批判、对理想的人与世界关系进行观念建构和追寻。而在这一过程中，哲学理论必然会提出和表达这样那样的价值观念和价值理想，而这也是哲学作为人学的根本理论旨趣。

（7月4日"侯外庐学术讲座"第140讲。录音整理：刘佳源；修改审定：彭鹏）

实践模式是真理与价值统一的实现形式

——论实践模式的作用和意义

王宏波[*]

各位老师、同学们，大家好！今天很高兴受学广院长的邀请，来和大家进行交流。我从交大工科毕业后，曾在西大进修过一年的马克思主义基本理论，主要学习马克思主义哲学和政治经济学。所以西大也是我的母校，今天我想给母校的同仁汇报一下学术心得，就是关于实践模式的哲学意义。实践模式是我思考很久的问题，1992 年我在《哲学研究》上发表了题为《论实践观念模型的地位和作用》的文章，从那时起我就断断续续思考这个问题。现在正值改革开放四十周年，几十年来我没有间断对这一问题的研究。我的学术探索经历正好体验了一句名言："我走得很慢，但一直没有停止脚步。"我的学术思考是与改革开放过程同频振动的，我体会到，改革开放四十年的实践，更加突出了实践模式问题的学术地位。

一

如何理解实践模式？首先要说说马克思主义关于实践的哲学意义这一重要问题。我想从哲学史的角度，从哲学研究主题的几次转向谈起。我对哲学研究转向的理解是以马克思主义哲学为基础的。第一次转向是古代哲

---

[*] 王宏波，西安交通大学马克思主义学院教授，博士生导师，马克思主义理论一级学科带头人，享受政府特殊津贴专家。兼任陕西省哲学学会名誉会长，教育部研究生思想政治理论课教学指导委员会副主任委员，教育部马克思主义理论建设工程专家、全国改革研究会副会长。主要著作有《社会工程研究引论》《工程哲学与社会工程》《社会协调分析新论》等。

学由知识总汇式思考向本体论研究的转向，第二次转向是近代发生的由本体论研究向认识论研究的转向，这两次转向大家都没有什么争议。现在有一个比较广泛的说法，认为第三次转向是由认识论研究向语言哲学研究的转向。但是我却秉持另外一种看法，认为第三次转向应该是从认识论向实践论的转向。持这个看法的也不只是我一个人，我们陕西的哲学先辈王玉樑先生也是这个看法。为什么坚持这一看法？因为我认为，语言哲学广义上讲还是属于认识论范围的问题，是认识的如何表达问题，研究思想、语言和对象的关系问题，仍属于认识论问题的延伸与深化。如果要说转向，应该说是从认识论转向了实践论。

马克思提出了实践问题，他认为以往的哲学都只是在解释世界，但是，问题在于改变世界。哲学研究的出发点应该从"改变世界"出发，改变世界是典型的实践活动。马克思从实践出发，重新理解、论证和解释哲学问题，使哲学发生了革命性变革。哲学研究的实践论转向给哲学提供了一个新的理论平台，不再只是认识论问题，也不再只是本体论问题，而是回答各种哲学问题的基础性问题。例如解决思维和存在的关系问题，要从实践出发；要回答人和外部世界的关系，也要从实践出发；要理解、论证人类历史的规律，还是要从实践出发。所以实践观点的提出应该说是哲学研究的一次重要转向。

我认为实践论研究中存在一个应展开而未展开的理论空间，这就是"实践模式"问题。毛泽东的《实践论》没有"实践模式"这一概念，哲学通用教材中也没有实践模式问题。20世纪90年代有人提出和讨论"实践观念"，但是没有提出实践模式问题。我在1992年提出"实践观念模型"这一概念[①]，是关于实践模式问题的初步思考。那个时候学术界受科学主义影响较大，比较多的谈论"模型"问题，显然我当时的思想也受到这种思潮的影响。现在看来用"实践模式"这个说法更准确。因为"模型"是一个科学概念，不是哲学概念。当人们说到模型时，总是与具体的对象相联系，与具体的科学门类相联系，例如物理模型、数学模型、经济模型，等等。一般来说，模型或者是指具体的算法规定，或者是指事物的结构图式，它说明的是具体事物或者事物中的具体规定性。而实践模

---

① 王宏波：《论实践观念模型的地位与作用》，《哲学研究》1992年第5期。

式是反映主体作用于客体的操作过程的规定性，即实践的规定性。

以往，人们对于实践问题考虑比较多的是时间维度，比如认为客观规律是客观过程演变的规律性；社会规律是生产力和生产关系、经济基础和上层建筑的运动变化的规定性；历史规律是历史过程的规律。这些都是从时间维度考虑的，很少从实践的空间维度考虑。我提出的"实践模式"概念就是在实践论的基础上，在实践哲学的框架下，从空间的角度思考实践的特征问题。什么是实践模式呢？实践模式就是在实践中解决问题的方式，就是怎么做的问题。实践模式也就是社会规律的实现方式。我们对社会的研究与推动不能停留于规律本身，一定要转化到如何运用规律的层面来，而如何运用规律就是实践模式的问题。例如设计一套政策框架、规划一种战略安排，这些都是客观规律运用的结果。这一类型的问题都属于实践模式问题，它们实际上是客观规律的运用方式，但不是客观规律本身。如果要给实践模式一个地位的话，它是结合理论与实践的中介环节。理论是规律的观念形态，是表达规律的东西，通常反映了客观规律、客观性质和客观状态，要用理论指导实践，将其变成实践的结果，就要有一个中介的形式，这个形式就是实践模式。

认识过程有两次飞跃，第一次飞跃是从感性认识到理性认识；第二次飞跃是从理性认识到生动的实践，这是毛泽东在《实践论》中说的。过去我们对第一次飞跃的认识研究的比较深入，而对第二次飞跃的理解相对一般。实践模式的提出有利于深刻回答认识过程第二次飞跃的问题。从认识到实践必须有一个实践模式，没有实践模式，理论命题自身不会直接变成实践结果。如果要经过一个实践模式，那么问题的复杂性就体现出来了。复杂性在于，实践模式的逻辑建构特别复杂，受到多重维度、多重因素的制约。建构一个实践模式，第一个维度就是要遵循客观规律的约束，要求对客观事物及其发展的规律有科学的把握和深切的理解。但凡要做一件事情，不仅要在一个方面找规律，而且需要遵循和涉及多方面的规律，例如自然科学规律、技术科学规律、工程科学规律、社会科学规律等等。一句话，凡是实践过程所涉及的不同因素所具有的规律性内容都应考虑在内。

第二个是价值维度。为什么要做这件事情，你要达到什么目的，满意程度怎么界定等等都需要确定下来。每一主体都有自己的价值定位与价值评价，不同的主体又有价值分歧，而大家要做的却是同一件事情，因此就要进行价值整合。习近平总书记特别重视改革过程中的价值整合，他提出的一个思想方法叫作寻找最大公约数。不同的阶层有不同的价值准则，要找一个大家都能接受的价值基准，还提出包容性竞争。这一点不仅适用于国内，而且适用于国际社会。现代社会是一个流动性社会，例如在"单位制"社区中大家价值观相近、生活作息习惯类似，有很强的同质性，也就是说在价值观念上差异和冲突不大。现在则是不同职业、不同文化特征、不同生活习惯的人居住在同一个社区，社区生活的异质性相对明显，难免产生分歧和不适，所以文化包容成为我国社会生活的重要问题。

第三个就是情境维度，它有时间特征、空间特征、文化特征，还有历史经验，这些都属于情境因素。人们依据相同的客观规律，秉持相近的价值定位，但是历史发展阶段不同，空间结构不同，文化观念不同，历史演进惯性不同，所设计的实践模式也会不同。中国有句哲理："橘生淮南则为橘，生于淮北则为枳，所以然者何？水土异也！"，说的就是这个意思。

这三个维度合起来才能构成一个实践模式，具体表现为一个行动方案、一个制度安排、一个行动框架，这些都是实践模式的具体表现形式。所以实践模式建构的逻辑是具有综合集成的特点，首先是知识的综合，然后是功能的集成。我们要注意，综合集成的思维方式和科学发现的思维方式不同，要对各个学科的知识进行分析，在分析的基础上进行知识综合，然后进行建构性推理，从结果寻找原因，即先定义所追求的结果，然后从所定义的结果出发，寻找导致结果出现的原因，也就是由果溯因。这里和科学发现不同的地方在于：科学发现是发现了一个结果，然后根据这个所发现的结果寻找原因。建构性推理是先根据人的需要和目的自行定义一个结果，再根据人所定义的结果寻找原因。所谓"眉头一皱，计上心来"的"一皱"的过程，就是综合集成的过程，"计"就是方案和途径，就是实践模式的具体形式。

二

我们说，实践模式的建构过程需要处理三个维度的变量，即真理、价值和情境的关系。处理这三者的关系就是，在构建一个具体的实践模式时，实现真理和价值在特定情境下的统一。简单地说，实践模式是真理与价值相统一的实现形式。

我们总是说要做到真理和价值的统一，只有做到两者的统一我们的事情才能做得好，成功的概率才会很高。但是怎么样才能实现两者的统一呢？一般来说，当我们提出真理与价值相统一的要求时，这只是一个原则性的表达，而且适用于各种场合与各种事情。现在我们关心的是对于各种场合与各种事情，在实现两者的统一时，在方法论上应当遵循什么样的路径呢？现在看来只有你在设计和构建具体的实践模式时，才能将真理的规定和价值的规定具体化，才能结合具体的情境因素，把真理的规定具体化，把价值的准则具体化，并且转化为具体的操作规定，实现两者的统一。换句话说，一旦人们考虑实践模式的设计和构建时，一定要分析真理因素和价值因素相结合的问题。如果离开实践模式的设计和建构，真理和价值的统一的要求就无法落地，只能以形而上学的命题形式分别地存在着。

实践模式是人们如何实践的思想规定。一旦人们从事具体的实践，总是要涉及具体的人和具体的事，具体的时间和具体的空间。这个时候人们考虑的真理不是关于真理的一般规定，而是与具体的实践相联系的具体的真理，人们涉及的价值也不是关于价值的一般规定，而是具体的价值准则。将具体对象的真理内涵与特定类型的价值规定相结合、相统一，就转变成一个实证性问题，就有了可供检验的、可供批判的具体参照系，就可以通过不断的试错或证伪而达到证实与肯定，最后形成一个具体真理与具体价值相统一的、具体的实践模式，从而达到真理与价值相统一的一般要求。

一个具体的实践模式的设计和建构过程，是一个具体的思维过程。这个具体的思维过程是一个实证思维过程。例如，生态治理模式的设计就是一个实证思维过程。所涉及的任意一个生态治理模式，都是一个论证与分析的对象，而且可以同时设计和建构若干个不同的生态治理模式，供专家进行论证，供群众进行实践检验。这种具体设计的实践模式是一般形式的实践模式的事实基础。正因为存在着各种各样的、种类繁多的具体的实践模式，我们才可以抽象与概括出一般的"实践模式"作为哲学范畴来讨论。

把"实践模式"作为一个一般的哲学范畴来讨论,我们就有了"客观真理""主体价值"和"实践模式"三个范畴,就可以讨论三者之间的基本逻辑关系。在传统的哲学内容和体系中,我们只熟悉"真理"和"价值"范畴,不知道"实践模式"这个范畴,所以,我们讨论真理与价值相统一的逻辑要求时,在思维的过程中就找不到这种统一的载体和形式,也无法更进一步、更加深入地讨论两者相统一的具体过程的逻辑关系。

如果人们相对于实践模式来讨论真理与价值相统一的关系,在思维的过程中就会有一个客观的参照或者具体的要求来评价两者如何统一的方式问题,这是由实践模式的功能决定的。任何一个实践模式的功能是实现实践主体所设定的目标。如何实现这个目标是实践模式功能的基本要求,这个要求也就规定了真理因素与价值因素如何相互连接、配适及协调。所以,在这里是实践模式的功能决定实践模式的结构关系,而真理因素与价值因素就是实践模式结构中的基本要素,因此,真理因素与价值因素如何连接、如何相互规定是由实践模式的功能决定的,这就提供了一个相互统一的客观准则。正是在这个意义上说,实践模式是真理与价值的实现形式。

我们回顾一下改革开放四十年来哲学研究的历程,20世纪八九十年代陕西哲学界对哲学发展的贡献主要在价值论研究,代表性学者是王玉樑教授和赵馥洁教授。当时还未把"实践模式"提升为哲学范畴。从理论发展过程看,我们早有了"真理"范畴,曾经是真理核心论,后来增加了价值论。"真理"范畴的研究在哲学史上有很多,基本上研究对象的客体性特征,通过人脑用语言表达出来,形式是主观的,但内容是客观的。"价值"范畴实际上体现实践过程的主体性特征,我需要什么、我认为什么是好、什么是不好,为什么这么认为等等这类问题都属于价值论问题。实践模式具有主体和客体、情境和结构统一的特征,要把真理、价值、情境都统一在实践模式中。我们过去常讲真理和价值是统一的,但是真理与价值为什么统一、怎么统一、通过什么环节统一都没讲,因此我们没办法把握真理和价值的统一问题。有了"实践模式"这个范畴,真理和价值的统一就"落地"了,真理和价值一定是通过实践模式统一的,实践模式是真理和价值统一的方式。实践模式作为一个具体做法、一个政策框架、一个行动方案，它就把真理和价值统一在一起了。

三

接下来我们谈实践模式的性质和作用。先谈实践模式的性质。实践模式一定是特殊的甚至是个别的！为什么？因为它是规律、价值、情境三者相统一的产物，每一次统一的过程和结果都不一样，所以它一定是特殊的，甚至是个别的。在这里我想引用习总书记的话做进一步说明。总书记强调"中国的改革实践，既不是简单地延续我国历史文化的母版，也不是简单套用马克思主义经典作家设想的模板，还不是其他国家社会主义的再版，更不是国外现代化发展的翻版，不可能找到现成的教科书。"他是在强调中国道路与中国模式的特殊性。当他在讲到中国模式的特殊性时，进一步明确强调，我们既不输出模式，也不照搬模式，其他模式只有启发借鉴作用。这是为什么呢？就是因为实践模式的特殊性。

实践一定不能离开实践模式，否则就把实践简单化了。为什么简单化了？我们后面再讲，先谈谈实践模式能给哲学引入什么东西。研究实践模式可以增强理论的自觉性和理论思维的科学性，促进中国道路研究。如何才能增强理论思维的自觉性与科学性？从哲学上来说，我们首先要区分真理、价值和模式这三个范畴，深入地去研究实践模式。

现在，我们从实践模式进一步前进。"实践模式"这个范畴，核心内涵是模式，实践是对模式的修饰和限定，还可以有思维模式，可见还有一个更一般的范畴存在，这个范畴就是"模式"范畴。我们可以进一步讨论这个"模式"范畴。对模式有着多种理解，"模式"一词究竟该怎么翻译，这与模式的定义相关。我认为英文里 mode 这个词就很好，它是最一般的模式，不是指具体的模式。如果说到具体的模式，例如中国模式，英语翻译就是 Chinese model。哲学理解的模式不是指具体的模式，是关于做事情的路径和方法的统一。如何做一件事情，它是与时间、空间相关的，所以模式有一般与个别的关系。因此作为具体样态的模式是经常变换的。这种具体模式的变动性特点，上升到模式的一般特点，就是模式的动态性质。所以，当我们说到模式的基本属性时，它的一个重要性质就是变动性。在这一点上我们要把作为操作方式理解的模式与工程机械中的模具相区别。人们对模具的理解是固化不变的，所以俗称"模子"，我们所说的模式不是模子，不是固定不变的；模式也不是供别人模仿的范型，不是给别人做示范，所以不能照搬。

再来说说改革开放四十年哲学要从哪里总结经验、教训和成就。经济学提出了市场经济论、股份制等理论观点；我们哲学方面提出了价值论，但是还不够。我觉得总结改革开放四十年实践经验，用哲学思维方式考察，应该是突出了对模式问题的研究和思考。邓小平同志搞改革的时候，首先就提出了社会主义的多种模式，把模式和人类社会发展规律区别开来，将苏联做法和中国做法区别开来。这是邓小平从实践角度对中国的贡献，提出社会主义可以有多种模式，打破了社会主义传统观点思维框架。后来又提出了苏联模式，如果没有苏联模式这一概念，我们在总结国际共产主义运动史的时候就会走偏方向。很多人把苏联的失败等同于马克思主义的失败，苏联垮台不是马克思主义的失败，而是苏联模式垮台了。有了"模式"概念，我们在总结改革开放前三十年的时候，就发现我们过去的建设模式有问题，而不是我们坚持的社会主义方向有问题。所以我们可以说中国道路的探索是从中国模式的探索与创造开始的。

有了这些铺垫，我们再来看模式思维的作用。首先我们要区别几个思维范畴："是"回答了认识论问题，"应该"回答了价值论问题，然后引出怎么达到"应该"呢？就出现了"做法"问题，就是如何实现目标，如何建构方案。目前哲学有几种不同认识类型：一是真理类型认识，探寻事物的本质与客观发展规律，提出假说、验证、猜想等；二是价值类型认识，形成情感标准如比较、权衡等；三是模式类型认识，关于行动方案，关于做法的知识。"知识"可以通过学习掌握与探索发现，但是新"做法"很难学来，靠创造、创新！

其次，真理、价值和模式不能混淆。我们不能把政策当成理论，因为政策属于模式设计类型的知识。政策需要宣传，我们需要宣传政策，但是宣传不是理论；宣传过程需要找到政策制定的理论依据，但是理论依据和政策本身还是两回事。另外我们也不能把理论等同于政策，研究理论更不能从政策中只寻找与自己理论相符的东西，用理论裁剪事实；如果把理论原则当成实践模式，结果就导致教条主义，这样做不可取。实践模式设计不合理的原因有三个基本方面：或者价值定位不合适，或者实际条件不到位,或者真理性前提不正确,都可能使实践模式不成功,导致不成功的原因,每一个方面都可能有 1/3 的概率。所以,当一个实践模式不成功时,不要武断地认为就是其中的一个因素所导致的结果。

第三,实践模式也是检验真理的必要环节,实践是检验真理的唯一标准,但检验过程不能离开"模式"这一环节。引入模式这一环节,真理的检验就具有多向度的要求。实践检验首先是检验所设计和实践的实践模式是否合理,然后接着考察检验真理性前提是否正确,再就是检验价值性知识是否合理,还有实际情境状况的判断是否准确。当实践结果未达到预期标准,要从这四个方面进行检验,不要单向度地直接否认真理性前提。

四

现在,我可以进一步谈谈"实践模式"这个范畴对于马克思主义哲学中国化的意义。我的基本看法是,通过"实践模式"范畴,可以把中国哲学中的很多思想精华融进对马克思主义哲学的逻辑展开之中,以丰富其内容。

如果说,西方哲学从对世界本原问题的追问,对宇宙终极原因的反思,进而深入到对社会人生意义和价值的思考,那么,中国哲学一开始并贯穿始终的是从对社会人生的追问和对社会行为方式的思考建构展开的。我们陕西知名学者刘学智[①]认为,先秦诸子哲学是以政治论为主题展开的。孔子所建立的以"礼"和"仁"为核心范畴的哲学,是以政治伦理和社会伦理为基本内容的。老子哲学虽重在讲"自然",但论述引例大都以社会人生、政治策论为特点,所以不少后人多从"君人南面之术"去体悟。在汉代,儒学成为主流哲学,董仲舒所建立的以天人感应为特点的神学目的论哲学,其基本架构是以天意为中心,以阴阳五行为框架,以儒家的伦理纲常为主要内容的。宋明时期的哲学,主要是理学。理学所讲之"理",既是天地万物之理,也是社会伦理道德之原则。"理"既是宇宙万物的原因,还是伦理纲常和道德规范的根据。中国人经常说"天理"和"人心",论证天理和人心的统一,就是要给世俗社会的人的行为模式提

---

① 刘学智:《中国哲学的历程》,广西师范大学出版社 2011 年版,第 12 页。

供哲学依据。

中国哲学虽然没有科学的"实践"范畴，也不可能提出现代意义上的"实践模式"概念，但是中国哲学的基本命题都是围绕着人们的政治行为和社会行为展开的，也可以说是以实践模式为核心展开，形成了很丰富的哲学思想。

马克思主义哲学从西方传入东方，在中国文化的土壤上之所以能够发扬光大，发挥突出的社会作用，重要原因之一是马克思主义哲学在使命、方法和价值指向上与中国哲学都是相互贯通的。马克思主义哲学以解放全人类为价值追求，中国哲学的内在禀赋是大道之行、天下为公，揭示了人们社会行为的基本理念；马克思主义哲学坚持从世界本身解释世界，老子哲学强调"道法自然"，"自然"之含义是"自然而然"，宇宙万物都有其"自然而然"的规定性，因而强调"顺其自然"，强调人们的社会行为必须遵循事物本身的规定性。中国哲学关注社会人生，关注道德伦理建设，马克思创立的历史唯物主义发现了人类社会的发展规律，使中国哲学研究社会人生的价值诉求建立在一个科学的基础之上。近现代以来马克思主义传入中国，引起中国社会发生巨大变革，从哲学资源上看中国哲学的主题、方法及价值追求和马克思主义哲学有很强的贯通性，所以马克思主义哲学在中国的大地上才能发挥巨大的社会影响力。

但是，无须讳言，多年来我们对马克思主义哲学的研究和理解受科学主义影响甚多。很长一段时间哲学教科书与哲学论坛上重点讲"真理"范畴，讨论的问题基本上以真理问题为核心展开。改革开放以后才开始研究"价值"范畴，随之进入了哲学教科书。但是至今为止，"实践模式"范畴还没有作为一个哲学范畴引起学界的普遍关注，当然也进入不了哲学教科书。由于对实践模式的研究重视不够，也导致对认识过程的第二次飞跃，即从理论到实践的飞跃过程的研究难以深入。由于"实践模式"范畴的缺位，就堵塞了中国哲学的很多合理性思想融入马克思主义哲学的渠道。因为中国哲学的很多内容是关于人们的社会实践模式的思考和追问，而马克思主义哲学又不讨论实践模式问题，所以这种中国哲学精华很难在马克思主义哲学体系中找到融入的平台，也就影响了马克思主义哲学进一步深度中国化的进程。

其实，如果仔细品味和体会中国哲学的特点，不像西方哲学那样以

"物"为主要论域，而是以"事"为主要论域的。中国人讲究为人处事，就是讲究做事的方式，体现为伦理本位的哲学致思取向，于是就有了"天人合一"与"心物一体"的主客一体的思维方式，为如何做好事情提供最终依据。这一点与西方哲学不同。西方哲学有浓厚的自然科学背景，强调主、客二分，强调以"物"为主要论域，强调不依赖于主体的"物自体"及其自身逻辑。西方哲学发展到马克思主义阶段，提出了以实践为基础的哲学思维方式，发生了哲学的实践论转向。因此马克思主义哲学与中国哲学在不少方面是彼此相通的。但是这种相通需要借助于一个基础性的哲学范畴加以贯通。我认为"实践模式"这个范畴可以起到这个作用。

因此，提出"实践模式"就提供了一个理论平台，进一步拓宽了中国哲学思想融入马克思主义哲学体系与内容的通道，对于进一步推进马克思主义哲学中国化是有重要意义的。

五

接下来我讲一讲社会实践模式的三种类型：一是社会革命，这里专指暴力革命，目标是推翻旧制度建立新制度。二是社会运动，如学潮、罢工等，是指有相同愿望的人聚集在一起，采取非暴力的、有序的集群操作方式，争取实现集群目标；或者是社会依照某一目标，动员社会群众在一定时间内统一行动完成这个目标。三是社会工程，它是建构性的社会变革活动。

任何社会实践模式都有自己的生命周期，不可能永恒存在，制度不能永恒存在，政策亦如此，例如我国的计划生育政策就是这样。社会模式的生命周期分为导入、成长、成熟和衰退四个阶段，因此我们说"改革永远在路上"。那么社会模式的意义是什么呢？我们怎么控制社会过程呢？我的看法是，模式支配过程，过程的阶段性特点是和模式对应的，找不到模式就无法研究社会过程，就会变成抽象的过程。

通过统计近年来"模式""真理""价值"三个词语在期刊中出现的频率，我们可以发现"模式"出现的频率也越来越高，已经被中国人普遍接受。要理解习近平新时代中国特色社会主义思想就要引入"模式"

概念，要理解模式就要引入工程思维，理解中国模式需要引入社会工程思维。我认为习近平新时代中国特色社会主义思想充满了社会工程思维，其突出表现就是强调顶层设计、分层衔接；强调整体性、系统性和协同性。

构建社会发展模式是社会工程活动的核心环节。为什么这样说？人类实践活动包括科学研究、工程研究和技术研究，科学研究是发现真理，工程研究是设计模式，技术研究是探索方法，工程领域中大概没有人否认"模式"这一概念。说到这儿，给大家说说1984年我的第一篇哲学论文是怎么产生的。观点的来源是我开始学哲学时候的一个疑惑，那个时候人们一般认为，认识的本质是反映，但是关于反映解释较为简单，典型的说法是，如果要反映的话，一定是原型在先、模型在后，模型是对原型的摹写和反映。但是工程设计中的反映却跳出了这种解释，它是设计的模型在先，产品却是所设计的模型的物化。所以"模式"设计先于现实事物的想法就产生了，从而就形成了一篇论文。这是工程设计思维的特点。相应的，技术研究首先探索方法，怎么把原理变成方法；社会工程研究则是设计和实施社会模式。

对于社会工程，有一些质疑和反对。最有代表性的西方学者是哈耶克。哈耶克认为人类社会的秩序是自发形成的，一旦设计就会走向专制。但是改革开放四十年，改革政策和方案都是设计的，深圳、上海、西安的发展以及大学城等等都是社会设计和实施的结果，这是无可争辩的事实。可见人类社会不能没有设计。人类社会的开始确实是自发因素起作用的，例如在河汊旁形成集市，路边集聚商店，人类居住地的选择总是靠近资源丰厚、适宜居住之地，等等。但是自发集聚的时间长了之后冲突就会出现，有社会矛盾需要调解，这时就需要设计。从历史的能动性观点看，人类社会离不开设计。社会设计体现人类的历史自觉性。所谓历史自觉：第一，它是对历史规律有深切的认识感悟，不能只看现象而不把握规律；第二，它要积极主动地影响历史进程，引领社会发展。社会工程中的社会设计就是积极影响社会进程的一种方式。

但是我们要分析哈耶克关于社会设计的思想。哈耶克认为社会不能设计，是因为他认为人是自由意志的载体，不能被设计，一旦设计就会压迫自由意志，与人类的本质违背。但是我们所讲的设计，其设计对象不是人本身，而是人们之间的社会关系。人们对社会关系的设计和选择，体现了人类的自觉能动性。但是我们要充分地注意到，社会设计可能成功也可能失败，所涉及的社会结构与社会关系可以发挥人的积极性，也可能影响和限制人的积极性的发挥。认识到社会工程的双重效应，在于人类要深刻理解规律、价值、情境三者之间的合理关系，尽量避免不好的社会设计，提高社会设计成功的概率。不能因为存在着不成功的社会设计就全盘否定社会设计。改革开放以来的历史经验充分证明，社会工程是社会进步的推进方式。经济体制的变革就是社会工程的产物，原先的计划经济变成社会主义市场经济，这一过程不是自发产生的，先有对历史规律的感悟，对中国实践的经验与教训的总结，有改变中国面貌的迫切愿望，然后才开始有改革，在这个过程中没有社会设计寸步难行。

最后我们来谈中国改革模式的学理解释。如果用前面讲过的社会革命、社会运动和社会工程来划分阶段的话，在1978年以前，我国是客观上进入了社会工程时期，但是主观理念上还没有认识到社会工程的价值。在这一阶段，社会革命、社会运动和社会工程这三种思维方式都在用，但多用革命思维，进行运动式建设，也有社会工程思维，例如五年计划就是典型的社会工程，但是从指导思想上不知道社会工程。即使这属于社会工程活动也是处于盲目的阶段。1978年开始，我们进入了自发运用社会工程时期，探索式改革，改革开放的实践特征是改革，改革的核心是设计，改革的过程是新模式替代旧模式。之所以称为自发式社会工程，是指有实践上的社会工程活动，但没有社会工程的理论认识。改革一开始就紧紧抓住社会发展模式问题逐步展开。现在进行反思，改革的一个基本问题是设计什么样的模式，如何设计这个模式，如何实现所设计的模式。我们从哲学角度总结改革实践，就要找基本问题，例如邓小平、江泽民、胡锦涛得出的结论在逻辑结构上都是一致的：邓小平提出什么是社会主义、怎样建设社会主义；江泽民提出建设一个什么样的党、怎样建设党；胡锦涛提出实现什么样的发展、怎样实现发展，归根结底都是模式问题。十八大以后，社会工程实践进入自觉自为阶段。习近平在十八大和十九大指出的坚持和发展什么样的中国特色社会主义、怎样坚持和发展中国特色社会主义，归根结底是一个模式问题。这个模式的核心就是实现国家治理体系现代化和治理能力现代化。习近平总书记所设计的"五位一体"的总体布局，"四个全面"协调推进的战略布局，以及以"五大发展理念"为特征的新发展模式，是新时代的治国理政模式。这个重大治理模式体现了习近平新时代中国特色社会主义新思想，体现了新时代中国社会发展的客观规律和中国人民的时代追求，反映了新的国际国内的发展大势和客观要求。所以，总结改革开放四十年的经验，我们要有模式思维的自觉，要深入研究四十年来的实践模式。四十年的成就对哲学的重大贡献，就是突出了实践模式问题，所以，研究社会工程问题，研究实践模式问题，以及真理、价值、模式三者的关系问题，是哲学发展的新的理论增长点。

（12月19日"名家讲坛"。录音整理：赵婧辰，修改审定：马新宇）

马克思主义哲学研究中的问题及进展

鉴传今[*]

老师们、同学们,大家早上好!很高兴来到西北大学哲学学院为大家做报告。今天跟大家分享的主要内容是马克思主义哲学研究中的问题及进展,以及理论文章写作中应注意的问题。

一

我们都知道,马克思主义哲学在当代发生了巨大的变化。这种变化开端于 20 世纪 80 年代中期对于马克思《1844 年经济学哲学手稿》(以下简称《手稿》)的重新审视与思考。国内学界在研究中发现,《手稿》与我们以往了解的马克思哲学有很大不同,由此引发学界对于马克思主义哲学的新思考:究竟哪一种学说才是真正的马克思哲学?在《手稿》中马克思主要探讨人的问题,其思想的实质就是追求人本身的解放,要求实现人的充分自由。这是马克思哲学的核心。

黑格尔从唯心主义出发,认为人的本质是自我意识。他从精神层面来探讨人的本质,认为精神是人真正的本质。他认为绝对观念是世界的本源,人的自我意识也应该要服从于绝对观念。可见,黑格尔把人的本质外化了,没有看到人本身的存在。马克思看到了,黑格尔辩证法的伟大之处

---

[*] 鉴传今,北京大学哲学博士,中国社会科学院研究员,原《哲学研究》编辑部主任、常务副主编,《世界哲学》副主编。主要著(译)作有《可说的与不可说的——前期维特根斯坦的形而上学》《罗素传》《美国往事》等。

是他把人的发展看作一个过程，强调了人的劳动的重要性，抓住了劳动的本质，把对象性的人、现实的因而是真正的人看作是他自己劳动的结果；费尔巴哈批判黑格尔把人的本质诉诸绝对精神，开始把目光转向物质的人。费尔巴哈在探讨人的本质时引入经验自然科学的"类"概念，"类"是指能够把动物和人区分开来的根本特性。他自问自答道："究竟什么是人跟动物的本质区别呢？对这个问题最通俗的回答是意识、理性、爱、意志力，这是完善性，这是最高的力，这是作为人的绝对本质，这就是人生存的目的。"由此可以看到，黑格尔和费尔巴哈都把人的本质归结为意识。可是他们之间也有着根本的区别，黑格尔是在思辨的哲学里探讨人的本质，脱离现实存在的人；而费尔巴哈从感性的人出发来进行思考，对人的本质的理解诉诸人本身，这是他的一大进步。

马克思沿用了费尔巴哈的"类"、"类本质"的概念来阐述人的本质，同时批判地继承了黑格尔关于劳动是人的本质的思想。他在《手稿》中写道："一个种的整体特性、种的类特性就在于生命活动的性质，而自由的有意识的活动恰恰就是人的类特性。"[1] 他认为人的本质是自由的有意识的生命活动，即人类的劳动。在《手稿》中，马克思并没有专门论述人的本质思想，而是从当前的经济事实出发，并以人的本质为依据提出"劳动异化"概念，来分析资本主义的经济现实。在资本主义社会，由于私有制的存在，劳动发生了异化，而异化劳动造成了人的本质的异化。

马克思把人的"类本质"与动物的生活、生产相比较，强调人类物质生产与动物活动不同。动物的活动是出于直接的肉体需要且只局限于自己或者后代需要，而人类的生产是已经摆脱了肉体需要且为自己及人类需要的东西进行生产。在此基础上，他进而提出"美的规律"问题："动物只是按照它所属的那个种的尺度和需要来构造，而人却懂得按照任何一个种的尺度来进行生产……因此，人也按照美的规律来构造。"[2] 我们可以看到，"美的规律"是马克思在阐述人的生产与动物活动之间的区别时提出来的。马克思的实践论认为，在生产实践过程中，主体在自己的目的和内在需要的基础上，对客体进行有意识有计划的把握、作用，使客体的外

---

[1] 《马克思恩格斯文集》第 1 卷，人民出版社 2009 年版，第 162 页。
[2] 同上书，第 163 页。

在和内在都按照主体的需求进行有机融合，客体主体化、主体客体化，致使客体包含了人的本质力量和人的需要，而人的审美需求是按照美的规律对对象进行作用的。这样，客体本身就包含了人所赋予的美的成分，所以说人的生产是"按照美的规律来构造"的。

在《手稿》中，马克思从现实的资本主义社会状况出发，从"当前的经济事实"出发，指出：工人生产的财富越多，他的产品的力量和数量越大，他就越贫穷。工人创造的商品越多，他就越是变成廉价的商品。物的世界的增值同人的世界的贬值成正比。马克思用"异化劳动"概念表示这个事实："在国民经济的实际状况中，劳动的这种现实化表现为工人的非现实化，对象化表现为对象的丧失和被对象奴役，占有表现为异化、外化。"① 在这种"异化"关系中呈现的现实状态是：工人在劳动过程中消耗的力量越多，他创造出来反对自己的异己力量就越大，最终归他所有的东西就越少。这意味着本应属于工人的劳动产品成为与他相异、敌对的独立力量，甚至反过来控制工人自身。

马克思认为，"对象化劳动"是劳动的肯定方面，人类通过对象性活动有目的地改造客观世界以满足自己的需要，劳动的实现就意味着创造出一定的对象，劳动产品就是劳动对象化的实现。对象化劳动是属于自己的劳动、自愿的劳动、肯定自己的劳动，它发挥了自己的体力和脑力，人在劳动中收获幸福。"异化劳动"则是劳动的否定方面，是劳动者生产出的劳动产品成为不依赖于劳动者的力量，并作为异己的存在物同劳动者对立。工人生产的对象越多，他能够占有的对象就越少，而且越受自己产品的统治。劳动异化是属于别人的劳动、被迫的劳动、否定自己的劳动，是肉体的折磨和精神的摧残，只是人维持肉体生存的手段。

马克思明确地从对象化劳动中区分出了异化劳动。他认为对象化劳动是劳动的一般本性，而异化劳动只是对象化劳动的特殊情况，是在资本主义私有制形式使劳动者丧失劳动对象，它们反过来成为压迫、奴役劳动者自身的力量时，对象化劳动才蜕变为异化劳动。异化是同资本主义私有制相联系的一种历史性的暂时现象，而对象化则是人类生存与发展的永恒现象。扬弃异化劳动，并不是取消一切劳动，而只是取消劳动的否定方面，

---

① 《马克思恩格斯文集》第1卷，人民出版社2009年版，第157页。

要扬弃异化劳动，而承续劳动的肯定方面即对象化劳动。

那么，马克思在《1844年经济学哲学手稿》中是如何看待资本问题的呢？资本主义世界是一个异化了的世界，生活于其中的人也丧失了自己的类本质特性，是被异化了的人。那么异化劳动最终要归向何处，人的最终归宿又在哪里？马克思认为，要扬弃异化劳动，就要彻底废除私有制，并代之以共产主义。共产主义是新的社会关系的建立，这种社会关系通过扬弃一切异化形式而使人得到彻底的解放，是人本质的复归和全面发展。第一，共产主义是人自我异化的积极扬弃，因而实现了对人的本质的真正复归。在共产主义条件下，劳动真正成为人的感性对象性活动，人的类本质实现与人的统一。同时，劳动对象重归劳动者本人，人得以重新直观自己对象性本质力量，实现对自己的肯定和发展。共产主义扬弃了异化，人能够以一种全面的方式，作为总体的人全面占有自己的本质。第二，在共产主义社会中，个人生活成为社会生活的表现和确证，人实现了向社会人的复归。在共产主义条件下，异化劳动和私有财产被扬弃，人能够在自己直接的感性对象性活动中确证自己的本质，能够体现他个性的对象使他自身成为为别人的存在，同时也是这个别人为他的存在。人在创造自己对象的同时实现了由私人向社会人的转变，实现了人与社会的统一。第三，共产主义是人实现了的自然主义和自然界实现了的人道主义。共产主义是人的自然关系、社会关系双重关系的和谐状态。一方面，由于扬弃了异化，自然界成为人感性对象性活动的对象，人将自然界作为自己的无机身体，自然界重新成为人本质力量的确证。另一方面，共产主义社会中的人是"社会人"，只有在社会中自然界对人来说才是人与人之间联系的纽带，自然界的属人本质对人来说才是人自身的本质，自然界同时作为社会的对象才是属于人的对象，人才能占有自然界。

《路德维希·费尔巴哈和德国古典哲学的终结》是恩格斯阐述马克思主义哲学基本原理的重要著作。这本著作写于1886年。在这篇著作中，恩格斯论述了马克思主义哲学形成和发展的历史过程，具体说明了它的理论来源和自然科学基础，详细论证了马克思主义哲学同德国古典哲学之间的批判继承关系和本质区别，深刻地分析了马克思主义哲学的诞生在哲学领域中引起革命变革的实质和意义，系统地阐述了辩证唯物主义和历史唯物主义的基本原理。

在这篇著作中，恩格斯第一次提出"全部哲学，特别是近代哲学的重大的基本问题，是思维和存在的关系问题"①，哲学家们依照对思维和存在、精神和物质何者为本原的问题的不同回答而分成唯物主义和唯心主义两大阵营。恩格斯同时指出，思维和存在的关系问题还有另一个方面，即我们的思维能不能正确认识世界的问题，对这一问题的不同回答形成可知论和不可知论。恩格斯批驳了怀疑和否定人认识世界的可能性的错误观点，指出对这一哲学怪论的"最令人信服的驳斥是实践，即实验和工业"②。同时，论述了马克思主义哲学产生的自然科学基础，阐明了自然科学的发展，特别是19世纪中叶自然科学领域中的三大发现对辩证唯物主义的自然观和历史观形成的作用，指出："随着自然科学领域中每一个划时代的发现，唯物主义也必然要改变自己的形式"③。此外，他还阐明了辩证唯物主义的自然观和社会历史观的一致性，同时论述了社会发展史不同于自然发展史的特点，指出"在社会历史领域内进行活动的，是具有意识的、经过思虑或凭激情行动的、追求某种目的的人"；但社会发展史与自然发展史的不同特点"丝毫不能改变这样一个事实：历史进程是受内在的一般规律支配的"，"在表面上是偶然性在起作用的地方，这种偶然性始终是受内部的隐蔽着的规律支配的，而问题只是在于发现这些规律"。④ 这篇著作还系统地论述了历史发展的动力、经济基础的决定作用和上层建筑的反作用、人民群众是历史的创造者等历史唯物主义基本原理。

当代马克思主义哲学研究发生了转变：一是研究的深度和广度得到加深，研究问题更加深入；二是恢复马克思主义哲学的"原汁原味"；三是马克思主义哲学研究的学术化提高，非学术化受到抑制，在文本、技术和思想表达上更具有规范性。

二

20世纪80年代末至90年代中期，马克思主义哲学研究面临着学术

---

① 《马克思恩格斯文集》第4卷，人民出版社2009年版，第277页。
② 同上书，第279页。
③ 同上书，第281页。
④ 同上书，第302页。

失范的挑战，学术生活和学术评价受到了非正常的干扰，这一问题直接转变为学术成果表达形式的规范问题。这些冲击对当今最重要的影响就是马克思主义哲学研究重新回归到经典文本本身，导致对马克思原著研究的广度和深度有了很大改变，为我们重新认识马克思理论提供了材料和契机。

马克思主义哲学范式的转换与创新不仅要以时代实践为基础，还要坚持马克思主义哲学的根本原则和总体精神，因而不仅存在着对时代实践的深度追问，同时存在着对马克思主义历史文本的深度追问。对时代问题的把握和追问不仅是马克思主义哲学的追求，同时也是其他各种思潮和理论的追求，因而又必然存在着马克思主义哲学与其他哲学和理论思潮的对话。这些都表明马克思主义哲学研究范式转换与创新的路径不是单一的而是多样的。

马克思主义哲学研究范式的转换与创新离不开实践基础，这就首先需要对当代社会实践状况有深度的把握，概括出时代的重大问题，然后对这些重大时代问题进行深入解剖，做出马克思主义哲学的理论反思。恢复马克思主义哲学的"原汁原味"指的是文本解读或者返本开新。当代马克思主义哲学研究范式转换与创新的一个基本原则，就是在对重大时代问题的反思中坚持马克思主义哲学的总体精神，以马克思主义哲学的整体逻辑为指针。而对马克思主义哲学整体逻辑的深度把握，只能从马克思主义哲学的历史文本中去寻求。文本解读或者返本开新是推进马克思主义哲学范式转换与创新的又一重要路径。返本是为了开新，要在深刻把握马克思主义哲学不同文本的历史语境的基础上呈现马克思主义哲学发展的历史逻辑，凸显马克思主义哲学的当代价值。要做到这一点，还必须进行对话与交流，即与当代西方马克思主义哲学、当代西方哲学、当代中国哲学和当代其他学术思潮进行对话。理论是对时代的反映，时代精神以不同方式不同程度反映在时代的各种理论中。与当代各种哲学理论和学术思潮的扬弃性对话是当代马克思主义哲学范式转换与创新的一条重要路径。

学术化的兴起应当说对马克思主义哲学研究境界的提升是有意义的。但也不能不看到这种倾向的负面影响。首先一点就是把马克思主义哲学研究重新拉回象牙塔。现在国内的不少马哲研究基本上采取了学院化的方式，而这种取向同马克思哲学本身的特质是背道而驰的。从马克思哲学的起源来看，马克思本人在1845年前后，对西方的哲学思想几乎作了一种颠覆性的批判。我们从马克思的原典当中能够比较清楚地看到这个脉络。如果说在博士论文中,马克思还是按照典型的西方传统思想方式来研究——就是先找到一个思想理论的原点,然后通过一番论证,费了很大的劲再切入所谓"现实",而不管它的有效性如何,马克思的博士论文基本上是这个路数。而到了后来,马克思开始走向社会,通过办报接触社会,发现了物质利益这个关键问题。现在由于我们要强调马克思哲学的学术性"回击",采取了"回归学术"的路向。我不是说"回归学术"不应该,但如果因此又回到马克思所颠覆的思辨哲学的路向上,那么方向就错了。无论怎样研究,都不能在这样一个关键性问题上世故圆滑或保持缄默。否则不仅害了马哲,同时也害了哲学,害了我们的将来。

其次一点,就是用学术性消解掉了马克思哲学对现实的真正批判。目前哲学界尽管有很多的研究,但是这些研究中有多少能够真正有效地触及现实生活?我觉得很少。当然,有效地触及并不是说非得要从政治上、从意识形态上"愤青"一下,当然那样会很有"轰动效果",但我不是这个意思。学术就是学术。我所谓"有效地触及",就是说能够真正像马克思那样从学术、从学理方面对现实生活进行解剖,指出它的问题,指出它变化的原因甚至是规律,从而变革现实生活。像马克思那样的研究至少在目前还看不到,甚至连那种气息都很难感受到。我们看到的大多数研究正好是相反的东西,就是对形式化的迷恋。人们把学术化理解成要用西方思辨哲学的方式来做马克思主义哲学。他们认为有了这个外在的做哲学的方式,就体现了学术化;没有这个方式,你就不可能使马克思主义哲学成为学术。

由于中国社会实践状况与发达工业社会状况的共时性差异,导致中国马克思主义理论发展存在双重的向度,在当代中国马克思主义哲学研究范式的转换与创新问题上就出现了两种相左的理论倾向:一种强调"以西解马",强调马克思主义哲学的世界历史视角,强调马克思主义哲学理论发展是对世界历史实践发展状况的反映,强调与西方马克思主义对话,强调理论言说应该和西方的马克思主义保持在同一理论平台上;另一种强调"以中解马",强调马克思主义的"中国化",强调中国化马克思主义的中国基础和中国特质,强调中国化马克思主义应该以中国社会发展的实践为现实基础。实际上,过于强调马克思主义的世界历史性质而轻视中国基础和中国特质，与过于强调中国基础、中国特质而轻视马克思主义的世界历史视野，都带有一定的褊狭性。马克思主义的中国化不能离开世界历史的视野，而与世界历史思想的对话也不能离开中国的基础，要以中国的内容为根据。

长期以来，学术界对马克思早期思想发展转变的研究存在着一种普遍流行的观点，即"两次转变，三个阶段"论。基本观点是：青年马克思是经过两次思想转变，即从黑格尔特别是青年黑格尔式的唯心主义转向费尔巴哈式的人本学的唯物主义，再转向实践的唯物主义，才最终实现了自己的哲学革命。第一次转变开始于1842年在《莱茵报》上发表的一系列文章，《1844年经济学哲学手稿》是形成马克思早期思想第一次转变的标志性著作；第二次转变是以《关于费尔巴哈的提纲》为起点，完成于《德意志意识形态》和《哲学的贫困》等著作。

19世纪40年代的欧洲正处于剧烈变动时期，一方面资产阶级与封建势力不断发生冲突斗争；另一方面在经历了法国里昂工人起义、英国宪章运动、德国西里西亚纺织工人起义等无产阶级反对资产阶级的斗争之后，无产阶级逐渐成长起来并开始登上历史舞台，为自己独立的阶级利益而奋斗。当时的德国与英、法等国相比政治经济还很落后，而这个时期的德国也正处在资产阶级革命的前夜。那时候封建势力还占统治地位，农奴制度实际上依然存在，资产阶级十分软弱。德国当时处于"夜色之浓莫过于黎明前的黑夜"阶段，对于长期处于黑暗封建情形下的德国来说，进行民主革命具有划时代的意义。但封建势力在把持政权，实行专制统治。针对书报刊物受到检查、集会结社没有自由的情况，马克思在《莱茵报》上发表了一系列文章，论证了出版自由的合理性、社会生活的客观必然性，并产生了对共产主义的最初态度以及对空想社会主义和无政府主义的深刻理解。马克思和恩格斯早期热衷于黑格尔哲学，也参加过青年黑格尔运动，他们从宗教批判转向政治批判。

费尔巴哈在1839年写了《黑格尔哲学批判》一文，第一次公开批判黑格尔的唯心主义哲学。1841年费尔巴哈在《基督教的本质》一文中批判了黑格尔哲学中关于宗教学说的错误观点，认为宗教是人的本质的异化。费尔巴哈把前人颠倒了的关于宗教与人的关系重新颠倒了过来，肯定人本质的确定性，这是其无神论思想的重要体现，也是费尔巴哈一般唯物主义思想和人本主义思想的体现。马克思在《1844年经济学哲学手稿》中谈到费尔巴哈时指出：他把基于自身并且积极地以自身为基础的肯定的东西同自称是绝对肯定的东西的那个否定之否定对立起来。马克思认为费尔巴哈把"人与自然"作为他的哲学基础与黑格尔的"绝对精神"对立起来，这是对人的本质的肯定，从而确立起他的唯物主义原则。马克思看到了费尔巴哈对黑格尔思辨哲学的批判和冷静的态度。马克思毕业后在《莱茵报》担任主编时，他转向现实，立足实践，积极参与民主主义革命，不再满足于纯粹的理论研究。普鲁士政府对广大人民群众的压迫，使他看清了封建王朝的丑恶本质。马克思在此期间发表了一系列言辞激进、观点鲜明的政论文章。马克思此时力图冲破传统思辨哲学对抽象本体的讨论，投身于政治现实中，以《莱茵报》为阵地，旗帜鲜明地表达了自己的观点。这个过程就是马克思的思想从唯心主义到唯物主义的转变过程。马克思思想的第一次转变，不仅受到了费尔巴哈一般唯物主义思想的影响，也与当时德国要求进行民主主义革命、反对封建阶级残酷压迫以及无产阶级和资产阶级的共同革命愿望等社会现实相关。

当然马克思思想中的现实性和革命性是其思想转变的根本内涵，马克思积极投身于革命实践，关注社会现实，把理论与实践结合起来，在当时德国的时代背景下，在对黑格尔思辨哲学的批判和对费尔巴哈思想的学习中，开始了其思想的第一次转变。在实践中，马克思也注意到费尔巴哈一般唯物主义的致命缺陷。如何联系人民群众进行伟大革命，实现逻辑与历史的统一，使人民过上更好的生活？这一系列问题促使马克思开始了新的探索。

马克思通过对政治经济学的研究，把理论与实践相结合，在实践中发展完善了他的经济理论，这充分体现了他思想中的现实性和科学性，从而实现了其思想的革命性、现实性、科学性的统一。第二次转变发生在1844到1846年，通过对政治经济学的研究，马克思发现了生产力和经济基础对社会生产关系和政治法律制度及意识形态的决定作用，由此创立了唯物史观，从而为共产主义学说构建了全新的理论基础。1843年《莱茵报》被查封，马克思迁居巴黎。在巴黎期间，马克思认真研究英国古典政治经济学和圣西门、傅立叶、欧文等人的空想社会主义思想，在1844年8月会见了恩格斯，并开始了历史性的伟大合作，这为马克思主义的确立注入了更强的生命力。《黑格尔法哲学批判》、《政治经济学批判大纲》、《1844年经济学哲学手稿》是马克思恩格斯思想的发展阶段的重要著作。

随着历史时代的变化发展,马克思的人生经历的不断丰富,他的思想也发生了重大的变化。马克思由于受到费尔巴哈唯物主义的影响,他对黑格尔思辨哲学进行了重新审视。并在1843年写下了《黑格尔法哲学批判》。他首先把唯物主义原则运用到对宗教的批判上,揭露了黑格尔思辨哲学中的神秘主义。"反宗教的批判的根据是:人创造了宗教,而不是宗教创造人。"① 马克思反对宗教创造人的观点,认为人们要追求现实的幸福,关注此岸世界的真理。当然他还未摆脱费尔巴哈人本主义思想的影响,但对宗教观的批判是其关注人生活的社会现实、关注物质世界以及探讨思维与存在的关系等唯物主义原则的重要体现。与费尔巴哈只注重自然和宗教批判不同,马克思注重对社会和政治问题的探讨。他向德国制度开火,要突破抽象的、思辨的、僵固的哲学观念,必须立足于德国的社会现实,批判德国的法哲学就是批判德国封建制度的"制度的抽象继续"。"对思辨的法哲学的批判既然是对德国迄今为止政治意识形式的坚决反抗,它就不会面对自己本身,而会专注于课题,这种课题只有一个解决办法:实践。"② 对思辨哲学的批判要立足于实践,进行革命也需要一定的物质基础。于是马克思指明"市民社会"即是一切等级解体的从事人的最高本质的解放工作的市民社会阶级,即无产阶级。市民社会决定政治国家,无产阶级带领其他阶层人民进行无产阶级革命,从而实现人的真正解放。只有人民才能创造国家。当然《黑格尔法哲学批判》中关于市民社会的观点是马克思思想变化的重要方面,但是他有关市民社会决定政治国家的观点,还不是他在后期思想成熟时提出的"经济基础决定上层建筑的基本原理"。他只是转向历史唯物主义,并没有形成整体系统的历史唯物主义思想。

《政治经济学批判大纲》是恩格斯的第一篇经济学著作,发表于1844年。恩格斯在文中指出了私有制起源问题,研究了资本主义经济学的规律,论述了消灭私有制的必要性,初步论证了社会主义革命,这些理论对

---

① 《马克思恩格斯文集》第1卷,人民出版社2009年版,第3页。
② 同上书,第11页。

马克思的思想产生了重要影响。恩格斯首先论述了政治经济学的起源和发展过程。他认为只有消灭私有制，才能满足人们真正的商品价值需要，价值才能真正体现劳动时间。马克思在《1844年经济学哲学手稿》中提出商品经济发展的价值规律，更好地阐述了使用价值与价值之间的关系。恩格斯指出，正是私有制的出现才使土地和劳动分离，出现了资本和劳动的分化，所以必须消灭私有制才能解决资产阶级和无产阶级之间的矛盾。《政治经济学批判大纲》对马克思研究政治经济学产生了重要影响。

《关于费尔巴哈的提纲》首先确立了科学的实践观，实践是马克思主义哲学区别于其他哲学的基本概念，它突破了以往唯心主义哲学中抽象的思辨性原则，解决以往唯心主义哲学中无法更好处理主体与客体二元对立的问题，在立足社会现实基础之上，探求了社会生活的实践本质。其次，它揭露了旧唯物主义哲学中的理论缺陷，正确处理了主体与客体的关系，对费尔巴哈的唯物主义思想进行批判，确立了唯物主义历史观。最后马克思主义哲学是革命性与科学性的统一，理论与实践的统一。突破以往哲学的"解释世界"，真正开始"改造世界"。这也是马克思早期思想转变完成的重要标志，开始真正摆脱黑格尔、费尔巴哈思想中的错误观点，建立起自己系统完整的唯物史观的起点。

马克思早期思想转变完成的标志性著作是《德意志意识形态》和《哲学的贫困》。《德意志意识形态》第一次系统阐述了历史唯物主义的基本原理，提出了社会存在决定社会意识、生产方式在社会生活中起决定作用、生产关系必须适应生产力的发展等观点，解决了唯物史观中存在的难题。它从人类历史发展过程中的物质生产活动角度展开，详细论述了人们的社会生活是以物质资料生产为基础，指出了社会关系体系发展的客观规律，肯定了人民群众对历史发展的决定性作用等，这些是与以往唯心史观有根本区别的观点。《德意志意识形态》中关于"现实的人"与《1844年经济学哲学手稿》中"类本质"的人相区别，马克思在这里认识到人要在实践基础上不断地发展自己，在社会生活中实现自己的人生价值，这是寻求人真正解放的关键。

三

马克思主义哲学研究的重点和重大问题包括哪些呢？我们可以从马克

思恩格斯最主要的几个经典文本来看。

《德意志意识形态》的研究重点包括：历史唯物主义、共同体、集体主义、宗教问题、意识形态。《德意志意识形态》第一次明确说明社会存在和社会意识、生产力和生产关系、经济基础和上层建筑的辩证矛盾问题，完整又条理清晰地阐述了什么是历史唯物主义，完全解答了空想社会主义者所困惑的问题，为科学社会主义的形成做了充分准备。《德意志意识形态》是表征马克思恩格斯思想最重要的文本之一，其中对宗教的分析，形成了马克思恩格斯解读宗教的独特理论，而对意识形态的论述也贯穿全文。马克思恩格斯认为，作为意识形态的宗教，是为统治阶级服务的，它与人类文明的发展息息相关。作为宗教的意识形态，依附于社会发展，它的功能表现为为本阶级的利益服务，它包括统治阶级的思想和革命阶级的阶级意识。作为意识形态的宗教和作为宗教的意识形态，具有共通性和不对称性，它们对社会的关注和影响程度也不同。

《哥达纲领批判》的研究重点为政治哲学中的正义问题，主要关注点在按劳分配等问题。马克思认为，"公平"和"正义"并不是抽象的价值观念，只有与一定社会经济发展相适应的具体的、历史的"公平"和"正义"；不存在普遍意义上的"平等的权利"、"公平的分配"思想；不能把公平和正义问题仅仅归结为分配领域的公平、正义，实际上分配领域中的正义问题往往是更深层次的生产方式问题的反映和表现。《哥达纲领批判》中所讨论的正义不是宽泛的正义，而是分配正义，是马克思对以往分配正义的批判与超越。马克思所批判和超越的是拉萨尔等人关于分配正义的观点，其批判的一面在于，没有抽象的、一般的正义，这种抽象的正义在当时的环境下只能落入资产阶级视野的窠臼；超越的一面在于，要解决分配正义，不能就分配论分配，应当在发展生产力的基础上调整生产关系，由此解决分配不公的问题。

在《哥达纲领批判》中，马克思提问道："什么是'公平的'分配呢？光靠分配能解决一切吗？"这一发问直接针对拉萨尔的分配思想。拉萨尔的分配正义的前提预设就是劳动商品化，并没有超越资本主义。马克思激烈反对拉萨尔等人就分配论分配，认为那样就事实上掩盖了分配所隐含的社会关系。在马克思看来，分配是在一定生产方式下的分配，如果遗忘了这一点，就分配论分配，事实上就是"仿效资产阶级经济学家"。因此,马克思批判了"把分配看成并解释成一种不依赖于生产方式的东西"。他强调对分配问题的研究必须深入生产的全过程乃至全部社会生活来加以考察。从《哥达纲领批判》中有关分配尤其是"按劳分配"问题的讨论,可以看出马克思的按劳分配理论是产品经济中的按劳分配,与现实社会主义市场经济中的按劳分配有不同特点。这是因为,产品经济中的劳动是直接的社会平均劳动;商品经济中的劳动是社会必要劳动。正因如此,在社会主义市场经济条件下,不同种类的劳动在同样的时间内创造的价值不同,对财富增长和社会发展的贡献不同,这就要求在贯彻"按劳分配"原则的具体过程中,不能单纯以劳动时间为尺度进行分配,而应该以劳动者的劳动效益进行分配;既要坚持社会主义基本分配原则不动摇,又不搞单一按劳分配,坚持多种分配方式并存。马克思明确提出:"某一个人事实上所得到的比另一个多一些,也就比另一个人富些",这种情况的出现在"共产主义社会第一阶段,是不可避免的",唯有这样,才能克服分配过程中的平均主义,更好地调动劳动者的积极性、创造性,促进生产力的极大进步和人的全面发展,从而以先富带后富,实现共同富裕。

  《资本论》的研究重点为该著作在整个马克思思想体系中的地位以及如何理解马克思学说的一贯性、整体性和有机性等重大问题。《资本论》在马克思主义整个理论体系中处于核心地位。《资本论》揭示了资本主义经济制度的内部结构和经济运动规律,深刻阐明了共产主义代替资本主义的历史必然性,以及实现这一变革的社会力量。在这一科学理论的基础上,唯物主义历史观已经不是假说,而是科学地证明了的原理,科学社会主义就是以此为起点,以此为中心发展起来的。《资本论》的研究对象是资本主义的生产关系,考察它怎样推动生产力的迅速发展和财富的更快增长,为未来新社会创造必要的物质技术基础;揭露了在推动生产力发展的同时,该生产关系逐渐使自己变旧,成为生产力进一步发展的阻力。从《1844年经济学哲学手稿》到《资本论》表明马克思从唯心史观到彻底的历史唯物主义的转变,《资本论》的研究对象和理论体系展现了马克思学说的一贯性和整体性。以《资本论》为核心的马克思主义政治经济学为中国革命、建设、改革提供了强大的思想武器,使中国创造了人类历史上前所未有的发展奇迹。中国改革开放四十年的伟大成就,充分证明了马克思主义政治经济学的强大生命力。在建设中国社会主义现代化强国的新征程中，我们必须坚持把马克思主义基本原理与新时代的中国实践相结合，推动马克思主义的本土化和中国化，继续推进马克思主义政治经济学的创新和发展，为新时代中国特色社会主义发展做出新的更大贡献。

通过对马克思恩格斯经典文本的分析以及对马克思主义研究现状的总结，我认为如何理解马克思主义哲学中的重要范畴，如历史、物质等；如何理解马克思与以前思想家及思想体系之间的关系，如马克思与黑格尔、马克思与康德、马克思与虚无主义、马克思与犹太教等之间的关系，是马克思主义哲学研究中值得大家认真思考和进一步研究的两个重要问题。

（10月28日"名家讲坛"。录音整理：白玉；修改审定：彭鹏）

政治哲学视野中的空间与政治

强乃社[*]

祝贺西大哲学学院的成立！我今晚谈一个这几年相对比较热门的问题，我自己也有一些思考。这一问题正在马克思主义哲学尤其国外马克思主义哲学研究中受到重视，当然由于时间关系，我可能只涉及其中一些现象和观点。

一 空间及其问题

这些年来，政治哲学甚至广义的实践哲学都在发生一种变化。什么变化呢？就是有些学者很重视空间问题，甚至有人提出"空间转向"。在西方哲学史上，空间问题曾以不同方式出现过。古希腊哲学家德谟克利特较早强调原子和虚空，虚空有点像空间的意思。再往后走，对于近代的康德来说，空间是一种先天感性直观形式，是形成知识的一个条件。空间有可能是背景和条件，也可能是一种相对的关系，也可能是一种属性。近代哲学中的空间概念含义是丰富的。接下来，就有二十世纪爱因斯坦相对论的空间问题。当然，从哲学上看，空间问题的意思可能更加复杂一些，比如涉及延展性等等内容。

为什么现在要来一个空间转向呢？我是做马哲的，其中的原因我就从

---

[*] 强乃社，哲学博士，中国社会科学院哲学研究所编审，《哲学动态》与《中国哲学年鉴》编辑部编辑。主要著（译）作有《马克思法哲学的现代和当代阐释》《论都市社会》《城市权——社会正义和为公共空间而战斗》《寻求空间正义》等。

马哲说起。在马哲的语境中，大概直到十九世纪末期、二十世纪中叶这段时间，在社会哲学、实践哲学领域，人们重视时间性，而比较忽视与空间性相关的一些问题。后来，一些人对马克思的学说提出了进一步的探讨，认为马克思所讲的历史唯物主义，其中的历史更多讲的是时间而不是空间。这样一来，人们在解释社会历史的时候，就好像面临一个问题。比如大家都知道，黑格尔的国家哲学对马克思影响很大。黑格尔在论国家的时候讲过市民社会和国家之间的关系，认为国家是地上的神，决定着市民社会；国家的一个关键因素是领土这种地理性的要素。而马克思做了一个翻转，得出结论说市民社会决定国家，认为市民社会很重要。但是，马克思在翻转的过程中，可能也丢失了一个维度，那就是空间——地缘、领土。

地缘、领土这些因素对于很多问题的解释来讲可能是决定性的。比如朝鲜这个国家，它为什么能存在那么长久呢？主要可能跟地缘政治有关系。假如它所临近的不是中国、俄罗斯，情况就会发生变化。我的意思是，空间这个问题现在之所以受到重视，是因为在对马克思的理论理解中我们似乎真的忘记了某些东西，现在的空间转向就是要恢复它们。就是说，我们要解决这个问题，要解决在马克思的思想中空间缺失的问题。

还有一点，大概从19世纪下半叶到20世纪中叶这段时间，有些学者很重视时间。比如柏格森讲绵延，绵延就强调流动性，强调时间流动的重要性，而忘记了空间也很重要，因为在流动当中肯定有不流动。再比如谈论现代性，谈论传统和现代，一个很重要的标志就是时间节点。这些趋向显然过多强调了时间的重要性，而对空间有所忽视。所以鉴于这种情况，一些学者就认为，应该恢复马克思主义哲学在解释人类社会历史时的空间维度。

在马哲视角的空间研究中，列斐伏尔是一个很重要的人物。列斐伏尔强调空间生产，认为我们原来在空间里面进行生产，有物理空间、社会空间和精神空间。现在最重要的还有赛博空间（Cyberspace），当然在马克思那里不可能有"赛博空间"概念。在列斐伏尔那个时代，计算机已经出来了，大概是1967—1973年这段时间。这其中有什么理论问题呢？就是说，我们应该重视空间本身的生产。列斐伏尔做过农村社会学，他在城市社会学里影响也很大。他认为，过去我们在空间里进行生产，在空间里边生活，而现在的情况有所不同，现代人的生存方式很特殊，因为很多时候我们是在拥挤和拥堵的空间状态下生产和生活。大家到城市里，处于一种很拥挤的状态，甚至过着拥挤而很不成功的生活，比如住在贫民窟。列斐伏尔就重视对当代城市这样一种高度压缩的空间存在形态进行研究，认为空间有一种重要功能，成为我们生活和生产的对象。我们在生产空间本身。

空间问题在现实中，有很多的表现。比如中国的房地产，中国的经济发展中房地产很特殊，让人感觉很难面对，恨不起来也爱不起来。中国的房地产如果出问题，我们就得考虑有没有饭吃，这的确很可怕。实际上，在现代社会，房地产比食物更威胁我们的生活。很多人现在要减肥，而在早先的时候，我们往往饿肚子，那是一个食品消费缺失的社会。到了当代社会，人们饿肚子这种情况已经基本上比较少了，人们受到的限制往往不是食品缺乏。但是有一样东西，那就是可能没地儿住，让人漂泊。由于我们现代社会的生活和生产中资本和市场很重要，所以，现在空间和资本相互勾结起来，房地产在美国、欧洲都在不同阶段成为对人的一个压迫性要素。在中国，房地产对于普通人是一种很有压力的因素。我们是人的存在，是在当代人的秩序、价值这个意义上理解空间的。过去我们在空间里生产，而现在我们已经在生产空间了。在社会中，任何物理空间都有其中一部分属于社会空间。随着社会的固化，现在一个人往上走的机会越来越少，我们就称它为社会空间出现问题。

对于马克思主义哲学的空间概念，还有一个人影响很大，他就是爱德华·苏贾。除了列斐伏尔1973年的《空间生产》，1989年爱德华·苏贾写了一本书叫《后现代地理学——社会批判理论的空间重述》，其中讲到从19世纪开始一些学者为什么会产生对空间的忽视，以及我们如何解决这个问题。列斐伏尔和苏贾都谈到一个问题：在当代社会，空间已经成了我们的活动对象，我们要为空间而战斗。2005年，多琳·马西写了本书《保卫空间》，认为现代社会的空间已经高度同质化。她本人是一个女性主义者，认为女性在社会上处于一个被压迫、被排斥的位置，所以要求一个差异性的空间，要求有尊重女性、尊重少数族裔的一些空间。

现在，中国人的生存空间包括精神空间实际上也受到很大的挤压。中国现在的学术话语很多时候是西方的，这不是不可以，问题在于有时候我们自己似乎忘记了一些很重要的因素，自己不能把自己的话语体系建立起来。例如，我们常见的哲学还是一个能自我反思的学科吗？我们太多进入到一种特定的话语系统并将它普泛化。其实有很多的差异在中间，比如第一、第二、第三世界的划分，其实是存在的。在第三世界国家能做成大学问的学者是谁？萨义德、霍米·巴巴、斯皮瓦克这些人很有名气。在西方的强势话语下，我们的精神空间、社会空间被挤压，我们有可能已经变得失去了自己。

在今天，从学理看，空间很重要，但是我们自己也要理清自己的处境，明白空间研究的语境。所以我今天就讲两个问题，一个是政治和空间问题，另一个是关于地方性问题，作为空间问题的新生长点简单提及。

二　空间政治的三个问题

在当代社会里面由于有一段时间对空间比较忽视，导致我们在解释人类历史、社会行为规范的时候有一些问题。我们现在把它拿出来，所谓的空间和政治不仅仅在法律哲学和政治哲学中，而是在广义的实践哲学领域出现了空间和政治这样一个关系，为什么要讲这个问题？

我们原来不大注意空间，只是把它当作背景、容器，而现在它成了生产对象。空间是我们生产出来的，我们可以改变它。所以现代人可以通过行动来改变生活，从而空间和政治的关系问题凸显出来。空间不仅仅是一个形而下的东西，而且还是形而上的东西，就是价值和意义形成和展示的地方。最近我在翻译列斐伏尔的《快乐的建筑》，海德格尔也讲过"居"，在好多地方它具有人的生存空间的含义。人如何诗意地栖居呢？比如，我们看看中国古代人的空间理念。中国商代，在殷商时期定都在殷墟是275年时间，而从空间的词汇来看，先是神殿建筑、宫廷建筑，然后才是民居。这意味着，人类在空间生产、居住中，首先把它当作一个很神圣的东西，往往赋予特殊的意义。我们居住的空间首先具有神圣性，从祭祀、埋葬到居住，存在一个神圣的顺序。空间一开始就不是单纯的空间。空间包含了人的一种形而上的追求。我觉得列斐伏尔的《快乐的建筑》和阿多尔诺的《否定的辩证法》，有可能是当代马克思主义哲学恢复形而上学的两个努力，两个恢复形而上维度的工作。当然是从空间栖居的意义上想解决一些问题。在这些背景资料的基础上，我今天想在空间和政治的问题上讲三个具体问题：

1. 城市与都市社会中的城市权和空间正义问题

在当代社会，我们发现空间和政治的关系很密切，当代政治甚至可以称为"空间政治"。为什么空间问题如此突出？因为人类城市化严重，城市化某种意义说就是信息、人、财产等等的高度聚集，首先表现为空间上的聚集。人类的文明历程是从农业、农村、农民社会走向城乡二元社会，然后走向空间很有自身特色的城市社会。可以看出，人类历史有不同的发展，按照马克思主义的看法，人类有过原始社会、奴隶社会、封建社会、资本主义社会并会发展到社会主义社会和共产主义社会这样不同的阶段。马克思还说过，人类社会从人对人的依赖到人对物的依赖，然后变成人的自由和全面发展的社会。

社会可以从不同角度加以分析，我们想从政治和空间的角度去考量。如果从空间角度去分析城市社会和都市社会，那么它跟其他角度的区别在哪儿呢？按照列斐伏尔的说法，如果一个社会高度城市化，我们就认为它是一个都市社会；如果一个社会城乡关系并列，在农业社会当中有城市，城乡构成二元社会，那么这样社会中的城市部分就叫城市社会。城市或者都市社会有一个直观的标准，就是空间上高度集中。在城市社会或者都市社会里，政治发生了变化。尤其在当代，政治的形式、主体和主题发生了变化。政治的主题从19世纪到20世纪尤其是在马克思的传统政治中，一直是工厂政治和工人政治，但是现在情况有所变化，和街头政治联系密切了。

在资本主义的政治现实中，学生、少数族裔为了特定的利益会集合起来，对特定空间进行占领。这是一个值得重视的现象。当代中国的政治现实要求我们保持高度的秩序，比如凡是有地铁的大城市都有安检。这意味着，你进入特定空间的时候需要保持一种秩序，社会由此形成了自己的稳定结构。当代中国的农民工，看上去城乡流动比较紊乱，但农民工的政治问题并不严重，因为农村不再缴农业税，而且还有一块免费的宅基地，有土地的兜底，他们可以从土地的出租中获得收益，所以现在农民不会非常不满。比较严重的政治问题在城市，所以要把城市的秩序维护好。进行安检、控制，要在现代都市社会条件下保持稳定和畅通，保持空间上的连接,的确很不容易。

这意味着,我们的政治主题发生了变化,政治形式也发生变化,比如工厂作为政治活动的中心地位已经不存在。政治很多时候已经变成街头政治了。街头政治和工厂政治有差别,工人政治和非工人政治也有差别。现代城市政治中还有安检政治,安检代表触摸,代表规训。还有镜头政治,大量安装监视镜头,这本身就是一种政治。还有护栏,北京的护栏已经不知道比万里长城长了多少。当然护栏不只中国有,伦敦等国外大城市也有,它们起着空间隔离的作用,是当代政治很重要的形式。

城市和都市形成之后便产生了一种都市政治,后者包括城市权和空间主义。城市权(right to city)在列斐伏尔的著作中曾经谈过,因为他做过农村社会学,知道大量的城镇化,农民进城,必然涉及如何在城市生存下来的问题。对当代中国大概 2.8 亿农民工来说,进城之后的处境问题的确值得高度关注,我把这一问题叫作权利的错配。农民一方面有宅基地和耕地,另一方面又要到城市谋生,因为城市是现代文明的载体,是生活水平提高的重要途径。我觉得中国未来的发展趋势是:穷人进城,富人进村。穷人在农村无法解决富裕问题的状态下会进入城市,有更多的工作机会,也更多享受国家的福利和公共产品,使自己的生活状况好转。富人感到城市越来越拥挤,想进村成为大势所趋。眼下国家之所以要阻挡富人进村,是因为,穷人的土地一旦被富人占有,而穷人在城市里又待不住,就有可能以极端方式表达自己的不满,影响社会秩序。所以至少一段时间内,城里富人不许去乡下买宅子,这个政策是重要的。

从国外马克思主义这个谱系看,城市权概念后来发生变化,哈维在 2008 年的一篇文章中讲,城市权是穷人在城市中要管理城市,对资本进行限制的权利。在哈维看来,市场有时会失灵,当资本赤裸裸地争夺利益的时候,城市中的穷人就要想办法对资本进行遏制。在中国,现在还有比较积极的表现,有人还敢动资本,我们经常对资本的逻辑保持警惕;而在西方,资本已经到了很难控制的程度。美国学者米切尔对城市权的研究也值得重视。他主要关切的是,城市里无家可归的人怎么办,无家可归者没有私人空间从事吃喝拉撒睡的活动,不能在公共场合做一些私人的事情,其实中国无家可归的人比较少。在北美和西欧有专门的城市权联盟,其中支持极度贫困的人是重要的工作。其实穷人没有那么多奢望，就是想活下去，活得稍微好一点。北京上一次清退低端人口就产生不少问题，引起极大的争议，而这类事情在北美的城市发展史上也曾频繁地发生。我对城市权的分析就主要参照北美城市的百年斗争史。

现代政治是法理型政治，要讲政治就必须讲法律，所以城市权就成为为争夺空间而产生的法理斗争。农民进城要先让他们能住下来，住得稍微好一点。重庆有过一种地票活动，我觉得这是个不错的方法。在现在的条件下，农民进城之后还要能够回乡，否则就会发生问题。从这个意义来讲，城市权是我们研究现代城市很重要的角度。当然城市权也有不同的定义，有人认为它是一种需要和呐喊，有人认为它是城市的民主管理权。资本对城市的影响很大，北美的很多公共场所都是私人经营，他们一旦对公共场所和公共空间进行限制，就没有更好的办法来解决。

城市权本身也涉及空间正义。正义问题在马克思主义研究中的兴起是西方从事马克思主义哲学研究的学者受到罗尔斯话语影响的结果。空间正义从某种意义上说现在也成为越来越多人考察问题的一个角度。空间正义中包含哪些空间？有物理空间、社会空间以及精神空间。在许多社会中，现在穷人上升的渠道越来越窄，上升的速度越来越慢。据说清华、北大的救助金都发不出去，因为那里穷人的孩子太少。穷人进城的路已经越来越窄，这是一个大问题，其实是社会上升空间受限的大问题。对于米切尔来说，城市权就是公共空间的使用权。也许中国不缺房，但房地产行业很扭曲，有时候觉得很变态。城市权是人们为了争夺特定空间而进行的一场斗争，是当代城市空间的政治形式。这里有城市权的限度，有城市公共空间使用的限度问题。

米切尔还讨论了一个案例。堕胎事件在美国的历史上影响很大，反对堕胎的人有言论自由权，而支持堕胎的人也有他（她）们的权利。两股势力争持不下，后来联邦法院做出判决：你可以反对堕胎，但你示威游行时要跟堕胎者、提供堕胎的服务机构以及医院保持一定距离，你不能威胁到他（她）们的生活。这就是用空间限制的方法去解决一个法律和政治问题，很典型地反映了空间和政治的关系。

空间是现代人类生存很重要的条件，为空间而斗争、为地盘而斗争是我们生存很重要的社会事件。空间涉及环境政治，环境问题是重大的全球性问题，而且很大程度上是人为造成的问题。特定空间不适合生存，而不适合生存的原因很大部分是人为的，比如中国空气污染最严重的地区都是原来的发达地区。实际上，人类活动导致空间不适合生存，我们为了空间和地方的正义就是为了生存的正义，当然现在正义概念很大程度上仍然被自由主义牵着鼻子走。

爱德华·苏贾2011年来中国的时候举过一个例子：在洛杉矶，人们为修建固定轨道和巴士系统而斗争，穷人要坐巴士，因为穷人住的地方不太好，巴士系统可以解决最后一公里问题。一些问题一下解决不了，比如城市之间交通很快，但是进了城反倒很慢，所以巴士系统对穷人们有利。但是白领更喜欢轨道，因为他们工作在城里，居住在郊区。发达国家的富人不屑于住在市中心，而穷人都向市中心聚集，这似乎和中国的穷人富人心态不一样。说句题外话，我觉得中国最大的问题之一就是富人没文化，他们骨子里的东西跟这个社会所希望的规范不一样，所以我们的富人还需要好几代的修行。据说德国的富人很低调，但是我们的富人很高调。空间问题现在在北美、西欧和中国有区别。北美和西欧也有变化，据说中产和富人开始重新回到市中心。在这种情况下，空间正义就在于让穷人的空间生产、分配和消费更加正义。空间一旦作为一个对象、一个产品出现，空间正义就成为现代政治很重要的方面。

随着一个城市的高度城市化，人们会重新围绕城市权、空间正义这些问题展开新的政治活动。这需要从多学科进行方方面面的研究，比如伦理学、道德哲学、社会哲学、法律学、政治哲学等等。这是一些新的问题，人们将来可能不会为现在的问题而头疼，但会产生一些新的问题。现在中国要解决贫困问题，建议让穷人进城，但是我们也要振兴农村，怎么振兴呢？是膨胀式振兴还是收缩式振兴？我的建议是进行收缩式振兴。农村人口会越来越少，因为人们对福利的追求，国家对公共产品的分配，将首先帮助城市人口提高生活水准。一些福利在城里容易做到的而在乡下不容易做到。在这些问题上我们都可以做一些国内政治的新思考，这是当前学术研究的新走向。

2. 帝国霸权和空间问题

空间和政治不只是一个国内政治问题，还是一个国际政治问题。

在当代国际环境下，不少国家尤其是一些资本主义国家也在进行空间争夺，从而形成空间霸权就成为国际政治的很重要部分。空间争夺在当代已经和货币争夺连在一块。中国今天要发展，就不可能像近代发展起来的资本主义国家在海外大量搞殖民地那样，进行当时人们认为合法的殖民地扩张。所以中国的发展受到很大的压制，我们搞"一带一路"，美国就感觉很不爽，尽管我们并没有用一种殖民的、侵略的方式去做。近代的空间争夺以殖民、侵略的方式进行，而当代的争夺有可能是用别的方式进行，其中就有货币争夺的问题。

现在国内不少有一定资源的人都有一个共性，就是倾向于把妻子、孩子送到国外去。这跟空间有什么关系？殖民地国家和半殖民地国家会对领土、社会进行空间的重塑，甚至更重要的进行精神的重塑，我们已经把西方列强赶走了，但是我们在不少方面对西方文化的崇拜和仰望还没有赶走，甚至已经高度认同了西方文明。当然这种重塑肯定有一些积极的东西，中国依靠向西方世界开放而逐渐出类拔萃，但是这里也有我们的文化空间被挤压的问题，所以我们要提高文化自信。近代以来，各个帝国从最先赤裸裸地进行空间领土的争夺，到后来通过商品贸易和文化对殖民地加以同化，从某种意义上看，它们重塑了现代世界的存在样态，现代世界的物理空间、社会空间、政治空间发生了重大的改变。直到现在，国家之间的空间争夺依然很厉害，但是争夺的方式也不断变化。空间争夺可能是国际政治的极重要方面，你占领了某些空间，你就可能主导了整个世界。当代帝国有一个很重要的特点，就是用精神的、社会的空间来压迫你，并让你产生一种认同感，一种很乐意、很快乐、很向往的认同感。在当代空间的建构中，有一个很重要的问题叫"中产化"。现在很多问题的解决就看谁握有话语权，而话语权越来越掌握在日子比较优越的中产阶级手中，中产的眼光和穷人的不一样，要求优美。所以不管是国际政治还是国内政治，中产的视角都正在进行空间的重构。

在当代帝国政治中，领土逻辑和资本逻辑共同起作用。人们仍然认为，一个国家的领土越多越好，而资本逻辑之间又相互为用而形成新的空间。形成一个空间意味着形成一种认同，帝国也是靠这种认同建立起来的。空间霸权也是一种新的空间认同，一种新的帝国形成模式。

3. 赛博空间和网络政治问题

随着通讯互联网的发展，虚拟或者赛博空间成为一个很关键的新问题。赛博空间指的是与物理空间和社会空间有关系的一个虚拟空间。它精神性偏多，虚拟性较强。赛博空间在当代已经影响到国际空间和国际政治，对于这一空间，我们爱也不是恨也不是，很难判断它好不好。虚拟空间所产生的能量影响到一个国家的秩序甚至影响到一个政权的存续。虽然这一空间是虚拟的，但是大家会从中产生一种认同或反抗，一个消息会带来预料不到的不良后果，很难封锁。

网络政治正是由于网络空间而产生的，过去的现实政治现在转移到网络上，比如进行电子动员，一些地方就需要对网络进行严格控制，因为恐怖分子会将网络变成他们很有力的武器。网络政治还涉及一个匿名问题，过去曾经出现匿名信事件，通过匿名发布消息，进行煽动。网络政治形成政治动员的新形式、政治联络的新形式。有了网络以后，政治生活很多方面跟过去不一样了，这种变化是很值得玩味的事情。当然我们还要应对网络上对国家的批评、攻击等等。在很大程度上，网络就是一种中性的存在方式，其中有很多正能量东西，也有不少负能量东西。我的理解，关注国内外一些大的网站，你就不会跟着微信上又喊又叫的那些人跑，关注国外一些大网站的消息也不会导致不爱国。所以这个时代正在形成一种跨越国际和国内的网络政治。我相信，网络控制一旦被人们意识到了，控制的消极作用就很大。网络未来在大多数地方会越来越开放，各种不同信息的刺激才可能使我们产生和维持健康的理智。所以网络政治未来可能是国内政治和国际政治一个很重要的方面。

政治思想工作是一件既重要又很麻烦的事情。我在大学做过政治课教师，做得人很累，因为很多事情我们解释不清楚，即便你解释清楚，学生也可能不听。所以我们要面对现实，网络政治和思想政治教育问题，它们与当代国内政治和国际政治都有关系，值得我们去研究。当然其中的问题很复杂，不是一时半会儿可以说清楚。网络政治去中心化、泛政治化，互联网政治学可能是一个前瞻性的研究。我对网络政治空间的特性和管理做过一些探讨，当然我是搞哲学的，还有一些偏社会学。法兰克福学派在霍克海默和阿多尔诺那个时代的一种做法，也很可能变成我们西大哲学学院的一个优势——从哲学向社会理论的转移，哲学很大一部分变成社会理论，哲学和社会学达到充分的结合。这样一些哲学研究和社会学靠得很近，但是我们希望能保持哲学的品质。

三 空间政治中的地方：国际和国内的视角

在最近的空间政治研究中，有些人觉得很难进行深入探讨。空间问题确实很抽象，涉及范围很广。但是，空间问题其实也很接地气。近来我注意到地方问题。我的感觉是，空间政治和地方政治有密切关系，空间必然要落实到地方、场所这些要素和单元上。我甚至认为，空间转向面临一个回归地方的问题。

当代政治往往和认同有密切的关系，甚至是一种认同政治。认同里面可以是公共性的机制、透明性的关键、话语性的结果。认同往往和空间、地方有关。这在国内政治和国际政治中都是如此。

比如我回到西安就感觉很亲切，因为我在陕西这个地方生长的，熟悉这里人们的生存方式、话语方式，一些很复杂的陕西话我也能听明白，并感到很熟悉。认同往往和地域、地方有关系，形成一个特定的空间，对某些空间产生认同，这样国际上的帝国的霸权文化就形成了。比如说大英帝国现在仍然是世界上一个很重要的国家，还有很多英联邦的国家，在精神上对英联邦这个理念还是认同的。前段时间有一个消息很有意思，英国皇族演练伊丽莎白女王的葬礼，研究这件事情怎么办，到时候英联邦怎么通知，因为英国女王还是很多地方的女王，帝国内部很复杂，但正是靠对于空间的精神认同，维持帝国的地位。再比如现在一些人经常跨地域生活，就有人热衷于谈论认同和乡愁的问题，但是乡愁不是乡里面的愁，一个人一直在某处生活就不会有乡愁，因为他离开了那里，才会产生乡愁。乡愁起因于一个人对新地方的认同感和旧地方已经不匹配，所以乡愁有时候就是一种矫情。还比如海外华人研究有本杂志，把海外华人叫 trans‐local Chinese，说的是海外华人对旧的地方有认同感，然后到另外一个地方也产生了认同感，从而能对两个地方跨越生存。这是很有意思的。当然，赛义德也提到过 translocation 这个词，很多时候翻译为"位移"。可能"跨地方"这种翻译更好一些。我现在对移民很有研究兴趣，其实移民有这种特征，他们的地方认同感如何形成，然后如何介入当代政治，这是有意思的。当然随着赛博空间的形成，那种原来的认同感形成机制可能会复杂，比如空间中特定的微信群就是一个形成认同感的重要地方。当然用微信也可能强化一种认同感。认同感当然很复杂多样，比如民心和公信都是一种认同感，认同感的建立其实是一件很不容易的事情，值得引起我们政治研究的高度重视。

这里我把"地方"概念也简单谈一下。你认同不认同某个地方的管理、秩序，这些对政治来讲至关重要。帝国霸权的形成过程就旨在形成一个地方的认同，把空间进行一种新的塑造。宗教中也涉及这个问题，有没有强烈的认同感、体验感，人与人就会产生极大的差异。对一些人来说，现在不信宗教好像不行，但是信仰宗教也很麻烦，会产生一些新的理解和领悟。原来大家生活在一块，后来信仰不一样，由于存在着不同的信仰，同样一件事情人们就会有不同的看法，人们甚至会对同一空间产生不同的认识。宗教的一个很严重问题就是地域性，地域性和跨地域性很麻烦。比如基督教传来中国，为什么产生那么多的认同，很值得研究。精神的、物理的空间以及它们之间的关系怎么形成，其中也大有深意。我们之所以在帝国概念下面讲这些问题，是因为对帝国的认同仍然是当代很重要的问题。而且对于中国的进一步发展来说，比如对"一带一路"的建设来说，是否能够得到世界主要国家尤其是沿线国家的较高认同和积极响应，都是我们不可回避的问题。

就讲这些，谢谢大家！

（7月6日"名家讲坛"。录音整理：杨武盛文；修改审定：郭振华）

20世纪中国哲学的"三化"

赵敦华[*]

今天很高兴来西北大学，到享有盛名的"侯外庐学术讲座"和大家进行交流。

一　问题

我个人有一个观点，20世纪哲学在中国有马克思主义哲学"中国化"（sinonization）、中国传统哲学"现代化"（modernization）和西方哲学"处境化"（contextualization）三个趋势。"化"者，彻头彻尾、表里如一之谓，"三化"的提法会有很多问题。

马克思主义哲学中国化是不是只是中国本地的马克思主义呢？它和在外国起源并且一直在外国发展的马克思主义有什么关系呢？这是个老问题了。当年，一批从苏联回来的布尔什维克说毛泽东思想是"山沟沟里的马克思主义"，很乡下，很土，毛泽东写了《反对本本主义》反击，说他们是没有弄懂马列的教条主义。至今还有争论，一些学者认为只有西方马克思主义和专门考证文本的马克思学才是学问，其他的只是在本地的实际

---

[*] 赵敦华，北京大学博雅讲习教授、博士生导师，北京大学外国哲学研究所学术委员会主任，全国高校教学名师，兼任第七届国务院学院委员会哲学学科评议组召集人，原教育部哲学教指委副主任，原中华全国外国哲学史学会理事长，原北京大学哲学（宗教学）系主任。主要著作有《基督教哲学1500年》《当代英美哲学举要》《现代西方哲学新编》《西方哲学简史》《回到思想的本源》《圣经历史哲学》《马克思哲学要义》等。本文为教育部重点基地重大项目"西方哲学经典解读系列"阶段性成果。

的、实用的应用，而坚持中国化方向的人反驳说"西马非马"，只有中国化马克思主义才是正宗。

中国哲学内部也有"化"还是"不化"的争论。坚持中国文化本位的人说，中国古代无哲学，古代学问是经史子集，中国思想的"古语体系"是经学而不是哲学，现在用现代汉语表达的中国哲学史是"全盘西化"的产物，是"汉话胡说"。

西方哲学内部也有类似争论。很多专家认为，只有西方原产地的哲学才是原汁原味西方哲学的本色，中国人只能照搬照抄不走样，如果根据中国处境挑选改动，按照中文翻译和表达来理解西方哲学，那就失去了原生态西方哲学，好像是西方名牌货的假冒伪劣产品。

我用"经典的"还是"本地的"，"现代化"还是"本土化"，"处境化"还是"非处境化"这三对概念来概括"中西马"内部所讲的那些争议。我认为这些争议，根子是对立的思维方式。为了医治这种思维方式，首先要从事实出发，进行历史的考察，看一看马克思主义哲学中国化、传统中国哲学现代化和西方哲学处境化的"三化"，是不是20世纪中国哲学界的真实情况。另外，我们要看一看"三化"是彼此独立或平行的，还是彼此交叉、相互依赖的关系，如果是后者，那就要理解"三化"的辩证关系。辩证法的一个基本原则是历史和逻辑的一致性。今天我把"三化"历史分成四个阶段，然后再用辩证法考察"三化"既相区别又密切相关的五个逻辑联系。讲座的数字化结构就是三、四、五，比较好记。

二 "三化"的四个阶段

第一阶段："三化"肇端（1900—1930）

1900年不只是一个世纪的开始，也标志着新思想的开端。黄见德依据文献统计得出结论："具有自觉意识和全面意义上的西方哲学东渐，是发生在20世纪最初几年的事情。"[①] 任何东西的开端都是不成熟的，新思想也不例外。20世纪伊始，大清帝国摇摇欲坠，"中学为体西学为用"不起作用了。在西学东渐的强劲冲击下，有识之士有亡国灭种的危机感，作

---

① 黄见德：《20世纪西方哲学东渐史导论》，首都师范大学出版社2002年版，第63页。

出各种反应：有人以孤臣孝子之心保守祖宗的文化产业；有人以为西方的危机比中国更严重，要发扬中国文化来拯救西方人的苦恼；有人表面上攻击西方思想其实不知不觉受西方影响；有人虚怀若谷地接受西方思想，但喜欢用他们自己也不全懂的新名词新口号攻击古人。[①]

他们分歧的焦点不在于是否要向西方学习，而是三种不同的文化主张，我们可用西学派、保守派和革命派来概括。（1）西学派认为学习西方就是向西去，而保守派和革命派认为是向东去，革命派的向东走是以俄为师，而保守派的向东走是立足中国本位；（2）西学派专学欧美文明，保守派为了保存国粹而融合中西，革命派为了传播马克思主义而宣传作为它来源的西学；（3）西学派的目的是培养"新民"或西式绅士，保守派要培养有现代知识的儒佛君子，革命派要唤醒劳动大众的阶级意识。

在哲学上，自由派主张学习欧美近代哲学中的民主科学精神和个性自由，他们认为中西差距是古代文明与现代文明的差别，陈独秀表示，为了使中华民族的现在和未来不致落后于世界历史潮流，宁可使封建的文化传统灭亡。[②]保守派认为，西方文化与中国文化各有特点，应该取长补短，应以中国人心智，保守国学精粹，才符合世界"朝东走"而不是"朝西走"的潮流。革命派认为中西差距是封建主义和资本主义的差别，而欧美和俄国是资本主义和社会主义的差别，只有社会主义才是人类社会发展的方向；为了抛弃封建主义的传统，引进欧美文化是必要的，但如没有社会革命，欧美文化也难以在中国社会扎下根。

第二阶段："中西马会通"的起始（1931—1949）

为什么从1931年算起。1931年的"九一八事变"是马克思主义哲学传播的一个转折点。中共在1927年以后开展武装革命和文化革命这"两条战线"的革命，但遭到重大挫折，红军被迫长征，在国统区的左翼文化运动全军覆灭。"九一八事变"之后，青年学生和各界人士抗议国民党不抵抗，冲破了严格的思想控制，加上"西安事变"后国共合作，为左倾思想和马克思主义传播打开了缺口，马克思和苏联哲学家著作纷纷翻译出版，唯物辩证法成为时髦新潮，书店老板为了迎合青年学子，不在橱窗

[①] 参见贺麟：《当代中国哲学》，南京胜利出版公司1945年版，第26页。
[②] 转引自黄见德：《20世纪西方哲学东渐史导论》，第82页。

里放上左倾书籍都不好意思。大学教授通过"唯物辩证法"论争也认同唯物辩证法是哲学的科学方法。①

这一阶段中西哲学成熟，开始会通。30年代留学欧美的哲学博士纷纷回国，如贺麟、朱谦之、金岳霖、汤用彤、朱光潜、洪谦、陈康、任华等。他们与20年代回国的胡适、冯友兰、张颐等人，成为各大学的哲学中坚。这些先生有中国文化的厚重功底，在国外接受西方哲学专业训练，中西思想自然在头脑里起"化合反应"，这样生产出最初的会通中西哲学的成果，如胡适《中国哲学史大纲》，冯友兰《中国哲学史》和"贞元六书"，金岳霖《论道》，贺麟《近代唯心论简释》和张东荪《认识论》。张东荪是奇才，他虽然不曾到过欧美，但他读过的西洋典籍，却比任何一个留学生都多。

五四时期形成的西学派、革命派和保守派为了启蒙和救亡的大目标而趋近。特别是1936年，共产党人和进步知识分子发起"新启蒙运动"，旗帜鲜明地把思想上的理性主义、个人生活的自由解放、政治上的民主主义，与挽救民族危亡的爱国主义的结合作为中国启蒙的任务。这一阶段，虽然五四时期形成的自由派、革命派和保守派力量此长彼消，但三派为了启蒙和救亡的大目标而趋近。1927年《哲学评论》创刊，1936年成立中国哲学会，1941年成立西洋哲学名著编译会，为不同倾向的哲学家提供了共同交流对话的平台。西南联大更是哲学家群贤毕至的思想库，为马克思主义中国化、中国传统哲学现代化和西方哲学处境化的会通营造了良好环境。据汪子嵩回忆，西南联大的教授"观点有左的，也有右的，较多的是被称为'中间路线'的。有些讲得激烈些，有的温和些，尽管各自论点不同，可一旦自由受到威胁，态度就很快一致了。"②

第三阶段："三化"曲折潜行（1950—1970年代）

20世纪后半段，由于苏联教条主义的影响，"中西马"会通之路一度堵塞。这一阶段会通趋势被中断了，有很多政治原因，而理论上的原因是日丹诺夫定义。1945年，苏共中央主管意识形态的书记日丹诺夫在西方

---

① 参见郭湛波《近五十年中国思想史》，北平人文书店1935年版，第240—242页；贺麟：《当代中国哲学》，第72页。

② 汪子嵩：《往事旧友，欲说还休》，三联书店2015年版，第52页。

哲学史座谈会上，提出了关于哲学史的定义："科学的哲学史，是科学的唯物主义世界观及其规律底胚胎、发生与发展的历史。唯物主义既然是从与唯心主义派别斗争中生长和发展起来的，那么哲学史也就是唯物主义与唯心主义斗争的历史。"① 根据这一定义，"所有的哲学派别分成了两大阵营——唯物主义和唯心主义阵营。唯物主义和唯心主义之间的斗争，进步的唯物主义路线在这一斗争中的形成和发展，是哲学在许多世纪以来全部发展的规律。在唯物主义反对唯心主义的斗争中，表现出社会的进步阶级反对反动阶级的斗争。"② 日丹诺夫的定义在我国影响极大，它与斯大林《联共（布）党史简明教程》第三章第四节一道，被奉为哲学研究的圭臬，学术自由条件下"中西马"哲学会通趋向遂被中断。

在"双百方针"口号鼓舞下，北京大学哲学系在1957年1月22日召开"中国哲学史座谈会"，中西哲学史的著名学者指出，日丹诺夫定义既不符合哲学史事实，也缺乏理论依据。在当时条件下，不可能改变这个定义代表的教条主义指导方针。直到四十年前，中华外国哲学史学会在芜湖召开年会，借解放思想、拨乱反正的春风，彻底推翻了日丹诺夫哲学史定义，以此为突破口，造成哲学四十年的繁荣。

第四阶段："三化"踔厉风发（1978年至今）

新形势面临新问题：40年来中国哲学教育和研究建立学位制度，强化学科的规范、职业化和专业化，这当然是现代大学哲学教育的通则。但在我国有一个特殊情况：哲学是上百个"一级学科"中的一个，哲学一级学科被分为"八个二级学科"，除了"中西马"，还有"伦逻美科宗"。八个二级学科以邻为壑，即使交叉重复，也很少对话和来往，比如，西方伦理学史、西方美学史与西方哲学史如同陌路；中国伦理学史、中国美学史与中国哲学史各自画地为牢；伦理学原理、美学原理和哲学原理属于不同"领域"；至于逻辑学、科学技术哲学和宗教学，各自为学，似乎与哲学一级学科不搭界，又苦于找不到自己的"一级学科"归属。在大多数哲学专家心目中，好像"中西马"会通在历史上从未发生过，现在更无可能，也无必要，好像又回到了"三化"分流的原初状态。

---

① 《日丹诺夫同志关于西方哲学史的发言》，东北书店1948年版，第4页。
② 罗森塔尔、尤金主编：《简明哲学辞典》，三联书店1975年版，第373—374页。

三 "三化"的五种辩证关系

看了"三化"分分合合、成功受挫的历史，我们可以吸收哪些经验和教训呢？我认为要正确处理五种关系，这些关系都是辩证关系，需要用辩证法厘清"三化"发展和会通的逻辑理路。

第一，把握哲学与文化、政治的"度"

度是什么？黑格尔说，度是量变和质变的交错线，量变达到度的交错点，就要产生质变。度是个逻辑范畴，与"三化"历史有什么关系呢？中国文人有学术"经世济用"的传统，中国的哲学研究者总是根据中国政治文化的需要投身于"三化"的。在一定度的范围内，政治文化需要有力地推动了中西马哲学的发展和会通，第一二阶段就是如此，西学派和保守派根据中国文化建设的需要推进中西哲学交流会通，革命派根据政治需要传播马克思主义，但三者都有合适的度，因此相互促进共同发展。但是，第三阶段混淆了文化和政治这两个领域的界限，把文化需要归结为政治需要，用政治挂帅统领哲学，用行政命令决定哲学争鸣，给哲学发展造成损害。现在，对政治与哲学关系有两种主张：政治与哲学相分，或哲学指导政治。我看现在这两种都超出了政治和哲学的合适的度。

政治与哲学相分意味着不能重复前一阶段的错误，但不意味着哲学研究不关心文化的和政治的需要自娱自乐，躲进小屋成一统。在改革开放大潮中，社会需要哲学，哲学要满足人民精神需要的美好追求。在文化多元化的环境中，哲学要关注思想的政治取向，研究哲学的文化背景。在合适的度里，关心和研究文化政治问题不仅出自哲学具有实践功能，而且出自发展哲学理论的自身需要。

前一阶段政治挂帅统领哲学是过度的做法，但如果以为哲学家能够或应该指导政治家更是过度的想法，"哲学家王"和"国师"在现代国家中是一个神话和幻想。即使政治哲学，即使自觉的意识形态，没有可能、也没有必要把哲学家的任务限定为指导政治。但这不意味哲学对政治没有影响力，而是说哲学以多种方式影响社会习俗、思维方式、决策过程。哲学是自由的学问，无论是理论型还是实践型，无论是非功利还是功利的，哲学都可以直接和间接地影响政治。学术乃天下公器，哲学更是公开对话的社会活动，不能靠小圈子里的"秘传"影响政治。

第二，在中西古今优秀文化中求得"最大公约数"

不同传统不同时代的哲学要有"公度"，才能对话交流，在此基础上方可会通。中西马哲学的"公度"，就是尊重和维护人的尊严，中西马在哲学上虽然差异很多，但在这一点上是相同的。

如果不是从字眼而是从事实出发，我们可以发现中国古代不但有名副其实的哲学，而且中国古代哲学的主体——士人阶层充满着大义凛然的尊严感。从孟子的"塞于天地之间"的"浩然之气"，到文天祥的《正气歌》，人们感受到的是面对强暴的尊严。实际上，士大夫尊严感最为高扬的时期恰恰是在皇权最黑暗的朝代，如东汉的"党锢"和明朝的"庭杖"。直到清朝的文字狱，才把士大夫彻底打成了奴才，把所有人都看作奴才。对此，黑格尔发表了洞若观火的评论："尊严的基础就在于它涉及一个为我而在的不可触动的领域"；"人所享有的第一尊严，即成为自由人，这种抽象的内在性，在这里并没有得到承认。"黑格尔还说，株连和严酷的刑罚"完全否认了道德的自由，否认了犯罪的归属，否认了道德的独立性"，"体罚也最能让人感到屈辱"，对士大夫的自尊更是致命打击，因为，黑格尔说："对于有教养者来说，这种惩罚之所以是最高的处罚，是因为它在法律面前宣告他的意志一文不值"；"教育的程度越高，对于体罚也越敏感。一个承认并维护法律的官员，一旦遭受体罚便是奇耻大辱，因为他的道德地位被剥夺了。"[①] 黑格尔做出这样的评价不是偶然的，在他之前，康德强调人的尊严是有理性的人的内在价值的最大值。[②] 黑格尔和康德一样把人的尊严作为自由和自立的"不可触动性"的前提。黑格尔解释说："我通过我的意志能成为什么东西，是属于我的，并且不能被触动。如果有人抱有敌意地触动这个领域，那就是对我的极大伤害。"[③] 但黑格尔比康德更进一步，他认为尊严的内在价值不只是道德主观性原则，而且需要客观的法权制度的保护，公民的尊严才能巩固发展。

马克思继承了黑格尔的思想，批判蔑视和践踏人的尊严的一切制度。

---

① 黑格尔：《世界史哲学讲演录，1822—1823》，刘立群、沈真、张东辉、姚燕译，张慎、梁志学校，商务印书馆2015年版，第132、133、134页。

② 康德：《康德著作集》，李秋零译，中国人民大学出版社2008年版，第289页。

③ 黑格尔：《世界史哲学讲演录，1822—1823》，第132页。

马克思批判封建专制说:"专制制度的惟一思想就是轻视人,使人非人化……专制君主总是把人看得很低贱。这些人在他眼里沉沦下去而且是为了他而沉沦在庸碌生活的泥沼里。"① 马克思批判资本主义制度说:"它把人的尊严变成了交换价值"。② 马克思把康德的道德自律转变为革命的"绝对命令":"必须推翻那使人成为被侮辱、被奴役、被遗弃和被蔑视的东西的一切关系"。③

20世纪伊始,西方哲学在中国传播的动因正是寻求独立人格和思想尊严。梁启超在1905年用笛卡尔的"我思故我在"解释"格物致知",他说:"我有耳目,我物我格,我有心思,我理我穷";他引入近代西方哲学意在"破世界之奴性,摧毁千古之迷梦",要使中国富强和繁荣,就必须像培根和笛卡尔那样反对奴性,既不做中国旧学的奴隶,也不做西方新学的奴隶。④ 新儒家破除等级观念,把士大夫的尊严转变为人人平等的权利。比如,熊十力要把礼制之"安分"变成"各得分愿"。他说:"古代封建社会之言礼也,以别尊卑、定上下为其中心思想……而无所谓自由与独立。及人类进化,脱去封建之余习,则其制礼也,一本诸独立,自由,平等诸原则,人人各尽其知能,才力,各得分愿。"⑤ 20世纪"中西马"哲学会通的出发点和基础是三者共同追求的人的尊严。近四十年来的哲学的繁荣和发展见证了学术尊严的力量。

第三,把握"中西马"的辩证统一

"中西马"究竟有什么样的肯定关系呢?有各种说法,如"一体两翼"或"三足鼎立",或借"中体西用"还"马魂",或把中国古经、希腊古学和当代马学"参同契"。这些主张虽然能自圆其说,但都不是辩证关系。如果不想重复劳而无功的嘴皮仗,现在需要的是把"三化"看作矛盾统一的辩证关系。矛盾是对立的非此即彼,要统一起来,就需要一个亦此亦彼的中介。"中介"是辩证运动的必要环节。黑格尔说,认为"有一种直接知识,但又没有中介性,与他物没有联系"是错误的;同样,

---

① 《马克思恩格斯全集》第47卷,人民出版社1995年版,第58—59页。
② 《马克思恩格斯文集》第2卷,人民出版社2009年版,第34页。
③ 《马克思恩格斯文集》第1卷,人民出版社2009年版,第11页。
④ 梁启超:《饮冰室合集·文集之十三》,中华书局1989年版,第12页。
⑤ 黄克剑、王欣、万承厚编:《熊十力集》,群言出版社1993年版,第313页。

"宣称思想只是通过其他中介性的（有限的、有条件的）范畴而进展，这也不是真实的事实"，因为"当思想以他物为中介时，它又能扬弃这种中介"。①

在"三化"过程中，马克思主义哲学和传统中国哲学都不是直接知识，而要通过一种中介，沟通这两个在历史上从来没有发生联系的哲学形态。这个中介就是西方哲学。西方哲学与马克思主义哲学有天然的渊源联系，以西方哲学为来源的马克思主义哲学在现代反哺西方哲学；而西方哲学与中国哲学自17世纪始就发生双向互补的交流，西方和中国思想家都在对方身上找到了自身哲学缺少而又需要的成分，用以发展自己。20世纪中国人主动引进和接受的西方新学，在同时引进的马克思主义哲学与传统中国哲学之间搭建了一座桥梁，既使马克思主义哲学中国化，又使中国传统哲学现代化。在中国成为中介的西方哲学并不是保持原模原样，而是"扬弃"了原产地的西方哲学，发展成为处境化的西方哲学。

第四，中国哲学"三化"与全球化的特殊与普遍的辩证法

"三化"是在中国条件下发展出来的哲学特殊形态，离不开世界学术的潮流。从胡适、冯友兰开始，中国哲学史这门学科的发展即开始受西方哲学的方法和理论框架的影响，这种影响属于中西哲学的良性互动，不能算作现在保守复古派鄙薄的"西化"，而中国哲学史作为一门世界性的学科，反过来为西方哲学提供了一个中国参照系，有没有这个参照系，西方人对哲学的理解大不一样；同样，西方哲学的处境化为中国人提供了一个西方参照系，有没有这个参照系中国人对哲学的理解也大不一样。早在1948年，冯友兰提出"世界哲学"的观念，他认为，未来哲学是世界哲学，西方哲学里有的，东方哲学也有；反之亦然。② 这个愿景与马克思在此前一个世纪预言的"面对世界的一般哲学"不谋而合。③

保守派坚持哲学的中国文化本位，这本身没有错，但如果把传统思想的本位和世界哲学的共性对立起来，那就违反辩证法了。辩证法的精髓就是共性与个性关系，认为共性寓于个性之中，特殊性含有普遍性。世界哲

---

① 黑格尔：《小逻辑》，贺麟译，商务印书馆1980年版，第168页。
② 冯友兰：《三松堂全集》第11卷，河南人民出版社2002年版，第593页。
③ 《马克思恩格斯全集》第1卷，人民出版社1995年版，第220页。

学如果离开了东西方各国哲学，特别是离开了中国哲学，那就是没有具体内容的空壳子；反之，如果马克思主义中国化不含马克思主义的普遍真理，如果西方哲学处境化祛除了哲学"爱智求真"本性，如果中国传统哲学现代化失去了"为天地立心、为生民立命、为往圣继绝学、为万世开太平"（"横渠四句"）的终极关怀，那就成了故步自封狭隘自大的说教。所以，"三化"不但要彼此会通，还要与世界各国哲学会通，让世界了解中国，使中国走向世界。

第五，哲学与科技的互补逻辑

哲学是一级学科，包括科学技术哲学的二级学科，但不能把哲学和科技哲学看作主流和分支的关系，两者应该是互补性的逻辑关系。补充逻辑是法国当代哲学家德里达提出的一个批判性概念，他认为西方哲学传统是逻各斯中心主义，就是以哲学理性为中心，以文学修辞为边缘，把边缘仅仅看成中心的补充，但在哲学家的写作中，文学修辞成了中心，哲学理性被排挤到边缘，他由此认为理性和非理性没有界限，哲学和文学只是不同的写作风格。① 我不赞成德里达的补充逻辑，更不同意他从中衍生出来"中国古代无哲学"的结论。但我反其意而用之，西方哲学传统的确是逻各斯中心或理性主义，但理性的力量不是靠文学修辞补充加强的，而是哲学理性和科学理性相互加强。哲学和科学技术的互补逻辑是一荣皆荣、一损俱损的关系。一荣皆荣的例子是古希腊哲学的科学精神，近代哲学与新兴的自然科学结盟；一损俱损的例子是中世纪的神学世界观和20世纪西方哲学的危机。

我在《现代西方哲学新编》结束语中提出，整个20世纪西方哲学都笼罩在危机的阴影之下，哲学危机的出路无非二条：终结或转型。② 但终结和转型不一定是非此即彼的关系，德文 Ausgang 本来就有终结和出路双重含义。非理性、反科学的文人哲学终结了，科技革命的发展为哲学指出了一条出路。当下日新月异的科技革命，向哲学提出很多新的课题，比如实验哲学，神经科学和意识具身化，生命科学、机器人和人工智能的伦理，工艺设计和美学，科技—工程—人文—数学（STEAM）教育，等等。

---

① 参见德里达：《论文字学》，汪堂家译，上海译文出版社1999年版，第239、355等页。
② 参阅赵敦华：《现代西方哲学新编》，北京大学出版社2001年版，第280—286页。

研究这些问题，不但要在哲学内部打通八个二级学科界限，而且要打破文科和理科的界限，开展跨学科、交叉学科的哲学研究。沿着这样的方向，我相信哲学一定大有可为。

　　我今天就讲到这里，谢谢大家！

　　（7月4日"侯外庐学术讲座"第139讲。录音整理：周凯鑫；修改审定：郭振华）

诠释学与传统继承问题

——从冯友兰的抽象继承法讲起

洪汉鼎[*]

很高兴这次能到西北大学来跟同学们、老师们见见面。西安对我自己来说是带有情感的，有很多回忆，这种回忆尤其是跟西北大学联系在一起。在来之前我就跟张学广院长说，我想到西北大学看一下。大家知道为什么吗？四十年前，今年是2018年，四十年前正好1978年，也是在9月的某一天，我同样到西北大学老校区，就在张岂之校长的家里。大家知道我那时候命运很坎坷，我是1956年读北大哲学系，1957年大家知道我国有一个"反右派"斗争，那时候我在北大，就给我戴上了右派的帽子。虽然两年以后我的右派帽子摘了，但是作为一个摘帽的右派，不可能分配很好的工作。我本来应该在1961年毕业，结果劳动了两年。那是在北京郊区斋堂，当时北大哲学系右派较多，老师有张岱年、王太庆等，研究生有余敦康等，本科生也有，当时我是年龄最小的，结果劳动了两年回到北大，最后给我分配到陕西省高教局。我原以为可以被分配到陕西省某个高校，结果我一到陕西省高教局去，又给我分到了咸阳专区文教局。我再跑到咸阳专区文教局去报到的时候，谁知又给我分到永寿县的文教局，我至今还记得当时那位文教局文书给我转介绍信时曾抬起头来对我说："我们之所以这样分配，想必你自己知道。"

---

[*] 洪汉鼎，北京社会科学院哲学研究所研究员，享受政府特殊津贴专家，山东大学哲学和社会发展学院特聘教授，中国诠释学研究中心名誉主任。主要著（译）作有《斯宾诺莎哲学研究》《真理与方法》《解释的真理——理解伽达默尔的〈真理与方法〉》《诠释学——它的历史和当代发展》《诠释学史》等。

至此我知道这已不是什么分配，而是发配。我想最坏发配到某个公社或大队当农民，还好那个永寿县是个老区，当时的县委领导认为他们这个地方从来没有北大的学生，于是把我留在县上，从1963年一直到1978年，一待就是整整15年，其间又经历了"文化大革命"。1978年，中国社科院我的老师贺麟教授，想让我回北京当他的助手，这样通过以招研究生的方式让我回到了北京。在陕西，当时唯一能谈学术的就是西北大学，因为张岂之和他的夫人都是我的师兄师姐，我们的老师都是贺麟。上面我说过，四十年前在我离开陕西前夕，我正是在张先生的家里。张先生当时跟我说，如果北京不成功，我可以回到西北大学任教，这样一别西安就是四十年。

所以对我来说，这次能再到西北大学是一个机遇，一种情感的记忆，因为我在陕西15年唯一能进行学术交谈的地方，基本上就是西北大学了。除了张先生之外，记得还有一位历史系的老师，他也是永寿人。特别现在张先生身体还健康，下午我们还要见面。这可以说是一种哲学记忆。

一

今天我要讲的题目是"诠释学与传统继承"。我首先要说，这个问题在目前对我们学术界是一个大的问题。因为我们经常讲到传统继承，究竟什么叫作传统继承？很多人不是很清楚。很多人说我继承了传统的美德，但这种美德是什么？而且更重要的是，我们今天讲传统继承，实际上一个很大的篇幅是文本的继承。比方说我们今天讲的《论语》，或者《孟子》，或者《十三经》，这是属于文本的继承。究竟继承什么呢？比方《论语》里面讲的"己所不欲，勿施于人"，"爱人"，"克己复礼"，我们究竟继承它们什么。光继承语词吗，还是思想？而且，除了继承什么，还有怎样继承的问题，我们是原封不动地继承传统的思想吗？另外，除了文本这种语言和文字的传统外，我们还有一些非语言的传统，那么非语言传统的继承又是怎样的一种继承呢？比方说绘画，中国的国画，如宋代的绘画，以及瘦金体文字，再比如说我们中国的京剧，以及中国的古典音乐，这些都属于非语言的、非文字的传统，这些非语言的传统又是继承什么以及怎样继承呢？

传统继承是否就像接力比赛那样，由上一个人把接力棒传给下一个人，接力棒仍是同一个，如果是这样，那么什么是语言或文本的接力棒呢？什么又是非语言非文字的传统的接力棒呢？前年，陈来教授，他把自己写的一篇文章寄给了我。他想用他老师冯友兰先生的抽象继承来说传统继承问题，并且说这方面诠释学很重要，他认为冯先生的抽象继承，现在可以用诠释学来解释。他这篇文章，后来发表在去年的《文史哲》第一期。这篇文章写得很好，同时也引起我的一些深思，我们究竟应当怎样来解释传统继承的问题。陈来教授在他那篇文章中引了我那本《诠释学——它的历史和当代发展》书里很多话，但如何更深一层理解传统继承问题，还有待我们大家思考。正是这样一种考虑，我写了这篇《诠释学与传统继承问题》。这篇文章我曾经在清华国学院讲过，请陈来和他们院里其他同志提过意见，最近，《澳门学术》要发表，我想借此机会在此再讲讲这一问题。我基本认为，我们只有更深入地了解诠释学，才能够把握传统继承的真正本质问题。

　　我首先要讲的，就是大家必须了解一下"诠释学"这个概念。今天好像很多人都在用"诠释"这个概念，但什么是诠释学呢？可能并不是完全清楚，除非你有专门的训练。我说这个也不奇怪，诠释学传到中国的时间本来也不长。大家知道，西方诠释学古代就有，Hermeneutik（诠释学）这个词来源于亚里士多德，亚里士多德有一本书，我们今天把它翻成《解释篇》，《解释篇》实际上用的就是 Hermeneutik。但是古代讲诠释学跟今天讲诠释学不是一个意思，那时候讲的是作为逻辑，因为亚里士多德这篇东西是属于他的《工具论》的，是属于他的逻辑里面的一部分。但是到了近代的 19 世纪，施莱尔马赫和狄尔泰这些人把诠释学从一门逻辑学转向一门解释技艺，狄尔泰把它叫作精神科学的普遍方法论，这乃是一个重大的转变。为什么会有这个转变，这里我必须讲点哲学史。大家知道，康德一生最大的贡献是发起了认识论的"哥白尼革命"，他写了一本书叫《纯粹理性批判》。这本书大家知道，主要的问题就是"先天综合判断如何可能"，这实际上是要解决一个大问题，就是为自然科学奠定认识论基础。他一生的功绩实际上就是为自然科学进行认识论奠基，也就是说，康德如果不写这本书，自然科学成为一门科学是有问题的，为什么呢？因为当时休谟在康德之前就提出两种判断，要么是经验判断，要么是分析判断，分析判断是我们人为构造的，比方说数学 1 + 1 = 2，它没有经验内容，但具有普遍必然性，反之经验判断尽管具有经验内容，它却没有普遍必然性。所以，经验判断没有普遍必然性，而有普遍必然性的乃是分析判断或先天判断，而先天判断不包含经验，它不是综合的。

所以在休谟看来，如果一个判断是经验判断，它永远不会得到普遍有效性。他举例子，比方说太阳明天从东方升起，这个他都要怀疑。因为我们根据以前的经验，推不出来明天太阳必然从东方升起，休谟这样一来实际上就破坏了自然科学的基础。所以在康德看来，如果休谟的观点是正确的，那么自然科学就不能够成为一门科学，因为自然科学一定是一个经验的综合判断，如果经验综合判断没有普遍必然性，它怎么能成为一门科学呢。康德一生最主要的功绩就是要来解决先天综合判断，既是经验的又是普遍的判断如何可能，这就是他的《纯粹理性批判》这本书的任务。到了 19 世纪末 20 世纪初，狄尔泰给自己提出的任务是为人文科学打下基础，人文科学当时在德国就叫精神科学。狄尔泰说，康德为自然科学打下认识论基础，我要为精神科学打下认识论基础，康德写《纯粹理性批判》，我要写"历史理性批判"。历史理性批判，这就是狄尔泰的问题。那么他的问题出在哪儿呢？大家知道在 19 世纪中叶之后，有一个名叫约翰·穆勒的人写了一本《逻辑学》，这本《逻辑学》的最后一章，他突然提出来一个问题：我们讲的科学，还有一种叫 Moral Sciences——道德科学，当时人们把它叫道德哲学，实际上就是指精神科学，因为穆勒这个 Moral Sciences 在当时翻译成德文词是 Geisteswissenschaften，即精神科学。穆勒在他那本书里提出，这样一门人文科学的科学性究竟何在呢？他说，它的科学的结论就如长期天气预报，我们知道，长期天气预报并不完全准确。说"明天下雨"，可能明天并不下雨，所以当时穆勒提出来的人文社会科学要成为一门 Science，就会是一个大问题。如果按照穆勒这样一怀疑，那么我们今天的文学、历史、哲学等人文社会科学就进不了大学。所以在 19 世纪学术界就有一项重要的任务，即论证人文科学的科学性。很多科学家就参与了这场论证，如自然科学家赫尔姆霍茨就在大学进行演讲，说人文科学之所以是科学，因为有艺术归纳法，虽然历史认识中的归纳方法与自然研究中的归纳法有不同。但是，狄尔泰所做的论证却更为深刻。狄尔泰的论证是什么呢？他说，你们都说人文科学没有科学性，这实际上是个错误。他说,很多人把自然科学看成科学,却不知道人文科学比自然科学更有科学性。

在狄尔泰看来,自然科学的科学性远不如人文科学的科学性,为什么?他有个例子,说人去研究自然的话,由于人与自然完全不同,所以人根本不能真正体悟到自然的内在性。狄尔泰说人在研究自然的时候,都是通过一种间接迂回的办法,把自然放在实验室里。比如说我们今天讲水是H_2O,好像这就是水的本质,实际上,人根本不了解,这种本质乃是我们把水拿到实验室,用电解方法发现是H_2O。在狄尔泰看来,这只是对水的一个操作定义,它是利用一种间接迂回的办法来达到对自然的认识,因为人跟自然是根本不相同的东西。两种根本不相同的东西就没有共同点,因而一个不认识另一个,这是一条自中世纪以来直到近代笛卡尔的一个认识论原理。在狄尔泰看来,康德为什么解决了自然科学的认识问题,实际上也是从人心把一个先天的感性形式、先天的知性形式放进去了,所以对自然科学的认知实际上加入了人的主观能力。

在狄尔泰看来,人和自然物没有共同点,反之,人跟精神产品却有共同点。我们今天能研究一个人的精神产品,比方说我们现在研究曹雪芹的《红楼梦》,这《红楼梦》就是一个精神的产品。我现在研究《红楼梦》,因为我是人,曹雪芹也是人,我们有共同点,所以《红楼梦》对我没有像自然物那样陌生。在狄尔泰看来,我们的精神科学就是研究精神产品所表现出来的思想,这一下就把诠释学提高了。按照这个来看,我们的历史学研究什么?历史学研究,实际上就是研究那些像司马迁的《史记》、班固的《汉书》这些东西,这些都属于人的精神产品,所以我们通过人类的精神产品了解和认识人类的精神世界和历史世界。

我们的文学为什么也能成为一门科学呢,为什么文学能研究比方说《唐诗三百首》,或者其他一系列古代传下来的文学作品?因为文学作品也是人的精神产品,所以我们都能够理解。狄尔泰说他要致力于为精神科学打下这样一个认识论基础。从而在19世纪,诠释学变成了人文科学、精神科学的普遍方法。你们看到,后来出现了很多学科的诠释学,比如文学诠释学、历史诠释学、宗教诠释学、法学诠释学都可以在这里解释。到了现代,20世纪30年代通过海德格尔,60年代通过伽达默尔,诠释学就发展成为一门哲学诠释学。

那么现在就有问题了，哲学诠释学跟近代狄尔泰古典诠释学的差别在哪儿？这就是从认识论转变为存在论。为什么认识论能够转变成存在论呢？因为在古典诠释学看来，诠释者跟精神产品是分开的。诠释者只是理解精神产品《红楼梦》，只是理解《红楼梦》里面所表现的作者的精神，作者曹雪芹跟我作为诠释者是分开的，所以他采用的是一种自然科学的所谓主体二分的方法。我作为理解者完全没有融入进去，我仅仅是描述《红楼梦》作者的意图、作者的想法，就只是描写。我就把这个精神产品当成当时的实际所描述的东西，我认为那是客观的、发展的事实，而跟我这个人当下的阅读没有关系，所以这个叫认识论。海德格尔开始认为那种理解错了，实际上人在理解时已经把人的深层的关系、当下的处境放进去了，因为人是一个"在世存在"，所以你得出来的结果绝不是曹雪芹的个人思想，而是包含了读者当下的现实问题对它的一种综合，成为一种中介。这样就形成一个很重要的哲学诠释学，它是一种本体论，是一种存在论，是把当下生成的现实放进去进行一种理解。我们今天来讲的就是这样一个诠释学。

严格地讲，对西方哲学来说，直到1960年伽达默尔《真理与方法》的出版，哲学诠释学才建立起来。这本书到今年也不过五六十年，也不是太长，这本书传入中国的时间就更不用说了。昨天在西电德国哲学会上，我说你们知道我们中国了解诠释学要到什么年代？那已经到上世纪80年代了。1979年，中国社科院派一个代表团第一次出国，参加德国的一个黑格尔国际学术会议。当时中国社科院副院长汝信带队，贺麟、王玖兴一批老专家参加。当他们从德国回来后，曾在中国社科院哲学所开了一个座谈会，汝信在会上说，我们这次在德国开会，他们都讲到Hermeneutik，这是一种什么样的学问？因此你们可以了解，到70年代末，我们都不了解诠释学，所以直到80年代以后，由于改革开放，我们才开始知道诠释学。

昨天我说，我们用英文Interpretation来翻译拉丁文Hermeneutics，这是根据亚里士多德的那本书《解释篇》。但是Interpretation这个词在近代，特别是在近代科学发展中，却有很大的变化，正如刚刚所说，近代科学解释自然物采用了迂回办法，就是拿到实验室去做。比如说红，什么叫红的本质？我们说它的波长是多少。为什么呢？就是说在实验室我用激光去打它，它成了波长，它跟"白"跟"蓝"有区别。这完全是一种间接的办法，在实验室进行操作。假设你不用激光去打，别人将来用其他的操作方法，也可以得出红的本质是什么，所以这里用的这个解释实际上是我们的"说明"，即英文 Explanation。狄尔泰曾说："我们说明自然，我们理解心灵"。这种"说明"的特别方法，就是我只要把一个现象还原成一个普遍规律的特例，我好像就说明了这个现象。比如说很简单的一句话：苹果为什么从树上掉下来？牛顿解释这个现象，认为这不过就是地心引力这种普遍规律的结果。这就是自然科学关于解释的含义。但是，像海德格尔和伽达默尔这些人一般不用 Interpretation 来译 Hermeneutics，他们另用了一个德文词，即 Auslegung。《存在与时间》关于"理解"与"解释"的那一章，那个德文不是 Interpretation，而是 Auslegung。

为什么海德格尔和伽达默尔以后都要用这个德语词，因为这才是解释的深刻含义，德文 Auslegung 这个动名词来源于可分动词 aus/legen。什么叫作 aus/legen 呢？就是 legen aus，即让某东西向我显示出来。所以我们解释某东西，我不是把它拿到实验室用间接迂回的方法对它进行说明，而是通过解释让这些东西自身对我直接显示出来，所以它离不开我当下面临的语境和生活世界，正是在我的生活世界中把它显示出来。这就是为什么一个古典的文本我们今天能解释，因为这个古典文本对我们当下显示出来，可以用当下的语境去解释它。这就是 Hermeneutik 这个词在今天的真正含义，你们有了这样一个概念，就知道它跟一般讲的解释是不一样的。

二

我今天所讲的诠释学问题，跟冯先生在 50、60 年代讲的传统抽象继承是不一样的。大家知道在那个时候，我们都认为传统文化是封建的，把西方的叫资本主义，把苏联的叫修正主义，对于这些封资修，都要进行批判。当时，冯先生为了要保持中国的一些传统，提出一个观点，叫作抽象继承。以后大家给冯先生的这种想法一个固定说法，就叫抽象继承法。冯先生的这种观点在当时曾遭到了批判，在报纸上很多人都批判冯先生的抽象继承。从我们今天的诠释学来看，冯先生的这种想法是否还有值得我们注意的方面呢？这是我首先要提示的。第一个问题就是，冯先生跟大家说，在中国哲学史当中有些哲学命题如果做全面的理解，应该注意到它们有两方面的意思，一个是抽象的意思，一个是具体的意思。像孔子所说的"爱人"，"己所不欲，勿施于人"，"己欲立而立人，己欲达而达人"，这些话虽然具体内容是封建的、不好的东西，因而是不能继承的，但这些话从字面意义上来看似乎又是超阶级的，它们是以普遍性的形式提出来的，这种抽象意义我们是可以继承的。

冯先生当时提出这样一个问题，我们的整个文化如果不考虑这样一种抽象继承的话，那么我国整个传统文化就会完蛋了。当时他谈论这种抽象继承观点时，还把它跟马克思主义结合起来，认为资本主义国家的自由、平等也具有普遍的形式，所以这些东西不能完全抛弃。当然，冯先生的理解跟我们现在的理解还是不一样，先不管这一点。我们先分析，冯先生说我们不可以继承传统哲学命题中具体特殊的意义，只可以继承传统哲学命题抽象普遍的意义，这种观点对吗？按照冯先生说，传统哲学中抽象的普遍意义或者这些命题具有的普遍性形式的思想，只不过是我们语词的字面解释，比如"爱人"，就只是从字典中查出"爱"是什么意思，"己所不欲，勿施于人"就只是一种待人接物的方法，"学而时习之，不亦乐乎"只是告诉我们一个学习的态度，如果真是这样，那么我们所谓传统继承岂不就是一些鸡毛蒜皮之事，我们还有何必要继承传统哲学而发展新思想呢？又如何通过继承传统去"为天地立心，为生民立命，为往圣继绝学，为万世开太平"？从这里看，冯先生这个看法显然是不对的。

从诠释学讲，我们的继承绝不能说只是抽象继承，每一次继承实际上都是具体的。这里我们就有必要了解诠释学所讲的"理解"这一概念，伽达默尔在《真理与方法》里面指出，每一个时代都必须按照他自己的方式来理解历史传承下来的文本。因为这个文本是属于整个传统的一部分，而每一时代都对整个传统有一个实际的兴趣。所以我们继承文本，绝不只是抽象继承，因为继承者都对这整个传统有一个当代的实际兴趣，并试图在这个传统中理解自身。当我们的解释者对某个文本产生兴趣时，该文本的真实性并不依赖作者及其最初的读者所表现的偶然性，至少这种意义不是完全从这里得到的，因为这种意义总是同时由我们解释者的历史境遇所规定，因而也是由整个客观的历史进程所规定的。

按照伽达默尔的说法，任何文本的理解绝不是一种抽象的形式理解，而是理解者根据自己当前的语境跟现实问题，对一直传承到自己的文本的把握。这里既有理解者的具体语境和效果历史前理解，又有传承物本身的境遇和历史效果，因此我们的理解本身就是一个具体的效果历史的事件，这就是诠释学的进程。后来伽达默尔对这个进程进行总结，认为真正的历史对象根本就不是对象，不是纯粹的客体，而是自己跟他者的一种关系，在这种关系中，同时存在着历史的实在和历史理解的实在。我给大家举个例子，过去我曾经问一些搞历史的，比如研究先秦史、唐宋史的：你们研究的对象什么？有人说他研究的是先秦史，我说从我们诠释学角度看，你研究的对象不过是司马迁的《史记》跟班固的《汉书》这些历史书，那个先秦史、汉唐史是在你们读这些书时的一个建构。先秦史作为一个历史对象，它始终包含了历史的实在又包含了历史理解的实在。所以我们今天讲的先秦史，实际上也包括后人对先秦史的理解，历史的时代在跟历史解释者的时代对话。所以一种名副其实的诠释学必须在理解本身当中显示历史的实在性，它在一种理解本身当中来显示历史的实在性，而不是脱离了历史的理解。因此伽达默尔就说，历史和历史理解实际上是一个效果历史，理解按其本身就是一个效果历史的事件。为什么说理解是一种效果历史事件呢？什么叫事件？事件也可以翻译成发生，就是海德格尔的 Er-eignis，比方今天早上我开车，在西北大学从老校区开着汽车，突然在路上被别人的车撞了，这一个相撞就叫作发生，就是一个事件，incident 就是突发事件的发生。理解实际上就是一种碰撞。

刚说的先秦史，你先读，然后理解、碰撞。由于我当时的生存的语境、生存的状态，现在我的理解问题就发生了，理解就是这样一个效果历史事件。在效果历史中，你的现实和当下语境都具体放进去了，因而不可能是一个抽象的继承。就是说，我们每次理解文本，想理解文本所说的东西，所理解的乃是我在当前的语境中所发现的文本想要传达的东西。下面我引用《真理与方法》相当有名也很哲学化的一段话，一起来分析："表达所表达的东西，不只是表达中应当得以表达的东西，即它所意指的东西，而首先是那种不是应得以表达，而是在当下这种言辞和意义之中一起得以表达的东西，即那种几乎可以说是表达"暴露"的东西。在这种广泛的意义里，'表达'概念所具有的内容远远超过语言学的表达概念。它其实包括了我们为理解一切事物而必须返回的一切东西。同样又包括了使我们有可能进行这种返回的东西。解释在这里不是指被意指的意义，而是指被隐藏了的而且必须要揭示的意义。"大家知道，《真理与方法》的这段话是伽达默尔给他的那些德国学生讲课时写的，所以对于德国学生来说，很多时候是比较容易理解。但是这句话传到中国来，我们没有当下的语境，就有必要进行解释。这里所说的表达，借用分析哲学的说法，就是"表达式"，表达式就是我们今天所说的命题。这个命题所表达的东西，不只是这个命题里面应得以表达的东西。所谓应得以表达，就是从这个命题用的那种语言文字看，它应得以表达，从那些语词的前后联系看，它是可以表达的。但是，一个命题并不全是应得以表达的东西，而是关涉着目前说出来的时候和当前的现实。这是什么意思？就是说，一个命题是在什么样的语境下被理解，于是就把该命题一下拉到当前的理解上，这就是对于表达的"暴露"。这种表达所具有的内容，远远超出语言学意义上的表达。

我经常说，我们中国早已有很多的解释，中国最早的文字学有"训诂"，训诂涉及文字的特点，好像咱们只要查查词典就解释了那个字，但解释并非这样简单。例如"己所不欲"这个命题，它里面的字虽然只那几个，可以从字典上查它是什么意思，但是你当时说出来的时候，绝不是语言学上所限定的那个意义。所以伽达默尔就说，实际上表达所具有的内容远远超出语言学的表达，它其实包含了我们为理解一些事物而必须返回的一些东西。我们在理解它，我必须返回我们的传统，同时必须关涉自己的现实，理解的现实语境必须包括这种现实，同样又包含使我们有可能进行的必须返回的东西。这个返回本来是返回到古代，现在你要包含返回的可能，也就是包含你现在能够反映的东西，不是完全回到过去的东西。所以解释在这里不是指语词被意指的意义，而是指语词被隐藏的而必须要显示的东西。这就是 Auslegung 对你显示出来，是必须要显示的意义，这就是今天我们讲诠释学的一个很重要的观点。按照这样一个观点，我们看到冯先生所讲的那个抽象继承是不对的，因为我们都是按照当前的语境来理解文本，它不可能由我抽象地传承它的字面意义，我的理解一定有我们当下的生存环境和现实问题。

过去社科院的院长胡绳，从事政治理论研究，是党内一个很著名的理论家。他当时曾针对冯友兰先生的抽象继承提出一个问题，说唯物主义者学习唯心主义哲学所提供的某些思想资料，绝不是很简单的，好像从旧房子拆下来的砖瓦，安装到新房子上。因为按照冯先生的抽象继承的说法，我们可以不要那所老房子，只是拿来旧房子的砖瓦，就跟把语词拿过来一样。胡绳却问，我们唯物主义者是不是能够这样把砖瓦从原处拿过来用呢？他说那根本不行，当我们把这些思想资料从唯心主义体系中解放出来，并不是将它变成非心非物的东西，而是要给它们进行唯物主义的解释。胡绳这句话当时就是指黑格尔的唯心主义体系，好像我们可以把黑格尔的辩证法从唯心的体系中直接提出来，但实际上做不到。黑格尔辩证法始终是唯心主义的，我们若要继承的话，就必须用唯物主义去把握、去继承。我们在20世纪50、60年代谈哲学继承的时候，就涉及这样一个重要问题，就是说唯物主义者要继承唯心主义哲学，必须用唯物主义的方法来继承它。

　　从我们今天来看，胡绳所讲的话实际上就是具体继承，我们绝不是抽象地继承了几个字面的意思，没有这么简单。举两个例子，中国传统哲学有一个命题"理一分殊"，它最早来自北宋哲学家程颐，他称道张载《西铭》一文是"明理一而分殊"，是在他回答弟子杨时的一封信中。杨时看了《西铭》后，因为里面讲了许多尊老抚幼、博爱万物的道理，就说这好像跟墨子的"兼爱"很对头。程颐认为杨时看法完全错误，乃完全不明理一而分殊，其实张载的"民胞物与"与墨子的"爱无差等"完全不同。因此此命题在当时本是一个阐明儒家仁义说以反对墨家兼爱说的道德立论，可是后来朱熹把它发展成一个形而上学哲学命题，成为一理与万殊的本体论命题。最后到了陆、王学派的时候，该命题又成了两种学风或学派的标志，是主张"理一"还是主张"分殊"，各成为一个学派。显然这个命题的意义在其发展过程中经历了各种不同的意义。再比方说，"水能载舟，亦能覆舟"这一命题，最早在荀子那里，主要针对统治者，但是后来的人对它的理解就有了新的发展。北宋理学家邵雍，在他的《伊川击壤集》也讲到此命题，但他是从"文以载道"来理解的，文虽然需要情，但情太多就可能伤道。我们今天也讲"水能载舟，亦能覆舟"，但这是在我们的执政党跟群众的关系上来理解这一命题，可见传统命题的继承都是在具体现实中进行的。总之，我刚才所说的表达的东西，都是跟当前这个言说的语境一起得以表达的东西。

三

我认为，冯先生提出的问题有一个很重要之点，尽管我们的继承不是抽象继承，但是他说过去的命题有一个普遍的形式却很重要。今天诠释学里就把这个普遍的形式叫作 Idealität（Ideality），我们过去一般把这个词翻译成"理想性"，但是现在应该把它翻译成"观念性"，或者也可以翻译成"意蕴"。怎么理解呢？首先，我们必须讲传统继承，一般有两类：一是语言性传承物的继承，如文本；另一种是非语言性传承物的继承，如艺术（绘画、戏剧、音乐）。继承语言性传承物的中介是文字，而继承非语言性传承物的中介则是一种叫作构成物或结构（Gebilde）的东西。我们先讲语言性传承物的继承，文字为什么是一种语言中介呢？因为文字都有一种观念性，这个观念性是我们继承传统文本的一个普遍性意蕴。我们来具体解释一下这个问题。刚刚我们说的是文本，文本从哪来？我们说是从"话语"而来，或者我们把文本叫作话语的固定。比如我们今天说《论语》是一个文本，它之所以能形成文本，因为其前身是话语，就是孔子跟他七十二个弟子的对话。从话语到文本，期间有很重要的一点，就是文本可以固定话语，使得文本跟话语看起来是一个东西。问题在于，文本怎样固定话语呢？录音机可以把我今天讲的话记起来、固定下来，讲完可以回放。如果有摄像机到这儿，不仅声音可以固定，而且还能够把我讲话的姿势、形象视觉效果都固定下来。录音机之所以能固定我讲的话，是因为它回放的声音与我当时讲的声音相似；摄像机之所以能固定我讲话时的实际场面，是因为它回放的视觉场景与我当时实际的场景是一样的。那么现在的问题是，文本对话语的固定又是怎样的一种相似呢？显然，我用话语说的"花"声音与我写的文字"花"，是毫无共同之点，一个是音，一个是形，它们两个怎么会达成同一？这个同一就是通过意义，我说的"花"这个音的意义跟你的书写表达的"花"这个字的意义达成同一，都是指称我们生活中的花这种东西。这个意义就构成我们今天所说的观念性，通过这个观念性使得它们能够同一。不过，文字的观念性跟话语的观念性有一个很大的区别，话语的观念性非常具体，而文字的观念性较为抽象。为什么呢？因为当我在花园里讲"花"时，当时是指某个具体的花，它的观念性是指这样的颜色、这样的大小，可是我写出来的文字"花"，虽然其观念性也是花，但它是抽象的，没有大小，没有具体的颜色，因而是一种抽象的观念性。

可是，我们今天理解这个"花"字，实际上就是在抽象的意义性上头加上我们的具体理解。你们读过保罗·利科，他用两个词，一个叫 de-context，de 是解除，就是解除语境；还有一个叫 recontext，re 就是重构，就是重构语境，一个解除语境，一个重构语境。话语本来是有具体的观念性，从话语发展到文字，实际上就是解除具体语境的过程，通过解除语境，文字把这种具体观念性变成一个抽象观念性。可是，当我们去理解文字时，我们又重新给它加上我们现在的语境，因而我们重新又具体地理解了这段文字。这里我们可以看出，理解文字时出现一个变化，就是这个文字本有一个抽象观念性。当我们用现在的新语境加给这个抽象观念性，就使这种观念性变成为我们可具体理解的东西。在诠释学里面，文字就是一种语言中介，通过这种语言中介的抽象观念性，我们继承了传统的思想。总括来说，语言之所以被书写，其根据就在于讲话本身加入了讲话者所传达的具体的意义观念性，而在书写成文字时这种具体的观念性被解除了，使之成为纯粹自为的抽象的意义观念性，完全脱离了一切表述、传达的情感因素。而最后文字之所以被解读，就在于文字中那种抽象的观念性又得到了后来读者的具体语境，从而使原先的抽象观念性再次成为一种具体的现实的观念性。

所以，我们不把某一文本理解为声音的表达，而是对它所说的内容进行理解。比如说，我现在看到《红楼梦》，我绝不把《红楼梦》仅仅看作曹雪芹的声音表达。过去的一些文本解释者都这样看，认为文本仿佛只是作者的声音和思想的表达，而伽达默尔在诠释学里就不这样简单把它看成是作者的声音和思想的表达。那么他想看成什么呢？看成我们对文本内容的理解，对曹雪芹所说的内容的理解。文字的性质来自语言的抽象观念性，因此文字记录的意义从根本上说是不可以从当时讲话者那里获得，这清楚地表明，这里所说的理解并不是严格意义上归结到最早讲出或写出某种东西的原始意义，我们现在所理解的绝不是那个当时的理解，并不是重复某些过去的东西，而是参与了一种当前的重塑，这就是诠释学的一些精华的段落。关于这种理解，我想到一个过去的例子。大家知道黑格尔在

《美学》里曾经说：古代的艺术作品虽然传承给予了我们，但却没有把它们当时周围的世界，没有把那些艺术品在其中开花结果的当时伦理生活的春天和夏天一并给予我们，而给予我们的只是这种显示性的朦胧的回忆。但是当那个女神用当下的眼神把那些果实再次呈现给我们时，这些果实却超过了之前提供给它们的土壤和要素，通过女神当下的凝视和动作以后，它达到一种更高的成就。这是一段充满美学意涵的话，今天我们用它来说明文本理解很生动，文本从话语产生出来，而话语本来是很生动的，就像树上长出很多新鲜的果子，还有日光、空气、水分统统都有。可是一旦从话语变成了文本，就好像你把树上的果子摘下来，由于失去了日光、空气、水分，果子就变枯萎了，柏拉图曾说这就是文字的一个弱点。但是通过我们后人的重新阅读，由于有了新的语境和现实问题，这些文字又活了，就如黑格尔说的，好像我当时通过一个女神的眼神把盘子托到你面前，水果又得到了新生命。

伽达默尔在《真理与方法》里面说："本文表述了一件事情，但本文之所以能表述一件事情，归根到底是解释者的功劳。文本和解释者双方对此都出了一份力量。因此，我们不能把文本所具有的意义等同于一种一成不变的固定的观点，这种观点向企图理解的人只提出这样一个问题，即对方怎么能持有这样一种荒唐的意见。在这个意义上我们可以说，在理解中所涉及的完全不是一种试图重构文本原义的'历史的理解'。我们所指的其实乃是理解文本本身。但这就是说，在重新唤起文本意义的过程中解释者自己的思想总是已经参与了进去。就此而言，解释者自己的视域具有决定性作用，但这种视域却又不像人们所坚持或贯彻的那种自己的观点，它乃是更像一种我们可发挥作用或进行冒险的意见或可能性，并以此说明我们真正占有文本所说的内容。我们在前面已把这一点描述为视域融合。现在我们在这认识到一种谈话的进行方式，在这种谈话中得到表述的事情并非仅仅是我的意见或我的作者的意见，而是一件共同的事情。"[①]

在这个意义上，我们可以说，在理解中所涉及的完全不是一种试图重构文本原意的历史理解，我们所做的其实还是理解文本本身。重新还原文

---

① [德]汉斯-格奥尔格·伽达默尔：《真理与方法》（下），洪汉鼎译，上海译文出版社1999年版，第495—496页。

本的意义时，解释者自己的思想总是已经参与了，就此而言解释者自己的视野起了决定的作用。但这种视野却又不像人们坚持贯穿着自己的观点，它更像一种我们可以发挥作用而进行冒险的意义，并以此说明我们真正在乎文本的内容。文本表述了一件事情，但文本之所以能表述这件事件，虽然解释者起了很重要的作用，但文本和解释者双方对此都共同贡献出了一份力量，这就是我要强调的。认识到这一点，我们就可看出，结果得到表述的就并非仅只是我的意见或者作者的意见，而是一种共同的见识。我们很多人不了解诠释学，觉得诠释学完全是一种主观主义，但是它实际上讲的是两方面的综合，是一种共同的事业，是文本跟解释者双方都提出来的理解。

从海德格尔的思想去理解，历史的中心问题涉及所有活着的人，而不是曾经存在的人。大家知道，海德格尔实际上受到一个人的影响，就是约尔克伯爵。此人的生活时代比海德格尔早一点，跟狄尔泰是一个时代。这个人不是一个专业的哲学家，而是一个喜欢哲学的农场主，经常跟狄尔泰通信，谈的就是存在。约尔克伯爵说："历史的中心问题是，所与活着（lives），而不是存在（is）"。存在者不能说它存在，而应说它活着。今天我们同样可以说，传统不是存在，而是活着。传统并不是存在于我们之外而我们只能对之认知和评价的僵尸，而是活在我们心中，活在与我们合二为一之中。作品的意义不是存在于作品的后面，而是存在于作品的建构里，作品是要在当代的新的观念中开启它的存在。虽然昨天的真理会用事情本身来解释，这是我们的兴趣所在，让真理成为事情本身，但这种事情本身只有通过向我们呈现的方面来获得它的生命。对作品的真理唯有理解，不是在它新的还原中，而是在它未来的生成中。

四

传统继承涉及经典，那么什么叫作经典？一般而言，《十三经》就是经典，《圣经》也是经典，对西方来说，柏拉图、亚里士多德的作品都可以叫经典。黑格尔给经典下了一个有名的定义，说经典本身有其意蕴，而这种意蕴又不断地被解释，不断地可解释，这就叫作经典，这是黑格尔在《法哲学原理》里面讲的。按我们今天的理解，经典不是像我们中国人所说的那种永远不变的真理,而是在于其意蕴的永远展开和不断解释。伽达默尔曾经使用了德文中一对形式上似乎相同的词来解释这一看法,经典的保存是 Bewahrung,但经典之所以保存,是因为证明 Bewährung,意思就是说,我们经典之所以能够保存(Bewahrung),是因为不断地证明(Bewährung)。伽达默尔这些思想用黑格尔的话来说就是,经典之所以是经典,就在于不断地解释。

由于时间不够,关于经典、文本,即我们今天所说的语言传承物,我今天就说这一点。现在再看一下,非语言文字的传承物又是怎样继承的呢?比方说艺术中的绘画,我们的戏剧,究竟怎样继承呢?《真理与方法》的第一部分即艺术部分,伽达默尔把艺术都看成游戏,游戏促使人类真正完成向着艺术的转化,向着一个结构的转化。一个艺术作品要成为一个真正的艺术作品,一个游戏要真正构成一个游戏,只有通过转化去赢得它的观念性。伽达默尔讲,人类游戏一当完成艺术的转向就形成一种构成物(Gebilde),这样艺术游戏就具有作品的特质。所以艺术作品就具有一种结构。这种结构也具有一种抽象的观念性,比方在绘画中,我们看到伦勃朗的作品就具有一种结构,这个结构可能光线阴暗,人物生动。这个结构不同于直接的绘画,虽说它是从绘画里出来的,但它形成一种抽象或意象。伽达默尔说,游戏的行为好像同游戏的表现行为相剥离,并存在于游戏所有的纯粹现象中,形成这种现象背后原则上可转化的结构。

比方我们中国的京剧,有梅派艺术、程派艺术种种京剧唱法。它们一旦形成传统就有一定的结构,梅派艺术形成一个结构,不同于其他派别。这种结构虽然是从梅兰芳当时的表演里产生出来的,但与他当时的表演并不是一个路子,它已经具备一种抽象的意象性。一个梅派艺术的结构,它正如文字一样,具有抽象意义。正因为这种梅派艺术结构,我们可以重新学习这个结构,去继承梅派的艺术。同样,程派艺术也有其程派的艺术结构。这种结构也与程砚秋当时的具体表演不同,尽管它是从后者产生的,但它具有一种抽象的意象性,后来的艺术家就会在其学习当中继承他的抽象的观念性。就此而言,结构是更加持久的东西,我们要继承的就是梅派这个结构。正如黑格尔说的,经典之所以永恒,在于它本身的意蕴以及此后的不断诠释。同样,艺术结构之所以永恒也在于它本身具有抽象意象性,从而后人可以不断地学习模仿。艺术传承跟文化继承一样,它们都具有中介，语言传承物的中介是文本或文字，而艺术这类非语言传承物的中介则是一种结构。文字是语言的中介，构成物则是艺术继承、文化继承的中介。我们今天对此应有更多方面的理解，包括音乐等等都可以从这方面来解释。所以在我看来，艺术作品是游戏，也就是说艺术作品真正的存在不能与它的表现相隔离，并且真正在表现中才产生构成物的统一性。

艺术作品的本质就包含对自我表现的依赖性，所以艺术作品尽管在其表现的可能性方面发生那么多的改变，但它仍然是自身，尽管表现不同，但还有一个自身，因为它有一个抽象的意义。抽象观念性的结构，这一点正构成了每一种表现的制约性，即表现包含了对构成物本身的观念，并且隶属于从构成物而取得的正确性标准。只要表现着构成物本身，表现并且作为构成物本身表现，它的表现都被认为是一种变形。这个变形就是我们今天所说的创造，它不是模仿，而是创造。表现就是一种不可摆脱，无法消除的具有无限同一个东西的格子。这种浮现当然不是指把某种东西按原样浮现，每一种浮现对作品其实是同样被认可的。所以在这里面我特别就想到康德的一句话，康德有一句话说得很漂亮：艺术和科学不同，科学是按照已被认识的法则和既定的方法而进行的，反之艺术在于天才的创造。他接下来说，天才的产品不是模仿的范例，而是继承的范例。就是说真正作为天才，不是我去模仿你，更重要的是继承，这个继承主要是创造。他说什么叫继承呢，就是对于另一个天才的唤醒，对于自己的独创性的感觉。一个真正的天才作品，包含着你对另一个天才能否唤醒他对自己独创性的感觉，这个就叫天才。

这就是我们今天讲的继承，为什么老讲创新性地继承，就是因为需要天才性地把握。如果讲传承时把这一点理解了，就会更好地把握"同时性"概念。以往认为，我们之所以能理解柏拉图，是因为我们摆脱了自己的当下，设身处地地跟柏拉图达到同时。但是，这个看法在伽达默尔看来是错的，伽达默尔不用"同时性"而用"共时性"。所谓共时性说的是，理解过程不是摆脱我的现在，而是把我的现在放进去形成共识。"共时性"概念来自于克尔凯郭尔，他为什么要提出这个概念？他说一个牧师在教堂里布道，讲的是耶稣的书，他不能只讲着过去耶稣受难的历史，一定要给信徒传达当前的意义。所以牧师要把两个不同时的时间，一个是过去的耶稣受难，一个是当时信徒的问题，同时进行组合。这样，我们的理解实际上都是这样的共时，共时就是一种分有、共有和参与。

另外，我们要重新认识、重新回忆，这就是诠释学所认识的东西。伽达默尔有时候说，诠释学是浪子回头，回到自己的家园。浪子漂泊到外部世界，最后回到自己的家园。我们精神科学其实都是这样，你读历史，读亚里士多德，读古希腊，就不回来吗？就好像一个旅游者从国外跑回来，最后回到自己家里。当你真的回到自己的家园，就不同于没有出去，因为你现在带了很多外头的东西回来，这就是"重新认识"这一概念所说的情况。伽达默尔讲到的继承文化遗产，他用了一个德文词叫 Aneignung。什么叫 Aneignung？就是占有，或者据为己有。理解文本就是把文本内容或真理据为己有。伽达默尔说："进行理解的意识不再依赖那种所谓使过去的信息传达到现代的再说，而是在直接转向文字传承物中获得一种移动和扩展自己视域的真正可能性，并以此在一种根本深层的向度上使自己的世界得以充实。对文字传承物的精神占有（Aneignung）甚至超过了那种在陌生语言世界中进行漫游的历险的经验。"文本应该通过解释，如果文本的术语不通过其他人可理解的语言，它就不可能说话。如果解释真正能进入文本，人们就必须寻找正确的语言。传统的历史生命就在于它依赖于新的"占有"和"解释"。所以这两个词，即 Auslegung 和 Aneignung，在诠释学里特别关键，对文本的诠释就是把文本据为己有。Auslegung 指将过去化为自己今天的，古今进行通达；同样也是指把陌生的外来的东西融化为我们自己熟悉的东西，中外进行沟通。

我们今天究竟是中体西用，还是西体中用，究竟以中解中，还是以西解中，看来都成问题。我的老师贺先生曾经讲，你天天都说"西化"，实际上是"化西"。我认为他说得很对，实际上就是"化西"，我并不是把西方的东西直接拿来，把我们的东西去掉，而是带着我们的传统性，把西方的东西化为己用。他举一个很好的例子，很多人说宋明理学被"佛化"，但是没有认识到它实际上是"化佛"的哲学，从朱熹的书里你们去看他怎样"化佛"。你会看到，朱熹通过自己的解释，显出宋明理学更深刻的意义。这就是 Aneignung 对我们来说之所以重要的原因。我刚才说了黑格尔所谓"经典"的意义，任何经典只有不断穿过现代视野，才能开出新的意义。

经典不变并不在于它自己永恒不变，而在于它不断地被翻新，永远是活生生的新的东西。这就是伽达默尔所说的，"话语"对传统物的每一次成功的占有，都会使它消融于一种新的本身熟悉之中。在这种熟悉中经典得以传承，两者都融入到一个包容了历史和当代自己的当下境遇中。我这个话就是针对刚才所说的所谓以中解中、不需要西方来的。对于传统，我们每次都会使它消融于一些新的语境和现实问题之中，这样就使传统的经典不再是个陌生的遥远的东西。我每一次成功地占有它，实际上并没有使它仅仅停留在它自身当中，而是把它据为己有。所以说，我们理解的结果也属于传承物，我们跟传承物两者之间建立起一个很包容的历史和当代、自己和他者的共识。

（11月9日"侯外庐学术讲座"第153讲。录音整理：王宇；修改审定：王策）

"三教合一"与理学的形成及流变

刘学智[*]

考察中国哲学的发展历程，离不开儒、道和后来传入的佛教。在中国哲学史和中国文化史的研究中，在汉魏之后必须充分关注儒释道这"三教"。如果离开了这"三教"，中国思想文化就无从谈起，任何学术问题也都难以说清楚。今天我试图从三教、"三教合一"入手谈谈理学是怎么形成的？同时理学又是怎么演进和发展的。在讲这个题目之前，我想先把秦汉时期的儒、道关系做一点梳理。

一 汉魏：从"诸子百家"、"儒道互补"到"儒道合流"

我们知道，中国哲学的渊源很早，但其体系的出现是在春秋战国时期，这就是我们常说的"先秦诸子"。在先秦诸子中，孔子创立的儒家，从当时的思想影响和学者数量来说，无疑是最主要的学派。他的弟子及再传弟子，一直影响到战国时期。如子夏、子张、曾子、子思等。后来分化为内圣之学和外王之道。内圣一系由曾子、子思到孟子得以传衍。不过这一系按唐代韩愈的说法，"轲之死不得其传焉"，孟子之后中断了。外王一系由子夏、子张等加以发挥，到战国末期的代表就是荀子。荀子自称是

---

[*] 刘学智，陕西师范大学资深教授，博士生导师，兼任中华孔子学会副会长，陕西省孔子学会名誉会长，国际儒联理事、学术委员，中国孔子基金会学术委员，中国人民大学孔子研究院学术委员，四川省《巴蜀全书》专家委员会委员，四川大学国际佛学研究院学术委员等。著有《中国哲学的历程》《儒道哲学阐释》《儒道释与中华人文精神》《中国学术思想编年》（《魏晋南北朝卷》《隋唐五代卷》），国家"十二五"重点规划出版项目《关学文库》总主编。

"法仲尼、子弓之义",显然是发挥儒家思想中外王一系。后来能与儒家直接抗衡的有两个学派,先是墨家学派,后是道家学派。墨家学派是从儒家学派中分化出来的,又与儒家分道扬镳,到战国前期,成为与儒家并立的"显学",甚至其影响还超过了儒学,形成"天下之言,不归杨则归墨"的态势。不过,在春秋末战国初与儒家相抗衡的且对儒学形成实质性威胁的,是老子创立的道家学派。之所以说能形成实质性威胁,是因为道家提出了一套和儒家的道德价值观迥然不同的自然价值观,他认为儒家推崇的仁义礼乐是人性的异化,是对自然原则的破坏。他要建立的是合乎人性本真的一套自然价值原则。至于法家、名家、阴阳家,都没有构成对儒道的抗衡,而且以后大都被儒家吸收或肢解了。

到战国末期和秦汉之际,先秦诸子出现了相互融通、综合发展的趋势。这一综合发展的最大的成果,就是黄老之学的出现。黄老之学是道、儒、法思想融合的产物。该学派一直影响到汉代前期。到武帝时期,因儒术独尊而从主导地位淡出。淡出不是消失,因为即使在儒术独尊的学术背景之下,黄老之学仍然在社会上有一定的影响。黄老之学的核心精神是道家。司马谈在《论六家要旨》中所说的道家,就是指的汉初流行的黄老之学。汉代的黄老学,旨在寻求治国之道,用以指导施政,有很强的世俗化和实用的倾向。司马谈在比较分析了先秦六家(儒、墨、道、法、名、阴阳)思想的优劣短长之后,认为唯有"道家"能兼采众家之长而较少片面性。他说:道家"使人精神专一,动合无形,赡足万物。其为术也,因阴阳之大顺,采儒墨之善,撮名法之要,与时迁移,应物变化。立俗施事,无所不宜。指约而易操,事少而功多。"(《论六家要旨》)这些特征正和汉代世俗化的黄老思想相吻合。《论六家要旨》著于汉武帝建元六年(前135),显然是黄老思想取得政治成功后的总结,也反映出黄老思想本身带有综合诸家的特征。

汉武帝即位之初,即有意改变汉初以来以黄老思想为指导原则的方针,试图重新建构新的指导思想。建元元年即"举贤良方正直言极谏之士",当时即有提出主以申、商、韩非之学者,亦有主张用苏秦、张仪之言者。然丞相卫绾对此极力反对,奏曰:"所举贤良,或治申、商、韩非、苏秦、张仪之言,乱国政,请皆罢。"(《汉书·武帝本纪》)武帝崇儒,支持了卫绾的意见。因"窦太后素好黄老术,非薄《五经》",于是太后一怒之下罢了卫绾、王臧，后二人皆自杀（见《汉书·武帝本纪》）。这就是发生在建元二年的窦太后贬儒臣事件。建元六年，太后崩，翌年五月即诏贤良对策，武帝接受了儒生董仲舒的建议，乃"卓然罢黜百家，表章六经"（《汉书·武帝本纪》），确立了尊儒的方策。可见，尊儒方针是经过激烈的争论才确立下来的。所谓"罢黜百家"，也主要是罢黜黄老；所谓"独尊儒术"，所"尊"之"儒"实为以董仲舒、胡毋生等人为代表的、融合了法家和阴阳家的今文经学（以公羊学为主），儒学走上了直接与政治结合、为政治服务的经学化道路。汉武帝实行"罢黜百家，独尊儒术"的方针后，实际的情况是，"儒学"虽然独尊，但"百家"并未罢黜。在儒学经学化的同时，道家思想却始终存在并发展着。先秦的老、庄思想不仅与法家、阴阳家、儒家思想融合起来，同时也和汉代的天文、历法、地理、医学等自然科学结合起来，开出了与董仲舒的神学目的论相对立的自然哲学体系。可以看出，道家和阴阳家是汉代自然哲学的真正基础。当时很有批判思想的王充，自称自己"虽违儒家之说，合黄老义也。"可见汉代是儒道互补的。汉代的儒道法都已不是纯粹的儒、道、法，而是融合了诸家思想的儒道法，但是突显出来的是儒道两家。

这一儒道互补格局，到魏晋玄学出现后转变为儒道合流。玄学的宗旨是在调和名教与自然的关系。玄学有贵无派和崇有派之分，无论贵无还是崇有，都在努力调和二者的关系。王弼主张"名教本于自然"，把儒家的礼法名教建立在道家的自然基础上，强调礼法制度、仁义道德，应该出于人的自然本真，不能是流于形式或者成为虚伪的东西。同时，玄学家也在用种种努力把儒家的"圣人"理想与自然之道相沟通。他们认为圣人的境界应该是顺自然而无为的境界，即使仁义道德之类也应该是"发之于内"，为人的本性的自然流露，而非来自外在的礼法强制，虚伪的名教更是他们所鄙视的。虽然到竹林时期玄学家曾完全抛弃名教，纯任自然，出现儒、道的分裂，但是很快到西晋元康时期，就被向秀郭象重新调和起来，讲"名教即自然"。这句话不是他们说的，是后人概括的。这里自然与名教是体与用统一的关系，也就是儒道合流了。可以看出，中国哲学的发展，从先秦到汉魏，学术思想基本上是沿着诸子并立到各家融合，在融合中突显出儒道两家；再从汉代的儒道互补，到魏晋玄学的儒道合流，这大概就是秦汉到魏晋诸子思想发展的大致走向。

二 魏晋到隋唐：三教鼎立与三教深度融合

魏晋玄学走的是儒道合流、以道为主的路子。大家可以设想，假设中国思想一直按照儒道并存的路子向前走，其格局将会是什么样的？我以为，儒家适合于治国，而道家适合于治心，可能会走儒道互补、以儒为主的路子。当然历史不能假设。事实上在两汉之际，佛教进入中国，已改变了中国文化自身原先的路向。

但是，在两汉之际，产生于印度的佛教传入中原，改变了中国文化按自身特征前行的路子。佛教传入，是中国历史上发生的第一次中国文化与异域文化的交流碰撞。在汉代末年，中国土生土长的道教产生了，原先的黄老道术、太平道和五斗米道，在汉代末年逐渐演变为一种以道家思想为基础和核心理念、吸收了佛教的教义教规和修炼方式的宗教，即道教。这下子中国思想界不平静了，热闹了，逐渐形成了儒释道三教鼎立、纷争和相互吸收、融合的思想格局。

从比较信实的史料看，佛教传入中土当在两汉之际。汉哀帝元寿元年（前2），大月氏王使伊存曾向博士弟子景卢（一作景宪、秦景）口授《浮屠经》，这当是佛教传入之始。《后汉书》还记载楚王刘英"诵黄老之微言，尚浮屠之仁祠"，把佛教（"浮屠"）与黄老并列共祠的情况。可以肯定，佛教至晚在东汉明帝永平年间已传入中土。汉明帝永平十年（67），即伊存口授浮屠经之后的第68年，汉明帝遣使得"佛像经卷"，用白马驮至洛阳，这是佛像佛经传入之始。汉末桓帝、灵帝时代（147—188），西域和天竺佛教学者安世高、支娄迦谶等相继来华讲经弘法，开创了汉代的译经事业（见僧祐《出三藏记集》等），这当是汉译佛经流传之始。

佛教传入之初，与中国文化的关系，大致经历了表面的相合、实质的冲突和思想的调和的否定之否定的进程。汤用彤说："外来思想之输入，常可以经过三个阶段：（一）因为看见表面的相同而调和。（二）因为看见不同而冲突。（三）因发现真实的相合而调和。"① 佛教初传之时，被当

---

① 汤用彤：《文化思想之冲突与调和》，载《汤用彤全集》第5卷，河北人民出版社2000年版，第281页。

作如同黄老和神仙方术求仙、追求长生一类的道术看待，中国人心目中所理解的佛教，无非是"清虚无为"、"好生"、"省欲去奢"、"守一"等特征，这显然是当时将佛、道思想相比附、相杂糅的结果。当人们了解到佛教与中国传统有很多不同的时候，于是发生了观念上的冲突。例如人们发现："佛法以有形为空幻，故忘身以济众；道法以吾我为真实，故服食以养生。"佛为"达本明性之道"，道为"养命固形之术"。儒家以现实为真实，佛教以现实为空幻，三教之间教义上的对立，使得它们在相互竞争中不免有矛盾乃至激烈的冲突。此外更有政治上、伦理上的冲突，如沙门要不要敬王、敬拜父母的争论，就是一个典型的案例。中间还发生过"三武一宗"的灭佛法事件。这个争论从东晋一直到隋唐没有中断。在这个过程中，儒、道往往联合起来，站在本位文化的立场排斥佛教，于是佛教受到儒、道的双面夹击。但是后来，中国人慢慢地发现，佛教与儒学、与道家在许多点上有相合、相通之处，甚至发现佛教有利于人的身心调节，有利于治国，于是开始调和佛教与本土文化的关系。这样就出现了一些有识之士极力论证佛教与儒、道的相合处。较早看到这点的是汉魏之际一个叫牟融的人，他写了一篇《理惑论》，其中说佛与儒、道的关系如"金玉不相伤，精魄不相妨"。又有孙绰写《喻道论》，说："周孔即佛，佛即周孔，盖内外名之耳。"又说"周孔救极弊，佛教明其本耳。共为首尾，其致不殊。"认为佛与儒在思想上是相通的，二者仅是内教与外教的区别而已。东晋沙门慧远认为佛与儒道是"内外之道，可合而明矣。"（《沙门不敬王者论》）意即作为内教的佛、外教的儒道，可以"合明"，即在社会生活中共同发挥教化的作用。这些言论在魏晋南北朝时不绝于耳，这大概就叫"因发现真实的相合而调和"。其调和的方法，其一，是强调三教在社会功能上是共通的，都"有助王化"。南朝有个宋文帝，就发现若大家都信奉佛教，就可使之"坐致太平"，所以他极力推崇佛教。他们认为三教在价值取向上可以相互认同，都有存在的意义："三教圣人，壹是教人以为善"（《佛祖历代通载》）。其二，主张三教殊途同归。东晋慧远说："道法之与名教，如来之与尧孔，发致虽殊，潜相影响；出处诚异，终期则同。"（《沙门不敬王者论》），出发点虽有异，但最终目标是一致的。其三，三教地位齐一、义理相通。北齐人魏收说："又有五戒，去杀、盗、淫、妄言、饮酒，大意与仁、义、礼、智、信同，名为异耳。"（《魏书·

释老志》)

在经历了长期的调和之后,佛教与儒道开始了思想上实质性的交融。这一进程发生在隋唐时期。佛教不仅在中国站稳了脚跟,而且有了充足发展;道教由于吸收佛教的义理和教规,不仅成为成熟的宗教,其势力也壮大起来,且足以与佛、儒相抗衡。三教地位均衡了,所以才能鼎立。这样,到隋唐时真正的三教鼎立局面就形成了。从三教各自在中国思想文化中的地位来说,儒学虽然失去了独尊的地位,但依然是统治者治国安邦的指导思想;道教由于与李唐王朝的特殊"亲缘"关系,被抬上国教的地位;佛教以其独特的理论魅力赢得了知识界的青睐,逐渐发展成为占主导地位的学术思潮,于是在唐代形成了如任继愈所说,"三教鼎立,以佛为主"的思想格局。在这种鼎立局面下,发生了三教之间的吸收和深度的交融。其交融的结果在三教之中都有:佛教出现了一些宗派,所谓的八大宗派,其中天台宗、华严宗、禅宗最具有中国的特色。佛教传入中国,没有"化中",没有改变中国文化的基本特征,反而被中国文化所"化",这叫"化佛"。例如,佛教吸收儒家的忠君孝亲的观念,当时社会上出现的《佛说父母恩重经》等,就在佛经中融入了儒家的忠君孝亲等观念。天台宗所主张的"止观"修炼方法,也一定程度上吸收了道家的"静观""玄览"的体道方法以及道教的内丹方法。华严宗的"理事"说在思维方法上则是对传统哲学特别是玄学体用说的借鉴。禅宗的"即心即性""即性即佛"的心性佛统一说以及其"顿悟"的解脱方法,则是把佛教的佛性说与儒家的心性论、道家的自然主义以及道家"心斋""坐忘"的体道方法相融通的结果。禅宗一向以"不立文字"、"教外别传"相标榜,这事实上是把老子的"大音希声,大象无形,道隐无名"(《老子》四一章),"行不言之教"以及玄学的"言之者失其常,名之者离其真"(《老子指略》)的体道方法融通起来了。道教也吸收了佛教的教义、教规使之走向成熟化的宗教。而隋唐时期儒、道融合了佛教的教义义理也使其理论进一步深化和哲理化,并使之发生着形态上的变化。如出现了许多清修派的道士在他们的著作中吸收佛教、儒学的思想以进行义理的阐发。如王玄览所著《玄珠录》,以道家思想为主,兼采佛教学说;司马承祯著《坐忘论》、《天隐子》等,吸收儒家的正心诚意和佛教止观的学说,重新论述了道教修道成仙的理论。此外还有《无能子》等。道教在经典诠释中吸收佛教义理的情况相当普遍。儒学也吸收了佛教的本体论和心性论及其思辨方法，其理论思维也在提高，在中唐后出现了从汉晋以来重礼教的儒学向重心性的儒学转向的情况。这种转向，已经在经典诠释中表现出来了，使三教关系走向深度的融合。所谓"融合"，不同于晋南北朝时的"调和"，而是指其关系已从外在而趋向内在，其思想上通过相互吸收使各自都在发生着某种改变，既改变了自己也改变了对方。

佛教的发展也导致了许多政治的、经济的、伦理的问题，于是出现了包括儒、道在内的一些有识之士的警觉和反对。这里特别要提到一个有扭转学术方向的学人，这就是韩愈。我们都知道他是倡导古文运动的，但他在儒学史上也有重要的地位，从某种意义上说，他更是一位在儒学史上有承先启后作用的人物。古文运动的内在精神是强调"文以载道"。问题是其文要载的是什么"道"？是佛家之道，还是道家之道，还是儒家之道？韩愈推荐的是儒家之道。为了复兴儒学，他在历史上破天荒地提出了儒家的"道统说"。"道统说"的意义有四个：一是提出了儒家有一个传之久远的核心理念，这就是仁义之道，并把这个道统追溯到尧舜以至孟子，形成了一个"道统"；二是要说明儒家的道统是正统，比佛教久远得多。这个"道统"把佛老排除在外了。三是要说明儒学史上有一个由尧舜到孟子的内圣之学的系统。正是由于他的倡导，儒家的内圣之学到宋明才成了儒家的正统。这个道统后来就被理学家将其与"虞廷十六字心传"联系起来了，这就是所谓的"人心惟危，道心惟微。惟精惟一，允执厥中"，这样道心就成了内圣之学的核心。四是说明儒家的内圣之学，到孟子之后中断了，现在需要我们承继和发扬这个道统。当然他也隐喻着接替这个道统的是他韩愈。至于他能不能继承道统并不重要，重要的是他高扬了孟子的学说和地位，由此孟子的地位得以提升。他也重视《礼记》中的《大学》，加之李翱对《中庸》的重视，这才有了宋明理学对四书的重视。道统说在学术史上建立了一套足以与佛教相抗衡的传统，其目的在于复兴儒学。所以，从思想上说，古文运动就是一次儒学复兴运动。韩愈在思想上的贡献主要是两个：反佛和崇儒。他反对迎佛骨，这是诱因，实质是反对佛教在中国的传播，是要高扬儒学。其实他对佛教没有深入研究，这一点连他的学生李翱也有微词，如说对佛教"排之者不知其心，虽辨而当，不能使其徒无哗而劝来者。"即认为他虽反佛，但却未悟佛教的心性论，自身的理论又无法与佛教相抗衡，所以达不到反佛并把人们引向正确方向的目的。但他是从政治、经济、伦理上排佛的，揭露了佛教对社会的危害，专门写了《论佛骨表》。他所反对的迎佛骨，就是现在扶风法门寺的那个佛骨舍利。"道统说"对韩愈反佛来说不失为一个有力武器，同时，其在理论上也大体勾勒出儒家的主流思想是"仁义"之道。特别是他对《孟子》的推崇，为《孟》学在唐宋后逐渐升温起了推波助澜的作用，并且其直接的作用就是"下开宋儒"①。

其实对宋明理学在思想上发生了实质性影响的，当属韩愈的学生李翱。唐代儒家对佛教的吸收，突出的体现在李翱的《复性书》中。佛教华严宗主张人皆有"自性清净圆明体"，此"处凡身而不减"，只因为妄念所蔽，"烦恼覆之则隐"，清净圆明体不能显现，所以只有去除妄念，"妄尽心澄，万象齐现"（法藏：《修华严奥旨妄尽还源观》）。李翱吸收了佛教的思想，主张"性善情邪"，认为人性本善，但人的情欲是邪恶的，"情既昏，性斯匿矣"，犹如"水之浑也，其流不清；火之烟也，其光不明"，故只有"灭情"才能"复性"。佛教的"妄尽心澄"，在李翱这里变成了"灭情复性"，此成为宋明理学"存理灭欲"的重要思想渊源。正因为如此，学界把韩、李视为宋明理学的开先河者，这是有道理的。

三　从三教融合到三教合一：理学的产生

自佛教传入到晋南北朝，儒释道三教之间以冲突与调和为特征，而以调合为主；隋唐五代时期，儒释道三教之间以矛盾、冲突与交融为特征，而以交融为主；宋元明清时期则以"三教合一"为特征。任继愈说："从三教鼎立佛教为首，到三教融合儒教为主，是唐宋哲学发展的总脉络。"②以往常有学者把隋代王通所说的"三教可一"③，说成是"三教合一"的较早提出者，这不仅误解了王通的原意，也混淆了三教关系发展的历史进程。王通是用儒家中和的思想方法看待三教，认为不能否认佛、道二教的

---

① 钱穆：《孔子与论语》，联经事业出版公司1974年版，第114页。
② 任继愈主编：《中国哲学发展史·绪论》（隋唐），人民出版社1994年版，第2页。
③ 王通《中说》卷五："曰：'三教于是乎可一矣。'程元、魏徵进曰：'何谓也？'子曰：'使民不倦。'"

作用，三教可以相互为用，相互补充，共同起到维系人心的作用。这与唐宋后所说"三教合一"，其意义相去甚远。必须说明的是，"调和"与"交融"不同，"交融"与"合一"亦有严格区别。"调和"是从处理三教之间的外部关系而言的，即在三教发生冲突时通过外部协调、内部调适，以相互寻求共生共存的基点；"交融"则从外在逐步走向内在，有了思想上的交会、融通。"三教交融"与"三教合一"又有严格的区别，"交融"仅是说儒道释三教之间相互吸收，你中有我、我中有你，其间还没有鲜明的思想归向。而"合一"则是说三教在保持各自门户的同时，不仅相互吸收和相互融通，而且这种融通已有了鲜明的思想归向，这一归向就是"心性"。当然这只是就发展的趋势而言，实际上不仅在唐代三教尚未"归一"，就是作为三教融合的产物——宋明理学的出现，也没有代替佛、道二教。到宋明，三教仍各立门户。理学的"合一"是指以儒为主，融合佛、道二教而在义理上归向心性的趋向①。也就是说，这一归向就是心性论。若进一步考之三教发展的动态过程以及各教的较为确定的归势，不难发现，迄唐以降，佛教由禅宗而革命，道教至全真而转向，儒学到阳明乃大变，其寓于变革转化中的思想意趣不越"心性"二字。② 总之，"三教合一"，即伦理目标一致，旨趣归向心性。正如《性命圭旨》所说：要而言之，无非此性命之道也。儒曰"存心养性"，道曰"修心练性"，释曰"明心见性"。心性者，本体也。（《人道说》）

三教合一实际上产生了禅宗、全真教、理学等三个理论成果，但是在考察三教合一时我还注意到一个现象，大凡讲三教合一的，大多数是佛教或道教学者，儒学家都在吸收佛道，但表面上却坚持反佛老的立场。理学家有的反佛是很坚决的，如关学学人冯从吾就批评佛教是"邪教"。有的学者一面批评佛教，一面又吸收佛教，我认为这不奇怪，因为人们不可能脱离特定时代文化背景的影响，从诠释学上说，这种现象是不可避免的。

下面我只讲三个理论成果中的理学。理学是一个庞大的系统，这里不能具细。我只讲理学史上三座思想高峰。第一是张载，第二是朱熹，第三是王阳明。

---

① 刘学智：《心性论：三教合一的义理趋向》，载《人文杂志》1996 年第 2 期。
② 刘学智：《儒道哲学阐释》，西北大学出版社 2018 年版，第 230 页。

张载是理学的主要奠基人之一，我认为他是理学史上的第一座高峰。因为理学的基本范畴、基本命题，在张载的哲学思想中大多已现端倪，理学思想的基本框架，在张载这里已现雏形。比如，张载把本体论、伦理学、认识论结合在一起，克服了汉唐儒学"天人二本"之弊，尤其是确立了理学的思想主题：性与天道合一。从伦理学入手，探讨自然、社会、人生之所以然，也就是宇宙的本体，这是理学的基本思路。再比如张载反对佛老，后来理学家们基本都坚持这一立场。为了驳斥佛教，他提出"太虚即气"，认为"太虚"并非空无所有，而是由气构成的，"气不能不聚而为万物，万物不能不散而为太虚"。（《正蒙·太和篇》）并提出气化为"道"的思想；张载提出了"天地之性"与"气质之性"的人性论以及"变化气质"的工夫论，"德性之知"与"见闻之知"、"心统性情"的认识论和道德修养论等，也多为后儒所继承和阐发。朱熹认为其"天地之性"与"气质之性"的说法，"极有功于圣门，有补于后学"（《朱子语类》卷四）；称赞张载的"心统性情"一句"乃不易之论"（《朱子语类》卷一〇〇）。张载所说的"由太虚，有天之名；由气化，有道之名；合虚与气，有性之名；合性与知觉，有心之名"（《正蒙·太和篇》），这大体上可看成是张载哲学思想的一个简明的纲要，由此搭起了把道德伦理与宇宙本体相贯通，使伦理学上升为宇宙论的理学基本框架。其所著《西铭》则充分展现了他的人生哲学和伦理思想，且与孔孟的价值观相吻合，颇为后儒所推崇。程颐称《西铭》"扩前圣所未发，与孟子性善养气之论同功"（《答杨时论西铭书》，《河南程氏文集》卷九）。可见理学的基本精神在张载那里已明显表现出来。

　　张载的理论贡献，我以为主要有七：一、在宇宙论上提出"太虚即气"的思想，以世界的真实存在彻底抗击了佛老的虚无本体论。二、在人性论上提出"天地之性"与"气质之性"的思想，既承继了孟子的性善论，又解决了人何以为恶的原因，从而指出了人成善成圣的路径。孟子说人性本善，恶是由于善性丧失后造成的。但他没有说清楚为什么有的人能丧失，有些人能保持的深层原因，张载用"气质之性"基本上说清楚了。三、把本体论、伦理学和认识论结合在一起，力破汉唐儒学"天人二本"之弊，确立了"性与天道合一"的理学主题。这就打通了真理世界和价值世界，气既是世界的本源，也是价值之源、道德的最后根据。当然，这个问题还需要深入研究，特别是气如何成为道德的终极源头，我们现在研究得还不够。究竟张载是怎么打通二者的？需要进一步研究。四、提出了见闻之知与德性之知的概念，把求真与求善统一起来，把真理与价值统一起来了。五、以"一两"范畴为基，提出了"一物两体"的矛盾观，把矛盾的斗争性与同一性统一起来，同时提出"仇必和而解"的命题，为我们建构和谐社会提供了理论的依据。六、他在《西铭》中提出了"民胞物与"的思想，为我们提出了一个伦理目标，为解决社会问题提出了一个伦理学原则。七、提出了"四为"的使命意识，为社会士大夫提出了一个奋斗的目标和追求的境界。自从陕西有了关学，就有了自己不同于其他地域的精神标识。

第二个高峰是朱熹。朱熹的思想体系太庞大，我只能简单说说。朱熹的学说是由二程奠基的，他是二程的四传弟子。他把自然社会和人生背后的所以然看成形而上之理或者道。关于理和天理的问题，是二程提出的。不同之处在于，张载认为虚一气是本源，二程以理为本源。所以二程批评张载的说法，认为张载把气说成形而上是不对的，反复强调气是形而下，道是形而上，这是二程洛学与张载关学区别的重要之点。朱熹是理学的集大成者，他的思想博大精深，他认为理是形而上，气是形而下，"理本气末"，从而对理气关系做出明确的界说，他的核心思想是要说明"存天理，灭人欲"。朱熹思想博大精深，张载思想大气精密。

第三个高峰是王阳明。朱熹的理学后来受到两个方向的批判和冲击，一是陈亮、叶适为代表的江浙事功学派的批评；另一个是陆九渊的批评。明初朝廷非常推崇程朱理学，明洪武年间，乡试以四书特别是朱熹的《四书集注》为标准。在许多人的推动下，朱子学成为官方正统，其他则被视为异端，可以说明初基本上是朱子学一统天下，"非朱子之言不学"。但是这种情况衍生的后果，就是朱子学日渐成为士子猎取功名利禄的工具和钳制人们思想的教条。一旦某种思想成为教条，就会出问题的。陆九渊的心学就有反省朱子学的意义，后来王阳明进一步把心学推上了极致。

儒家认为人生的最高境界是"三不朽"，《左传·襄公二十四年》："太上有立德，其次有立功，其次有立言。虽久不废，此之谓不朽。"我认为能在历史上达到"三不朽"的人并不多，但是王阳明应该算一个。他的思想体系主要有三个要点，第一，心即理。他认为朱熹外心以求理是对人们的误导，认为朱熹分心理为二，是错误的。王阳明认为理是人心中的条理，每个人心中都有理。但是人们往往受物欲的遮蔽，其理不能自明，所以只有直指本心，通过去欲以彰明心中之理。认为朱子所主张的"即物穷理"的方法是不对的。"心即理"的反命题就是"心外无理"、"心外无事"、"心外无学"。对此我们不能用贝克莱的感觉主义的方法来理解它，"心外无物"，并不是说感觉不到它就不存在。它的意思是指理不离心、物不离心，"心之所发便是意"，"意之所在便是物"，心与物是体与用的关系。这样，一切存在的意义都是由心所赋予的，醉眼看花花亦醉。其所说"心即理"，"即"有不离的意思。第二，致良知。"致良知"是阳明心学的中心观念。这是阳明工夫论。致良知，就是在实际生活中，在自己的言行中只有时时去其私欲，才能把本有的良心加以呈现。熊十力认为"良知"是一种呈现，良知是道德根据，实实在在的，遇事通过"致"必然呈现出来。第三，知行合一。这体现了他的伦理目的。阳明心学体系的建立，一方面补救了朱子之学烦琐、寻章摘句的弊端，所以后来影响越来越大，有一段时间几乎代替了程朱理学，统治中国思想界接近两百年；另一方面，他的冲击使理学的矛盾充分暴露，理学很难起到继续维系人心的作用。所以阳明心学起到了解放思想、冲击偶像、否定权威的意义，实际上它向传统儒学发起挑战。

在理学的三座思想高峰中，张载对王阳明的影响甚大。其实王阳明与张载思想有诸多相通之处，这方面余怀彦先生曾有过专门的论述。张载不仅讲气论，也讲心论；王阳明不仅讲心学，也讲气论，二者有诸多相似之处。王阳明批评过二程、朱熹、孔孟等很多人，但是唯独对张载没见多少批评，说明张载的学说是很缜密的。历史上的学人，受到王阳明赞扬的不多，但是他对张载高度评价。王阳明在贵州时叮嘱自己的后学要好好读张载的书，他说"相思不作勤书礼，别后吾言在《订顽》"。王阳明的心学的确有弊端，他的思想之所以能被后学发展成为清谈，与其本身的弱点有关。顾炎武在《日知录》中说："昔之清谈谈老庄，今之清谈谈孔孟。"这虽然是就阳明后学说的，但应该说与阳明本身之弊也有关系。

（12月26日"侯外庐学术讲座"第166讲。录音整理 王佳源；修改审定：王宝峰）

蒯因与语言哲学中的主要问题

[挪威] D. K. 弗雷斯达尔[*]

我非常荣幸能应邀到这座中国古都来。看到在场有如此多的哲学师生，我也非常开心。我总是很乐意看到人们选择学习哲学。我也曾尽我所能地教授哲学，使同学们保持对它的兴趣。而带领我走进哲学并使我保持兴趣的人正是蒯因。很高兴在我提供的众多讲座主题中，你们选择了这个主题——蒯因与语言哲学中的主要问题。

一

现在你们都能听到我的声音。我将尽我最大的努力和你们聊一聊关于我的导师蒯因的一些事情。事实上，当我还是个学生的时候，我就对哲学非常感兴趣。而我周围的人，他们不明白如何把哲学作为一种职业、一种工作。由此，我在本科学习了数学和物理，而把哲学作为一个爱好。之后，我无意中发现了一本蒯因的书，叫作《从逻辑的观点看》（From a Logical Point of View），我非常喜欢其中的哲学观点。于是，我想申请跟他学习。我只学过几年的数学和物理，完全没有哲学背景。尽管如此，我还是申请了去哈佛跟他学习的奖学金。最终我得到了那笔奖学金。之后我妻子打来电话，我们那时刚结婚，我们去了哈佛。我来到哈佛大学哲学

---

[*] D. K. 弗勒斯达尔（Dagfinn Kåre Føllesdal），享有很高国际声誉的哲学家，美国哲学家冯·蒯因弟子，美国斯坦福大学和挪威奥斯陆大学荣休教授，美国和挪威多种国际学术机构的负责人和成员。在语言哲学、现象学、存在主义、诠释学等领域有大量著作和论文。

系，告诉他们我是哲学系新生。秘书说："不，他今年只录取了三个人，而你并不是其中一个"。好在那个秘书非常乐于助人，她发现我被数学系录取了。如你所知，我没有哲学背景，但我的数学教授为我写了很多推荐信，再加上成绩等方面的因素，于是我被数学系录为研究生。之后，我期盼能够得到许可，拿着数学系的奖学金去研究哲学而不是数学。这是有可能的。这样一来，我就可以开始和蒯因一起工作了。

接下来，我会更多地谈到蒯因和他的工作。他活了 93 岁，并且很好地利用了这些时间。1908 年，他出生在俄亥俄州的一个小镇上。之后他去了欧柏林学院，美国的一所小学院，并在那儿获得了数学学士学位，但他对数学哲学特别感兴趣。1930 年他去了哈佛，并在两年后完成了博士论文，那是一篇关于怀特海和罗素合写的著作《数学原理》（*Principia Mathematica*）的论文。而他在哈佛的导师正是怀特海，因此他决定写这篇论文。为了成为哲学教授，怀特海从剑桥大学搬去了位于马萨诸塞州剑桥的哈佛大学。因此，他是一位非常优秀的指导教授。两年后，哈佛大学为那些获得博士学位的优秀年轻学生提供了一项特殊的奖学金，他们可以得到奖学金去欧洲游学。蒯因得到了奖学金，并去了欧洲游学。他去了维也纳，那里有维也纳学派。他也遇到了菲利普·弗兰克、莫里茨·石里克、库尔特·哥德尔和艾耶尔。艾耶尔是英国人，但他住在维也纳。这就是他在维也纳遇到的四位哲学家。然后他去了华沙。这里我想给你们介绍塔尔斯基，他提出了塞登伯格定理。蒯因在那里和塔尔斯基进行了交谈。最后，他用奖学金去的第三个地方是捷克，因为卡尔纳普就在那里讲课。他在那里待了最长时间，去听卡尔纳普的讲座。他很喜欢卡尔纳普讲的东西，卡尔纳普也是一位非常好的老师，由此他和卡尔纳普变得非常亲近。引用蒯因自己的话说就是，通过与卡尔纳普一起工作，他明白了由一位活生生的老师而不是一本死气沉沉的书激发智力是什么样的感受。所以那真的很重要。我们都倾向于花大部分时间去阅读那些已经不再工作的人写的书，比如柏拉图、亚里士多德、康德、牛顿等等。但是如果你能和你想要师从的老师一起工作，那将是一件很美妙的事情。蒯因非常感激他有机会听卡尔纳普的讲座，而我也非常感谢我能和蒯因一起研究哲学。我也建议你好好享受与老师们在一起工作的时光，并为此感到高兴，而不只是坐在那里看书。两年后，蒯因成为一名初级研究员。这是 1933 年在哈佛创立的一种特殊制度：大有前途的年轻人可以申请该奖学金的支持，这样他们才能真正专注于研究。起初这个小组仅有 6 人，如今发展到了 15 人。如果审视一下历史，你会发现，从 1933 年开始，这群人中的诺贝尔奖获得者比世界上任何一所大学都要多。这是一群非常出色的人。你知道，有许多大型院校竞争奖项，但没有一所大学能比得上那群初级研究员。在三年的初级研究员生涯结束后，蒯因成为哈佛的一名教师。然后他用尽余生在哈佛教书，献身于哈佛大学，并喜欢在那里为同事和学生授课。蒯因逝世于 2000 年。这就是他的生平，现在我们接着聊聊他的作品。

二

他的第一本著作是出版于 1934 年的《一个逻辑斯蒂的系统》（A System of Logistic），是他博士论文的修订版，这对他来说还只是早期。然后在 1937 年，他写下一篇文章去说明数理逻辑是什么，因为那正是他们真正开始讨论数理逻辑基础的起点。你们都知道，这些讨论的第一个结果发表在《美国数学月刊》上。这篇论文展示了他是多么擅长简化问题。他简化了数学中的很多东西，这样我们就能更好地理解发生了什么。这是为了建立一种新的方法来使数学更容易掌握，而这也正是他们的兴趣所在。这些知识基本上是人尽皆知的，但是没有人能够证明它是不一致的，这也体现了他们所研究的数理逻辑的状态。而 1953 年出版的一本书（《从逻辑的观点看》）尽管很小，但非常重要。正是这本书让我决定研究哲学。我读了那本书，它似乎结合了我之前读过的所有书的深度和乐趣。所以，这也是我决定申请哈佛并从师于蒯因的原因。他后来做了一些关于这个问题研究的讲座，形成一本非常畅销的书，这本书被命名为《语词和对象》（Word and Object）。如果你想买一本书，那就是这本了。它用一种系统的方法讨论了与别人交流时的名称，我们怎么就理解了所有被使用的语言，如何就让我们使用的语词有了意义而别人怎么就理解了我们等等。所以今天我要讲的就是，语词是如何获得意义的，并且你如何知道那个意义。《集合论及其逻辑》（Set Theory and its Logic）是一本关于数学哲学的书。他还有一本有趣的书，叫作《悖论的方式》（Ways of Paradox）。当他开始研究本体论对象时，接下来的一系列书真正帮助他形成了自己的观点。这些书详细地列出了就本体论对象的一个问题，他是如何一步一步改进观点的。但这并不是我们这场讲座要讲的，我只会简单地介绍他是如何开始以及如何改善观点的。

他的作品涉及很广的领域。为了划分他在不同哲学领域做研究的时间段，我曾花费多年时间，整理到2001年为止关于蒯因的论文。共有两千多篇关于蒯因的文章，我细读了这些文章，并将它们分为五大册。我并不是说其中收纳了所有的相关论文，因为当时包括现在的很多论文都很差，作者似乎不清楚他们在写什么。所以当一个真正跟蒯因共事过并了解他的研究的人看到这些论文时，问题就产生了。我并不想把它们收纳进去。另一个在科学出版物中仍然存在的问题是，人们写作是为了表达一种观点，例如，对蒯因哲学的诠释，这很好，我认为它非常适合作为一个文本素材，但唯一的问题是其他人已经做过了。不幸的是，很多哲学领域以及其他领域的论文都是在重复别人的观点，并且他们在自己写作之前很少去做研究。如果他们有一个好的编辑，编辑应该知道这篇文章里没有什么新东西，所以我们可以只参考之前的论文。现在越来越多的人发表论文，越来越多的出版商出现，导致这种问题变得越来越普遍。我每天都会收到出版商编委会的来信。这是一本关于类型学的杂志，但我对类型学一无所知，我不知道他们为什么邀请我加入编委会。但是当然，如果那些编委会里有像我这样的人，他们肯定会发现以前已经发表过的东西。所以为了避免这种问题，你必须了解之前已经发表了哪些论文。我所查阅的那些2001年之前的论文，其中很多都只是重复了以前的论文。所以在这种情况下，我编辑的几乎都是最先发表的文章。但即使这样，我还是整理出了五册论文集，大约是所有关于蒯因的论文的百分之十。这还与期刊的质量有关，好的期刊只发表一些以前没人说过的新东西，差一点的期刊往往是内容贫瘠的论文，即使是好一点的文章也只是重复以前说过的话。因为劣质期刊的编辑对该领域不够了解，所以他们可以接受这样劣质的论文。因此如何找到一个好的期刊成为关键。

这些论文体现了人们如何评价蒯因的作品。在语言哲学中，关于分析和综合区分问题的研究得到了广泛的评论。蒯因著作的第二个主题是关于翻译的不确定性，这方面的研究也引起了广泛的讨论。他对本体论非常感兴趣，这关系到我们相信存在什么样的实体，又有什么样的证据可以证明这些实体的存在，这是他研究的另一个主要领域。此外，他对逻辑、模态与数学哲学更感兴趣。从一开始，蒯因就已经决定了他博士毕业论文是关于数学逻辑的。如果你在百科全书等渠道搜寻20世纪50年代关于蒯因的信息，你会认为他是一个逻辑学家。但现在看来，他所做的逻辑学研究只是他自1950年以来所有哲学研究中的很小一部分，并且关于逻辑或纯逻辑的研究从总体来看也并不多。

蒯因是一位非常善于启示、激励的老师。如你所知，在美国的大学里，学生们需要写很多东西。我来自挪威，在那里你只需要听一些讲座，并在漫长的学期之后参加一些考试即可。所以当我来到美国，看到那里的学生们不得不夜以继日地写完所有的学期论文时，我深感震惊。在第一学期，我选了五门课，当然大部分是蒯因的课。蒯因要求每个学生在这学期上交六篇论文，而他批改了所有的论文。我们都得到了非常有用并且很鼓舞人心的评语。你知道么，我几乎什么都没做，除了不停地写写写。这些论文得到了蒯因很好的评价。这种做法对我们保持积极奋发的状态是非常有帮助的。他也非常善于发现自我表达的好方法，希望自己简短明了，并努力帮助学生们。所以它们并不会浪费他太多的词语。再说一个关于他努力工作的例子。我不会长篇大论，但他的确很努力。这里我举了一个例子。有一年暑假过后他回到哈佛，告诉我这个暑假他过得非常开心，因为他整个夏天每周工作100个小时，并写了一本书。这就是他的特点：不停地工作并且效率很高。我刚才也讲到了他是一个怎样的老师，但今天不会说太多。你们有些人可能会在讲座结束后留下来，那时我可以多谈谈这个话题。你可以看到他作为一个作家的一些成果。仅有为数不多的哲学家是非常优秀的作家。如果把蒯因和其他哲学家作比较，你会发现很难有哲学家比蒯因更清楚地表达自己的思想。例如把他跟罗素比较。罗素是除了蒯因之外我研究最多的哲学家，我花费半年的时间去读他的文章，那些文章非常生涩难懂，超过半页的句子很容易让你在他的文章中失去注意力。而蒯因，正如我所说的，写得很清楚，他能找到一个恰当的词来表达他想表达的东西。他是一个艺术家，非常善于找到一个小词来表达别人需要七个词来表达的东西。所以他有着既清晰又非常细腻的风格。以上就是我关于蒯因作为老师和作者的一些认识。

正如你们已经知道蒯因清晰的写作风格，他总能清楚地写下他的想法。而如果他没法把一个东西解释清楚，那么他就会知道"我要再思考一下这个地方"。所以，他的这种能力提醒你，如果你能把它讲清楚，说明你对它的理解没有问题。这对你的写作也是一种很好的检测，如果你没有完全弄清楚，那么你需要继续思考了。这也正是蒯因自己所做的。在那个时候，很多人都致力于哲学，比如卡尔纳普。蒯因读过他的书并且对他评价很高。但是蒯因认为在卡尔纳普的书中有些东西并不清晰。因此他想"我不能很好地理解卡尔纳普的书里的一些内容"，于是再进行思考。之后，他发现这些内容存在一些问题，并开始站到卡尔纳普的对立面。他在作品中对卡尔纳普进行批评，但这仅是因为他想要弄清楚这些问题。他为了能弄明白卡尔纳普没解释清楚的问题而发现卡尔纳普的一些说法是不正确的。当然，最先提出一些说法的哲学家认为，在他的哲学中一些内容没被解释清楚也没有关系，之后他常常会改变自己的看法。

这就是他所研究的哲学。这个世界存在哪些事物？以及我们如何断定它们就是它们？他对这些问题有着极大的兴趣。许多人，比如物理学界的人，用物理学家的方式来探索这个世界，他们探索物质世界是怎样的，而数学家则试图以发现抽象世界的方式来探索世界。哥德尔，一位著名的数学家，深信数学对象的存在，因此被称为柏拉图主义者（Platonist）。而蒯因希望以简单的方式研究，他倾向于证实这个世界只存在物质对象，因此便不必讨论抽象实体。并且他同纳尔逊·古德曼一起写了一篇论文。纳尔逊·古德曼是蒯因的同事，他们经常一起讨论，一起工作。古德曼是坚定的唯名论者（nominalist），他认为世上存在物质对象而不存在抽象实体。数学更像是象棋游戏，两个人遵循着一定的规则，所以你知道事情将怎样发展，但是没有人去研究游戏规则。蒯因并不乐于接受那些人们深信不疑的事情，所以同古德曼一样，他也愿意做一名唯名论者。然后他们一起写了一篇文章，试图发现作为唯名论者他们能做多少数学研究。结果他们发现能做的几乎非常有限，因为你甚至没法解释足够的数学和物理原理。因此，如果你认为做物理研究没什么问题并想试一下，但如果你又不能为其找到数学上的意义，那么它就没有什么帮助。就好像数学是不按规则玩的游戏。因为物理学所需要的那种数学可以通过那种方式形成。因此，在文章的最后，古德曼对数学的看法发生了转变，而蒯因对唯名论者的看法也发生了转变。自那之后，蒯因变成了我们所说的柏拉图主义者。

他相信，在数学世界中，除了有物质对象，同样存在着抽象实体。这跟哥德尔对于数学基础的看法不谋而合。所以在数学领域，他们的视角都是柏拉图主义。这对蒯因来说是一个重要的时间点。他曾尝试做一名唯名论者，但却以失败告终。而只有当一名柏拉图主义者，你才能清楚地认识数学世界。

三

接下来，我将进入你们今天要关注的话题——意义（meaning）。跟另一个人交流以及使用语言跟另一个人交流都是很平常的事情。但这是怎么发生的？你是如何发出声音的？你发出一些声音，例如汉语，而我说英语。我们以这样的方式理解：当你说汉语时我听不懂，但当我试着说英语时你能理解我。问题在于这一切是怎么发生的？我们可以这样简单地来看它，例如，当我脑海中有一个想法，我找到一个表达这个想法的表达方式，然后如果你知道这种语言，你听到这个表达，你就会认出那个想法。现在所有的问题都一览无余——你如何正确识别所有的想法，如何用语言表达你想要表达的意思？哲学家知道它是语言的一部分。例如"German"这个词，如果你认识这个词，你就知道这个词的意思。那么，在任何情况下，人们怎样形成一种语言，而这些词在这种语言中又如何具有意义呢？这些意义是存在的，那么我们如何体验意义，我们又如何用语言来表达呢？这正是蒯因所思考的问题，他认为目前对意义的使用太肤浅了。比如，你有一个表达方式，它包含一些意义，你可以把其中一个意义推向这个表达，你就会发现，在某种程度上来说，这个词的意义并不是很严谨。蒯因认为这个问题非常全面：这些意义是如何使词语依附于它们，如何让其他人通过语言来理解其意义。所以语言中有很多问题都未被认真思考过。我可以说蒯因对哲学做出主要贡献的话题就是哲学家们讨论柏拉图的一个话题。你们都知道柏拉图的思想。通过语词，我们能表达一些东西，能与他人交流。但柏拉图合理地解释了人们如何触及这些想法，以及在他们的状态层面发生了什么。因此，仍有许多问题未被解决。而蒯因能够清晰地思考这个问题，因此他能够清楚地表达自己的观点。

现在我们来谈谈他的行为主义（behaviorism）观点。很多人对行为主义这个词感到厌烦。许多哲学家和心理学家也对行为主义进行批评。在行为主义中，有一些人认为并不是世界上所有关于人的行为的事物都能被观察到。但是他们接着讲一些看起来完全无法理解的事情，似乎并没有触及主要问题。乔姆斯基是一位语言学家，他对行为主义持批判态度，他经常把蒯因作为批判对象之一。但是当他举例子的时候，他总是指向那个叫斯金纳的人。斯金纳也是哈佛大学的教授。事实上，蒯因和斯金纳是在学者学会里认识的，从开始彼此了解一点，到后来成为非常好的朋友。他们都对语言行为主义有所思考。但重点是斯金纳的行为主义和蒯因的行为主义有着很大区别：斯金纳的行为主义很大程度上是哲学观点，非常松散；而蒯因所担心的基本问题都被斯金纳看作理所当然，因此斯金纳很容易受到批评。乔姆斯基认为他很难认可斯金纳发现的证据，但这与蒯因的行为主义毫无关系。现在我们来看看他所谓的行为主义。

我应该谈一下行为主义思维的意义。正如蒯因的一项研究所说，这是一项关于名称在人与人之间的交流中所扮演的角色的研究。我们都知道当我们想要了解对方的时候，必须做些什么。即使不使用语言，我也能理解你们，至少你们中的一些人，因为我能理解脸上的表情之类的东西。即使没有语言，我们也能抓住许多表情、情感和事物。当然，如果我学会了这门语言，我们当然可以更好地与他人交流。问题是，我怎样使用和发出一些声音，让你觉得似乎沟通得更加顺畅。通常来说，我有一些想法，然后我用你告诉我你知道的语言来表达那个想法，之后你听到那个表达，就可以获取到同样的想法了。人们怎样产生想法并辨识自己的想法？而语词以何种方式来表达这些想法？它们又怎么变成听者的想法的？蒯因对于以上问题的相关研究感到非常不满，因此他想解开所有的这些疑问。

通过这种方式，他真正处理了许多其他哲学家应该触及却没有触及的问题。我想到的一个词是"新定位"（new fix）。如你所知，这是一项关于如何解读文本的系统研究。古典语言学家认为他们需要一个文本来找到意义。而关于意义的研究，这种试图理解意义的研究就是一种"新定位"。人们常常认为，在"新定位"和蒯因研究的哲学之间存在着某种对立，因为他们强调了区别等。但在我看来，有了"新定位"和蒯因对语言意义的研究其实是同一件事。蒯因想知道我们能观察到什么，这能帮助我们理解别人在想什么。你知道的，很少有人能读懂别人的心思，这也不是我们经常选择做的事。所以如果你想学习哲学语言，而你理解别人的意思是因为你能读懂一个人的思想，因此我们通常不认为心灵感应等事物是一种好的科学实践。你必须通过其他的信息而不是心灵感应来理解一些人，对蒯因来说，那些信息就是你在与别人的谈话中观察到的东西：包括他们的动作，他们的行为等。这可以帮助你理解他人并与他们沟通。所以，所有的交流都是建立在你可以精确获取的东西的基础之上，但是你无法一直收集信息。你想知道人们如何用任意一种语言来表达想法，或者他们如何使用语言，这些表达如何能很好地表达想法。但重点是，语言是在人与人之间的行为中被分析的，但是行为不能离开另一个人的思想，人们可以观察到其他人的行为，这就是行为的来源。

但是，行为不仅包括语言行为，还包括各种行为。比如能体现他们信念和价值观的行为。所以难点在于观察人们的行为。例如，在一个讲座开始时，会有很多的活动，其目的是为了让我们信服，然后理解他们在做什么，他们的目的是什么等等。观察人们怎样行动可以告诉我们一些关于人们的大体情况，如关于他们对食物的需要和他们想做某事的欲望，有时他们想对人好，有时他们想对人坏。所以你既明白他们所说的英语，也清楚他们对事物持有的一些信念引发了所说的话语。这两个方面都是蒯因必须研究的，他的目的是弄清楚怎样发现人们的信念，以及如何找到他们的目标所追求的价值。

也就是说，一个人的道德观和他的行为之间是相互联系的。所以如果你看到一个人没有行动，你不能片面地因此得出结论。因为不作为就是他或她的目的，这里隐含着一个信念：通过这样做你就可以实现目的，所以我们有一种信念和价值的结合。你不需要分开考虑它们，因为它们会充斥在你所观察到的所有其他事物中，并形成一种敏锐系统的观点，然后你会觉得这就足以开始使你们更好地理解对方。如果一个人写下了什么，我们就能理解其中所隐含的信念，而这就是他想要表达的。这些就是蒯因在他的作品中所涉及的问题。

这是蒯因关于彻底翻译（radical translation）的观点。这意味着，如果你想把一种语言的某些东西翻译成一种你根本不知道的语言，这是可行的。他说有两个约束可以帮助我们理解他人，其一是观察，试图将语词映射到他们真正要说的内容。也就是依据在这些句子的开头的一些观察，将一种语言的句子翻译成另一种蒯因所说的观察句。我拿起杯子，里面有水，我喝了它，你可以看到我在做什么，你把它理解为我在试图解渴。你有一个目标，而我做了一些事情正好解释了这个目标。在这种情况下，你并不是从你所知道的英语中了解到，我想要缓解我的口渴。所以，这是指我们可以看到的。蒯因还讨论了我们如何看待这些表达，将其描述为"刺激意义"（stimulus meaning），这是指我们日常观察和特意观察所得到的表达的意义。然后人们进入其他抽象事物的哲学。我们必须更多地依赖于试图理解他们的信念，以及这些东西是如何与观察句子相关联的。他发现了第二个约束条件。如果你认为你开始理解另一个人，并试图翻译，而那个人说了一些你听不懂但他相信的东西，那么你就应该认为，也许我没有完全理解那种语言。所以很典型的，这实际上是在利用观察到的事物所传达的意义。试着宽容一些，如果你翻译了对方说的话或写的东西，试着相信它们。我认为，如果头脑正常的人绝不会那样想，你就会显得极其愚蠢。那你应该好好想想，我可能还没有完全理解。然后你可以试试其他的翻译。所以如果你能找到使人们达成一致的翻译，那就太棒了。

所以你有两件事要做，一是观察这个人，看他是否将要唱歌等等。例如，我向窗外看，看到一棵树，我就有可能会给那棵树起一个名字。然后在任何情况下，你看到了我看的东西，你会得到一些想法，关于也许我会说一些与那些东西相关的话语。这就是可观察到的事物。而如果有人说了一些与它们没有明显联系的话，那么关键点就转移到如何在你对这种语言了解的基础上进行翻译。但现在，如果你无法理解母语说话者是怎么相信它的，那你的翻译就会看起来非常愚蠢。所以你也许需要调整这个翻译。这就是蒯因在翻译中提出的两个基本标准。

为了阐明第一个基本标准。我望向你看的方向，所以我看到了你看到的东西。蒯因把它阐释为一种刺激。他说你必须知道我们的感官是如何受到影响的。如你所知，你可能会发现有这样一个人，如果他的视力较好，他做了这样一个看的动作。他看的方向有一棵树，并且人们能看到这棵树。那么这可能会给你一些确切的线索：如果他说了一些话，那么可能与树有关。还有一种情况，你并不知道他们计划说什么，但你可以通过观察一部分来告诉别人他们说了什么。我们观察其他事物，并以此来获得越来越多的发现。蒯因在早期作品如《语词和对象》这本书的开头中就谈到了刺激。他说，我们必须同时观察我们的神经末梢和那些受到影响的东西。但问题是蒯因很快认识到这是一个错误想法。下面是蒯因就此发表的一些言论。他说，这些用于交流和作用于神经的所做、所说等必须是可公开获取的。我知道什么是获取。我看到你看着黑板，但你知道我不能通过观察和研究你的触发神经末梢来发现你在看什么。因为，请记住，这种理解的基本翻译是基于可公共获取的东西，而你的神经末梢则不属于这个范围。

事实上蒯因的观点是在达尔文主义的视域下形成的。达尔文在南美洲发现了一些昆虫，并且他发现这些小昆虫的感官各不相同，尽管它们有相同的功能。简单来看，比如以视觉刺激为例。人们看到了同一种东西，但是他们无法区分一个人的神经末梢和另一个人的神经末梢。你知道，不同部位影响人的行为的神经末梢数量因人而异。所以你根本无法从中获取信息。当然，在语言学习和交流过程中，我们也不会剖析人们的眼睛去研究他们的神经末梢。所以研究神经末梢对此没有帮助。蒯因认为不应该在神经末梢上下功夫，因为神经末梢是客观存在的，但仍然有未被发现的神经末梢。所以我们必须只关注可公开获取的东西——行为。你必须关注一些其他人能实现的东西。最好的就是你可以观察其他人正在看的方向。我看到一棵树，如果你正在看同样的方向，然后你使用了一个词，那么我猜测，你应该是把你在那个方向所看到的东西翻译成了那个词。因此，这就是蒯因在他的作品中必经的几步之一，从研究触发刺激到关注可公开获取的东西。这是早期蒯因的一个变化，这个变化甚至出现在《语词和对象》一书中。在书中，蒯因一开始谈论的是受到刺激的神经末梢，但很快，他指出，你必须真正关注那些可公共获取的东西。

以上是关于神经的问题。我不打算讲这些问题的所有细节。你知道，要弄清楚别人究竟看到了什么是很复杂的过程。即使你看到外面有一棵树，但也许那个人根本没有在看那棵树。他可能只是在思考，而根本没有考虑到树这件事，他可能在想数学之类的东西。尽管这很复杂，但无论如何你不能忽视它。因此，如果你离开了可公开获取的证据，你就脱离了行为主义。并且我们一致认为，研究的基础建立在公共空间可公开获取的东西上，而不是需要实验室去发现的东西上。所以研究必须是在这种情况下进行的。

为什么不直接忽略观察到的东西，并简单地彼此间达成最大化的一致呢？这对你来说似乎毫无意义，但事实上这正是一些人所做的研究。一种是观察（observation），这很复杂；另一种是宽容（charity），尽可能地理解他人，并使他人赞同你的翻译方式。不要翻译出没有人会同意的东西。这部分内容更多的是关于我们想证实的刺激。这些是关于神经的问题，蒯因非常详尽地思考了这些问题。如果有时间，你可以在讲座后续部分听到这些内容。

四

戴维森是 1966 年我在斯坦福工作时认识的同事，他和我一样对蒯因很感兴趣。所以我们一起做研究，一起讨论蒯因。戴维森是一个很好的老师，他也非常善于找到简单的方法来解释问题。所以他说为什么蒯因所有的努力都是为了弄清楚这些刺激——人们看到了什么等等？我们为什么不直接采取第二个，宽容原则呢？尽可能地以他可能同意的方式进行翻译。当有人说："没有哪条路是对的"，我就把它用对应的挪威语翻译出来。这就像我能写出一本完整的翻译手册，相当于一本字典以及语法书，与这门语言中不同的句子相关联。因此他会同意这些句子，而他同意得越多，翻译得就越好。但这并不是戴维森最早提出的。伽达默尔是德国哲学家和诠释学家，海德格尔的学生。他最早提出了这一观点。所有研究海德格尔的人都会钦佩伽达默尔，因为他也是大师之一。他几乎一生都致力于诠释的问题。伽达默尔也完全赞同忽视他人的感知，而应该最大限度地达成一致。他使用的措辞是你应该尽可能地"宽容"。所以他的研究经常引用宽容原则。在《真理与意义》（*Truth and Meaning*）一书中，戴维森试图以一种尽可能真实的方式来做翻译。通过深入思考蒯因提出的第一点原则，也就是蒯因所说的感知以及试图找出其他人看到了什么，听到了什么等，这个观点听起来很有道理。通过听他们说什么，然后无论说了什么，我们试图将他们的语言和我们的语言系统化地联系起来，以这样一种方式，他们几乎会同意所有根据他们说的话翻译出来的句子。如果他们不同意自己所说的，那他们也不会同意我们的翻译。

我无法从蒯因的研究中得出戴维森所持有的观点。当然，戴维森研究过蒯因,而蒯因对他的启发也很大,但他对无法判断别人的感知的复杂性感到震惊,于是他选择达成一致性最大化。有一次我们在瑞士的森林里散步,我们都很喜欢散步。我们谈到了蒯因的例子"Gavagai"。蒯因用"Gavagai"这个词来表示兔子。如果我来到一个土著部落,有人提及"Gavagai"这个词,而我想知道他们用这个词来表达什么。然后我注意到当一只兔子过来的时候这个词就会出现。然后我看到一只兔子,我说"Gavagai",土著朋友表示不是。根据戴维森和伽达默尔的说法,我相信我是错译了,也许"Gavagai"不应该翻译成兔子,因为虽然我看到了兔子,但土著朋友并不赞同。但是现在我告诉戴维森,如果你发现兔子和你的朋友之间有一棵大树。你看到了兔子,所以你看到了"Gavagai",但是你的朋友没有看到"Gavagai"。他听懂了这种语言,但他摇摇头,是因为他没有看到兔子。所以你必须注意这个人看到了什么。而根据伽达默尔和戴维森的说法,这是反对将"Gavagai"翻译成兔子的证据。但对我来说,这与另一个人没有看到这个东西有关,所以他并不是不同意"Gavagai"。然而由于他没有看到兔子,我们也许不应该指望他会同意"Gavagai"。这个例子说明你不能忽视人们能感知到什么,也就是他们能看到或听到什么等等。所以我们回到蒯因的研究,这两种因素对于理解对方、翻译和意义概念都很重要。

那次散步之后,戴维森再未提起一致性最大化。然后他提出了一个新的观点,并称之为三角关系(triangulation),这利用了三角形的形状。这里有我的朋友、我,然后还有一只土豚,我们今天不会谈论它。现在,我看到一只兔子,这是第三个末端。我的朋友说"Gavagai",他看到我看到了兔子,我也看到他看到了兔子。因此,这个三角关系正是蒯因所说的:两个人试图从彼此那里学习语言,他们都看到了一个共同物体。所以现在我们可以通过三角关系来解决所有问题。这个观点更加有适用性。但一些问题出现了,我想深入探讨它们。这与上面提到的关联例子相同,让我们再次进入这个例子。现在你知道我的朋友说的是另一种语言,他在谈论"Gavagai"。而我想我已经逐渐明白"Gavagai"是指兔子。现在另一个人走了过来,他说:"Gavagai",然后在他身后我看到了一只兔子,于是我说"Gavagai"。他有另一个朋友想和他说话,我听他想说什么,他说"Pluto"。我想,哦,他在说另一种语言。所以下次我看到兔子的时候,我说"Pluto",然而他说"不。"然后我想也许是我对兔子了解得不够多,我不懂兔子的类型,也许这只兔子和刚才那只不太一样。所以我又试了一次,我说"兔子"。他还是说"不"。问题在于,这是一只特别的兔子,他叫它"Pluto"。如果我们试图理解所有事物的专有名称以及第三者表达,我们必须理解兔子是一个一般概念。而以兔子为例,在这里他指的是特定的个体。所以如果你挑选了一个动物,你可能会给它取一个合适的名字,比如"Pluto"。也就是说,学习语言,你不仅要关注对象和语词等等,也要知道它是什么类型的对象,还要知道它的个体对象。个体客体在人际关系中是非常重要的。我们不会彼此称呼为人类,而是用不同的名字来区分个体。区分兔子也许不是最好的证据,但是有些人的确会挑选兔子并给它起名字。以这种方式,我们能更好地学习语言。也是蒯因曾提到过的方式:我们必须把对某种物体的感知(比如兔子)和对个体的感知(比如这个我朋友称之为"Pluto"的兔子)区分开来。所以,你可以看到种类和个体之间的区别,而这种区别是相当复杂的。

  总体来说,在与他人交流的过程中理解这个词的意思是件非常重要也很有趣的事情。有些论文讨论个体对象的意义以及个体在这类事物中的意义等,而我其实不太喜欢这类型的论文,因为这使你学过的语义学看起来毫无用途。所有的表达都属于相同的基本类型,它们都有一个意义并依附于某个对象。所以,你知道"Pluto"和术语冥王星不一样,这个名字有意义并依附于这个兔子。然后你也知道"兔子"这个词,这是一个通用词,适用于很多动物。你测试它的意义,它就与那种对象相关。我们把那些表达意义的句子称之为命题,它们都指向我们称之为兔子的物体。所以,这是一种统一处理语义很好的方法。但这种方法最终被证明是站不住脚的。结果,为了理解他人并解码他们的语言,我们必须进一步细化这些区别,而有些人可能会发现这真的很棘手。其中之一便与名称和签名的行为有关。它们真的不同于其他,而不同之处在于,为了能够正确地处理意义,它们所指的范围不同。所以从现在开始,从这个新的有深度的角度出发,试着去理解别人,试着去理解语言的使用。我们需要思考的远比我们所想象的要更为复杂,但是想想复杂的地方,你会发现这个表达可能会有广泛意义。

  现在,所有的主要话题我都已经谈到了。这些话题对蒯因来说都非常重要，他对这些话题所做出的贡献比任何人都多。但他并非对所谓的分析哲学漠不关心，而恰恰是关心如何理解他人之间的交流，以及如何理解语言是怎样被分析和使用的。

以上就是今天所讲的内容。谢谢大家！

（2018 年 11 月 14 日"侯外庐学术讲座"第 156 讲。录音整理翻译：胡月；修改审定：沈洁）

流俗时间观刍议

靳希平[*]

非常荣幸能够来西北大学哲学学院汇报自己的一点学习心得。今天这个题目稍微困难一点，讲流俗时间。

一 "流俗时间"就是我们对时间的日常理解和经验

是不是大家认为，时间还有什么俗不俗的问题吗？"流俗"一词是海德格尔《存在与时间》一书的译者对德文 vulgär 一词的翻译。其实这个词在德文中不如"流俗"带有那么强的负面意义。最明显的例子就是《圣经》。它的旧约部分原是希伯来文，新约部分原是希腊文。后来欧洲的普通话由希腊化时期的希腊语变成了拉丁语，于是《圣经》就被教会翻译成了拉丁语，并且称拉丁译本为 vulgarta，也就是俗语译本：相对于一千年前的古奥的希腊文《圣经》，拉丁文译本是把希伯来文和希腊文翻译成了当时的俗语、也就是当时最流行的普通话的译本。所以，所谓"流俗时间观"，就是生活中对时间的普遍的、最通行的理解。

那么，从具体内容上看，什么是流俗的时间观呢？其实很简单：平时我们讲的时间。比如说我戴了一个手表，手表告诉我，现在几点了。今天的讲座，七点钟开始，九点钟要结束，这是我今天讲课所要用的时间，我

---

[*] 靳希平，北京大学哲学系教授，武汉大学客座教授，曾任北京大学外国哲学研究所所长，中国现象学专业委员会理事长，中华全国外国哲学史学会常务理事。主要著（译）作有《海德格尔早期思想研究》《亚里士多德传》《十九世纪德国非主流哲学——现象学史前史札记》《来自德国的大师——海德格尔和他的时代》《海德格尔与其思想的开端》等。

们平时都是这么说的。但是哲学家海德格尔说,我们对时间的这种理解,实际上不是最根本的;它实际上是从别的地方衍生出来的,它不是对时间的原初的理解与体验。它是把原初的时间理解与体验的具体内容加以掏空,加以敉平和遮蔽之后而形成的时间。可是这种时间的理解,日常生活中人人都这么想,人人都这么说。我们说时间,指的都是表上的时间:几点几分几秒。海德格尔对这种时间的理解和经验进行了深入反思,提出了问题:什么叫真正、源初的时间?为了理解海德格尔的源初时间,并且独立地判断,海德格尔对我们平时的时间理解与经验的批评是否全面,我们必须首先要搞清楚,他所批评的流俗时间的性质和内在机制到底是什么。

我们在日常生活中对时间有各种各样的表达:我们平时常说"你来晚了""你早到了"。"早、晚"是在时间层次上,我们对心里所指的内容的评估,平时并不称之为时间,我们这里所讲的是"守时性",我们从原来按时间的计划、安排对行动、活动加以评估:评估该行动相对于计划的秩序(期望、预定)(作为标准)的符合程度,此即所谓"守时性"(punctuality)。它是社会的交互主体性在习俗伦理层次上对涉及时间、事件和活动的价值评估。这是一种对人进行中的行为(进程)或者结束了的活动的特殊的价值评估。德国人"最守时",意大利和中国人一样"不守时"等等这类表达,就已经是一种伦理评价。所以,它不是单纯的时间体验。

一日之计在于晨,一年之计在于春,一生之计在于勤。他的重孙子都5岁了。人生70古来稀。春寒料峭;人生不满百,常怀千岁忧;"吾生也有涯,而知也无涯。以有涯随无涯,殆已!"这些说法都是对人生体验时间的议论、评述。这些表达也多带有价值评估的成分,也不是时间经验的直接单纯的表达。

我们日常生活中对个人活动的时间有直接的测定计量。比如我们说:"一袋烟的功夫"(以行为为单位),"也就一眨眼儿的功夫"(以人体动作为单位)。蒲松龄《聊斋志异》"仙人岛"中说仙姑抚琴"弹半炊许"(人的行动作时间副词),美人曰:"我只赴瑶池一回宴耳,子历几生,聪明顿失"(时间副词从句)。平时我们也说,"我去去就来,也就一炷香的时间"(以对象燃烧殆尽为单位)。这里已经是对时间的直接表达,尽管这里所说的时间是不准确的,都是一种"大估摸"。但是对于届时的日常生活,对当时的场景、交互主体间的理解领会,也够用了。无论如何这种表达已经有了时间测量。这里涉及的都是人生时间、生活时间、体验时间：亲身体验的人生活动的 duration 的各种表达，其中碰到的都是对时间的估算、粗测。用到的时间单位和具体"时间称谓"，还没有从生活的用语中独立出来，还不是纯粹的时间单位和时称。

到了近代，在普通物理学里，时间概念才得到进一步纯粹化。对时间的物理学上的经典表述，见于牛顿的《自然哲学之数学原理》（Philosophiæ Naturalis Principia Mathematica）。在该书开卷不久的附注中，牛顿对他的时间观念作了十分清晰的说明。他把时间这种量分成两大类，两类时间——相对，泾渭分明：

第一类是绝对的、真实的和数学的（ahsolutum, verum et mathematicum）时间；

第二类是相对的、表象的和流俗的（relativum, apparens et vulgare）的时间。

第一类时间就是"自身的均匀流逝"（aequabiliter fluit）"，又名"绵延"（allioque nomine dicitur duratio）。这里恰恰指出了哲学家关心的时间本身的存在形态：duration。以亚里士多德为代表的大多数古代思想家则认为，时间与具体的运动不可分，因此与运动的外物不可分。而牛顿继承了 Surarez 和 Mores 的观点，认为这种真实的时间是与一切外物无关的。牛顿的这一思想成了普通物理的标准思想。

第二类时间是可感知的，外在的对运动的绵延（duration）度量的结果。而且牛顿还特别指出，人们经常用这种度量结果去代替真实时间，如一小时、一天、一个月、一年。这种看法当然就是在附注指出的，是人们对真实时间的误解，尽管这是一种十分有用的误解。他做出这种区别，就是为了消除这种误解。

牛顿在附注开头也指出，"我没有定义时间、空间、处所和运动，因为它们是人所共知的。"[①]

那么，今天物理学中对此是什么态度呢？我去请教一位物理老师，他告诉我："普通物理学中，时间没有定义，就跟生活中约定俗成的一样。

[①] 以上涉及牛顿的内容均参见斯蒂芬·霍金编《站在巨人的肩上——物理学天文学的伟大著作》（下卷），张卜天等译，辽宁教育出版社 2004 年版，第 811—816 页。

直接用",所以,和牛顿当年的态度是一样的。但是,这却是哲学家关心的重要问题之一。

时间作为一个重要的哲学问题,涉及的面很广。首先我们要注意,在当代,时间被区分为:

物理时间:即客观时间。

主观时间:体验性时间。

事实的现实参数(参照量)的时间:以意识现象、历史—解释经验为基础的时间

从哲学上的解释来看,就是衍生的时间经验(特殊概念形态中构建的):源初时间体验。但是这两种时间,又有着共同的内在结构:现在、过去、将来。当然在物理时间与体验性时间中,这三元素之间的内在关联方式完全不同。而在古代,这两种时间并没有完全分离。

关于时间的思考涉及范围很广。比如,是什么类型的存在?其存在方式是自然的,还是纯粹人为测量活动的结果,或者是纯粹的主观体验?本文不去涉及。Mctaggart 提出的时间判断之真伪的依据是什么?[1] 等等,在我今天向大家的汇报中均不讨论。我认为,要想弄清楚我们日常生活中天天遇到的时间,牛顿建立的普通物理学的时间本身到底是怎么回事,牛顿的绝对时间和表象时间的区分是什么意思,我们必须首先要理解亚里士多德的时间定义。这是我们能够清晰谈论时间问题的理论前提。

二 亚里士多德的时间定义:时间是运动变化的数

在人类思想史上,真正专门关注时间问题,将其作为一个专门的课题加以研究的是古希腊哲学家亚里士多德。时间作为一个哲学理论问题被希腊人提出来,并在西方哲学中不断得到讨论,一个重要契机就是印欧语的动词是有时态变化的。德语把动词叫作"时间词"(Zeitwort),很突出地表达出了印欧语动词的这一特点:把时态的变化与动词表达的其他变化接合在一起,通过音位差表现出来。它除了有人称变化(person)、数量变化(number)、语态变化〔直陈、祈使、希求(optative)、虚拟以及不同

---

[1] 相关讨论见 Robin le Poidevin 的 *Questions of Time and Tense*。

的情态等等〕之外，还有时间上变化。而时间有两种表现层次、多个方面：

层次1：Tempus，tense 时态变化：

过去、现在、将来（绝对时态）；

过去完成、将来完成、现在完成（相对时态）

层次2：Aspect 体（关注角度）：

未完成体 Imperfect（进行中过程）、完成体 Perfect（结束了的过程）、不定完成（也叫一次过去）Aorist（将一个过程视为一个点、一件事物，如"二战"）

上述变化接合在一起，反应在动词词尾的变化上，这就是人所共知的动词的变位：conjugate。当然，一种语言中动词的变化有时间性的变化（Zeitwort），不一定就产生对时间的哲学反思。但是没有 Zeitwort（时间词），则肯定会影响言说此种语言对时间深层结构和时间类型（多层次、多方面）的感知的敏感程度。于是，提出对时间的思考，就更加困难。

亚里士多德对时间的讨论集中在《物理学》第四卷第10—14章中，并在219b. 1 t 到219b. 2 中给出了著名的时间定义：

τοῦτο γάρ ἐστιν ὁ χρόνος, ἀριθμὸς ① κινήσεως ② κατὰ τὸ πρότερον καὶ ὕστερον

张竹明翻译为：时间就是"关于前后的运动的数"。徐开来翻译为："就先后而言的运动的数"。Hans Guenter Zekl 德文翻译为：Die Meβzahl③ von Bewegung hinsichtlich des，davor " und，danach"。Andrea Falcon 的英文翻译为：Number of Change④ with respect to the before and after。

亚里士多德对时间的论述很多、很全面且很复杂。很多表述很贴近生活。但是对后世影响不大，也许恰恰因为太贴近生活之故。比如221b. 1

---

① 动词 ἀριθμέω 就是 Zählen（计数）的意思。

② κινήσις，原本是"运动"的意思，后来发展出"改变"的含义。做宽泛理解也许更合上下文的意思。当然还因为亚里士多德明确说 ἐπεὶ δὲ τὸ κινούμενον κινεῖται ἔκ τινος εἴς τι. 219a. 10-219a. 11. 从某种东西中出来，ἔκ τινος 到某种东西中去，εἴς τι 这显然不仅是位移，而是一种东西变成另外一种东西。

③ 德文译为"Meβzahl，比例数"，在此上下文中是十分准确的。详见后文。

④ 同注3

到 221b. 2：

φθορᾶς γὰρ αἴτιος καθ' ἑαυτὸν μᾶλλον ὁ χρόνος·

"Zeit ist ihrem Wesen nach eher Ursache der Zerstorung"

"时间本身是破坏性的因素"（张竹明）。

"时间依其本性是流逝毁坏①的原因"（靳希平）。

也就是说，时间不是正能量，应该是从我们的思想宣传和教育中被删除的因素。这本来是很深刻的思想，但是影响并不大。因为，凡是有一定历史生活的民族都会发现这一真理。我们中国人说，"时间不饶人"，泰戈尔说"任何事物都无法抗拒吞食一切的时间"。所以，这个思想不算是亚里士多德对人类思维的重大贡献。他甚至指出，时间离不开人对它的意识。这些都不难理解。所以我们不去讨论。

亚里士多德的时间定义，是理解亚里士多德哲学遇到的一个难点，困扰我多时，未得解决。为了理解海德格尔对以亚里士多德为代表的流俗时间的批评的真伪，最近再次捡起这个老问题，尝试通过时间经验，来理解亚里士多德的时间思想。下面我们择要回顾一下亚里士多德在《物理学》中对时间的讨论。

亚里士多德认为，讨论时间问题的时候，首先问：

τῶν ὄντων ἐστὶν ἢ τῶν μὴ ὄντων，时间是属于存在呢，还是属于"非存在"呢？亚里士多德把这个问题称之为 διὰ τῶν ἐξωτερικῶν λόγων，从外部来考虑而提出的问题②。然后再从本性考虑提出的问题，即时间的本性是什么？τίς ἡ φύσις αὐτοῦ。什么是时间的自然本性（physis）③？

从外在的方面来看，也就是就其是否分属于存在（德语 Sein，英语 Being，τῶν ὄντων）来看，τὸ μὲν γὰρ αὐτοῦ γέγονε καὶ οὐκ ἔστιν，就其已经完成，它不是当下，英文：is no more；德文：nicht mehr ist，而那为人们期待者，τὸ δὲ μέλλει καὶ οὔπω ἔστιν，is not yet,

---

① 动词φθείρω原初是 zerfliessen 的意思，通过溶化而毁坏、消失的意思，如冰块，奶酪等。
② 张竹明译为：一般的论证；徐开来：借用那些众所周知的说法。
③ Hans Guenter Zekl 将这句话翻译为 "was denn ihr wirklich Wesen ist"：什么是它的真正的本质。

noch nicht is，尚不是当下存在①。所以，无论无限时间还是任取时间的一段，显得都是属于非存在（Nichtseiendes）的东西，因此，'是'不可能分有οὐσία，德文翻译为 Sein，也就是 Being，也就不可能是属于οὐσία 的子集：τὸ δ' ἐκ μὴ ὄντων συγκειμενον ἀδύνατον ἂν εἶναι δόξειε μετέχειν οὐσίας然后他又从部分与存在、同一性、同时性等方面，简单说明了时间不可能是一般意义上的存在。但未做仔细分析。

就时间的自然属性，也就是从时间的具体的体验和理解本身来讨论时间时，他指出，时间离不开运动。所以，他就时间与运动和具有时间的事物（天体）的关系的角度，介绍了几种传统的看法。然后，在第十一章提出并讨论了他的正面的、十分有特点的看法：

1. 时间不是运动变化本身，而是某种使得运动变化具有了数（变为可计数者）的东西。② 也就是说，没有时间，运动就无从计数。（时间当然不是唯一使得运动可计数的形式。比如空间：在没有时间的情况下，运动可以从空间角度加以计量：汽车走了（运动了）5 万公里，是不是运动的数呢？当然是。但是，我们总感觉，空间同运动的关系不如时间同运动的关系亲密、内在。

2. 时间不能脱离运动：它不能独立于运动变化而存在。③ 它只有通过运动变化来体现④：成就了多少运动变化，总是同时就成就了多少时间⑤。这一点，同近代物理学的时间观念完全对立。Suarez 和牛顿是完全反对这一观点的。在牛顿看来，绝对时间独立于任何运动。

---

① 关于欧洲语言中的 is，ist，est，也就是 "是" 这个字应该翻译为什么，国内同仁有很多争议。大多数国内学者认为，可以根据上下文译为 "是"、"存在""有" 等等；以王路教授为代表的一些学者则认为，只能译为 "是"；译为 "存在" 是误导，是错误的，翻译中应该 "一是到底"。见王路《"是" 与 "真"——形而上学的基石》，见《一 "是" 到底论》，清华大学出版社 2000 年版。但是比如，翻开德文原版字典 Whrig Deutsches Woerterbuch，Sein（是）条，第一辞项，是协助构成被动是的过去式，第二辞项就是 existieren 的意思，即存在的意思。所以笔者从众，认为可以根据上下文，将动词 sein 译为 "是"，也可以译为 "存在"。

② οὐκ ἄρα κίνησις ὁ χρόνος ἀλλ' ᾗ ἀριθμὸν ἔχει ἡ κίνησις.

③ ὅτι μὲν οὖν οὔτε κίνησις οὔτ' ἄνευ κινήσεως ὁ χρόνος ἐστίφανερόν·（219a. 1to Ph219a. 2)

④ ιὰ δὲ τὴν κίνησιν ὁ χρόνος·.（219a. 13toPh219a. 13)

⑤ ὅση γὰρ ἡ κίνησις, τοσοῦτος καὶ ὁ χρόνος αἰεὶ δοκεῖ γεγονέναι. (219a. 13 to P219a. 14)

3. 谈时间，肯定要说"先、后"。可是先后，首先是空间上的先后。① 我以前只知道，柏格森曾指出，传统的时间理解，是以空间的前后概念为前提的。没想到，亚里士多德早他2000年已经指出这一点。亚里士多德又让我佩服了一把！亚里士多德指出，当我们用'前''后'两个限定来确定运动变化时，我们也才有了时间。

4. 时间一定是运动变化的某种东西，是从属于运动变化的某种东西。②

5. 于是就有了时间定义：时间是从先后着眼的运动变化的数。③ 靠这类数断定多与少④；靠时间来断定运动的多与少。⑤（走了5小时，飞了13小时）在日常生活中，说汽车开了5万公里，5万公里似乎是外在于汽车之运动的。而当我们说，飞了13小时到波士顿，似乎13小时是运动本身的计量？我们的直觉对吗？如何辨析？

6. 亚里士多德还指出：数有两种含义，也就是有两类不同的数：被数的数（或可被数的数）和用来去数别的东西的数。前者在希腊语原文中是第四格的数，后者在希腊原文中是第三格的数。我们平时所说的"从北京到波士顿飞机飞了13小时"，这里所说的作为时间的数是"被数出来的数"，不是"用来数的数"的那个时间。按亚里士多德的两类时间之数的分析，当我们说，"从波士顿到北京，飞了13小时"的时候，在现实经验中，我们涉及两个13小时：飞机的行程的13小时，和用于计数行程的计时器读数的13小时。⑥

7. 既然时间是测量运动过程时测量出的读数，那么用于去度量该运动

---

① τὸ δὴ πρότερον καὶ ὕστερον ἐν τόπῳ πρῶτόν ἐστιν. (219a14 – 219a15)

② ὥστε ἤτοι κίνησις ἢ τῆς κινήσεώς τί ἐστιν ὁ χρόνος. ἐπεὶ οὐνοῦ κίνησις, ἀνάγκη τῆς κινήσεως τιεῖναι αὐτόν. (219a. 8 to 219a. 10)

③ ὅταν δὲ τὸ πρότερον καὶ ὕστερον, τότε λέγομεν χρόνον· τοῦτο γάρ ἐστιν ὁ χρόνος, ἀριθμός κινήσεως κατὰ τὸ πρότερον καὶ ὕστερον..

④ τὸ μὲν γὰρ πλεῖον καὶ ἔλαττον κρίνομεν ἀριθμῷ. (19b. 1 to 219b. 2)

⑤ κίνησιν δὲ πλείω καὶ ἐλάττω χρόνῳ.

⑥ ἐπεὶ δ' ἀριθμός ἐστι διχῶς καὶ γὰρ τὸ ἀριθμούμενον καὶ τὸ ἀριθμητὸν ἀριθμὸν λέγομεν, καὶ ᾧ ἀριθμοῦμεν, ὁ δὴ χρόνος ἐστιν τὸ ἀριθμούμενον καὶ οὐχ ᾧ ἀ ριθμοῦμεν. ἔστι δ' ἕτερον ᾧ ἀριθμοῦμεν καὶ τὸ ἀριθμούμενον.

之绵延的那个数,是如何获得的呢?亚里士多德描述得很清楚:靠分切、规定、圈定某种运动之变化,把某种运动和变化切分出一段,借此来测量另外一个运动的整体(变化)。① 这里ὁρίσαι就是'规定、圈定'的意思,也就是设定、安排一种计时手段,用英语说就是 arrange a clock,而这无非就是亚里士多德说的:ὁρίσαι τινὰ κίνησιν。具体地说,回旋的部分是每个具体时间(καίτοι τῆς περιφορᾶς② καὶ τὸ μέρος χρόνος τίς③ ἐστι);回旋本身非时间(περιφορὰ δέ γε οὔ·)被取出者为回旋的部分(μέρος γὰρ περιφορᾶς τὸ ληφθέν④),非回旋本身(ἀλλ᾽οὐ περιφορά)。这表明,亚里士多德看到了:我们在制定、安排计时器时,是把运动的某种变化的一个段落取出来,当作单位的,把这些段落说成是时间单位,而不是把整个的变化当作时间。(运动的空间位移、重量积累、燃烧物体的存亡,都可以取出一部分,当计时器的单位,上述运动就被安排为计时器了。)顺便指出:计时器是人有意安排出来的,不是原本的自然存在,所以荀子说,是伪⑤:人为的 artificial,非本源的、派生的时间,数理化的时间。这才应该是海德格尔应该指出的,流俗时间与源初时间的差别。但是就笔者所知,海德格尔在对亚里士多德时间定义的批判中(《存在与时间》81节,《现象学基本问题》(《海德格尔全集》24卷)19节),并没有就此作出分析。

  8. 对于运动变化来说,我们说在时间中,就是被用时间测量它本身

---

 ① ἐπεὶ δ᾽ ἐστὶν ὁ χρόνος μέτρον κινήσεως καὶ τοῦ κινεῖσθαι, μετρεῖ δ᾽ οὗτος . τὴν κίνησιν τῷ ὁρίσαι τινὰ κίνησιν ἢ καταμετρήσει τὴν ὅλην. (220b. 32 to 221a. 2)

 ② περι-φέρω, herumtragen.

 ③ bestimmte Zeit.

 ④ ἐλήφθεν aor von λαμβάνω.

 ⑤ In On Heaven《天论》:"明于天人之分,则可谓至人矣","天行有常,不为尧存,不为桀亡","不为而成,不求而得"。"如是者,虽深,其人不加虑焉;虽大,不加能焉;虽精,不加察焉;夫是之谓不与天争职",In On Sage-Kings(《君道》)"其于天地万物也,不务说其所以然,而致善用其材;其于百官之事伎艺之人也,不与之争能,而致善用其功"。(用此观之,然则人之性恶明矣,其善者伪也。)

  荀子《性恶》"陶人埏埴而为器,然则器生于陶人之伪,非故生于人之性也。故工人斫木而成器,然则器生于工人之伪,非故生于人之性也"。《性恶》:"圣人积思虑、习伪故,以生礼义而起法度,然则礼义法度者,是生于圣人之伪,非故生于人之性也。"同上:今人之性,目可以见,耳可以听……今人之性,饥而欲饱,寒而欲燠,劳而欲休,此人之情性也。

及其存在（绵延）。德文意译为："in der Zeit sein" soviel heisst wie, mittels der Zeit gemessen Werden " nach Art und Dauer。这里把运动变化的 τὸ εἶναι αὐτῆς①，"it's 'to be'" 理解为"绵延"（Dauer），也就是"duration"，很有启发，② 比抽象地翻译为"存在"要好得多，意义悠长得多。也就是说，用时间去测量运动本身，即其绵延，就是在时间中。这就是海德格尔把流俗时间称之为"测量时间"的根据。

9. 还有一点谈到运动变化的时间，指的是"现在" τὰ νῦν。③ 但是显然亚里士多德对此并不十分确定：他接下来就说：καὶ ὑποκείσθω。我们就让它是这样吧。④ 因为他注意到：如此理解的现在不是时间的组成部分！⑤

我们这里关注的重点是：在亚里士多德的时间描述或定义中，有两种不同的数；它们之间的关系是：

A. 时间是被数出来的运动变化之数，这里涉及的时制、日历的使用：对生命、生活中的各种活动、行为在时间上的计划、安排、调整和记录。这是亚里士多德希腊原文表述中的第四格的数。

B. 用来计数运动变化的数。这是把另外一种运动的变化作为标准，即对此运动的变化加以分割、分段，用数（或者实质是数的计数系统）分辨记录，用于去测量其他运动变化之整体的一种系统。这里涉及的时制、历法制定的依据和制定的方式。

C. 此外，还涉及时称的确定中诸多社会文化因素（其命名时的源初

---

① αἰ ἔστιν τῇ κινήσει τὸ ἐν χρόνῳ εἶναι τὸ μετρεῖσθαι τῷ χρόνῳ καὶ αὐτὴν καὶ τὸ εἶναι αυτῆς. (221a. 4to221a. 5)

② CLARENDON ARISTOTLE SERIES 中的 EDWARD HUSSEY 将其译为：since for a change the being in time is the being measured by time both of the change itself and of its being (time measures at once the change and the being of the change, and this is what it is, for the change, to be in time, viz. its being's being measured).

③ ὅταν γὰρ ἕτερα τὰ ἄκρα τοῦ μέσου νοήσωμεν, καὶ δύο εἴπῃ ἡ ψυχὴ τὰ νῦν, τὸ μὲν πρότερον τὸ δ' ὕστερον, τότε καὶ τοῦτό φαμεν εἶναι χρόνον· (219a. 27)

for whenever we conceive of the limits as other than the middle, and the soul says that the nows are two, one before and one after, then it is and this it is that we say time is.

④ τὸ γὰρ ὁριζόμενον τῷ νῦν χρόνος εἶναι δοκεῖ· καὶ ὑποκείσθω.

(What is marked off by the now is thought to be time: let this be taken as true .) 219a. 30

⑤ 219b5 – 25

意义，使用中的数字和单位意义）；以及时称在确定之后，在计时使用中的功能，其命名时的源初意义，在指称时间时的地位与功能。时制制定者和颁布者的社会地位及其对时间于生活中的功能的影响（由官方朝廷，数法日月星辰，敬授民时，造幄籍圃），抽象地谈这个问题我觉得意义不大。还是回到我们现实中实际的时间经验来考察这个问题，才能明白上述问题的内容。

三 伽利略的大水桶：时钟的本质

普通物理涉及的时间，与亚里士多德的时间思想，相符合呢？我们以伽利略做自由落体实验的时间经验为例。现在我们知道：自由落体位移距离 = （1/2 重力加速度）×时间^2，即自由落体：s = 1/2gt^2/秒。

我们不关心这个公式的具体的物理内容，而只关心其中的 t，时间和它的单位秒之间是什么关系，也就是，亚里士多德的第四格的数和第三格的数之间的关系，用于计数的数和被数出来的数之间的关系。

一般地讲，这里的时间指的是什么？我们会说，那是计时钟的读数。我们现代汉语问时间：几点了？几点开始？法国人问时间：quelle heure est–il？几点了？est–ce que tu as l'heure？你有钟点吗？（几点了？），德文说：Wie viel Uhr ist es? Was ist die Uhr? Sagen Sie mir bitte genau die Uhrzeit! 听起来显然是说钟表时间。[①] 法语和德语的这种问法，直接问的是钟表时间，也就是问，时间在钟表上的表现、读数，即亚里士多德的第三格的数。我们在日常生活中已经习惯了把钟表的读数称之为时间，而我们心里面真正指向的是那种被关注的运动的 duration 的计量，而不是钟表的表针运动的次数。但是我们平时对它真正的含义却没有清晰的意识。

但是钟表的时间的性质是什么？让我们回到伽利略关于自由落体的实验：在吴国盛的《科学的历程（第二版）》199 页上，我们可以读到：1604 年伽利略设计了证实他的自由落体设想的实验。他用了水钟作计时装置。这个水钟是什么，吴国盛没说。我们在 Eric M. Rogers 的名著

---

① 希腊语的 ὥρα，拉丁文的 hora，英语的 hour，法语的 heure，德语的 Uhr，是同源词，都是表述季节、时间的词，但是其原始意义渐渐不再凸显。

Physics for the Inquiring Mind, *The methods*, *nature*, *and philosophy of physical science* (1996) 的 15 页上,我们读到 "IF the distances varies directly as t^2, THEN the acceleration is constant. That gives us a relation to test in investigating real motions. We can arrange a clock to beat *equal intervals*[①] of time, and measure the distances travelled from rest by a falling body, in *total times* with proportions 1 : 2 : 3 : . . . If the total distances run in the proportions 1 : 4 : 9 : . . . and so on, we may infer a fixed acceleration. Or, as in one form of laboratory experiment, we can measure the time t for various total distances s, and test the relation s = (constant number) ( ) by arithmetic, or by graph – plotting. Over three centuries ago Galileo used this method, though he had neither a modern clock nor graph – plotting analysis. Galileo was one of the first to suggest an accurate pendulum clock, but he probably never made one. All he used to measure time *was a large tank of water with a spout from which water ran into a cup*. He estimated times by *weighing the water that ran out* – a crude method yet accurate enough to test his law. However, free fall from reasonable heights takes very little time – the experiment was too difficult with Galileo's apparatus. So he "diluted" gravity by using a ball rolling down a sloping plank. He measured the times taken to roll distances such as 1 foot, 2 feet, etc., from rest."

这里 We can arrange a clock to beat equal intervals,拍出等间隔,就是亚里士多德的 ὁρίσαι τινὰ κίνησιν,圈定规定某种运动变化,不过,英文表达略有不确:不是 to beat equal intervals of time,而应该是 to beat equal intervals as time。那么,具体的讲,什么叫 arrange a clock to beat equal intervals as time?看伽利略是怎么做的:伽利略用了一个大水桶,下面开一个小口(类似酒窖里的葡萄酒桶),装满水,口子下面接一个杯子。球体下落的同时打开小口,让水流出,滚动结束的同时关上小口。他把每次球在斜面滚动的距离同流出的水的重量相比较。他的水桶的流水给出的是 equal intervals of time 吗?不是,这里给出的是 equal intervals of heights 水

---

① 英文有 interval timer,间隔计时器的说法。但是 interval 是拉丁文 inter, between,之间 + vallum, rampart, 城墙。本意是 space between palisades or ramparts,栅栏或城墙之间的空地。所以,带有很强的空间意味。这是我们想起 Bergson 的看法:我们对时间的看法,实质上是空间性的。

桶中流出的水的重量的等倍数！伽利略把出水重量的倍数当作时间读数，用于他的实验中球滚动的速度的测量。所以，这个水桶装置之所以能当时钟（水钟），恰恰是由于它的 equal intervals，等倍数，但不是时间的等倍数，而是重量的等倍数。也就是说，是一种抽象等分的有序排列：这不就是数吗？用这种数的系列为标尺（单位），去测量另外的运动：自由落体的 s,，数出来的就是 s（下落的 duration）的以（水的等份体积或者重量）为单位量出的数。他是靠计量落体单位距离，与同时流出的水的等倍重量为单位数，得出的比例数：其 duration 相当于几个单位重量（克），称之为测量时间（measured the times taken to roll distances），这就是伽利略实验的时间参数！！查看物体滑落、下落距离（1 米，4 米，9 米……），与同时流出的水的重量数（1 克，2 克，3 克……）之间的比例是否是正比关系！1 克 2 克 3 克，就是被测量运动变化的时间参数。不管是水的重量（伽利略的水桶钟），还是水的体积（普通水钟的刻度是以体积为单位的），还是沙子的重量，还是沙子的体积，它们都完成了一个共同的任务，有一个共同的功能：beat equal intervals，拍击出同等间隔。把这种物体的连续运动变化的某个物理特性，在思想里切割为彼此同等的段落，形成同等间隔，并对这些同等间隔按着数系加以计数。计数出来的数：就是亚里士多德时间定义中的第三格的数；用以去度量运动变化的数：这就是时钟。这个工作就叫 arrange a clock（安排一个时钟，或计时器）。把这个表达为数的、连续的等距间隔作为测量尺度，在思想里去比照到、投射到需要计量的另外一种运动变化上，量出的该运动变化得出的数（x 克，第四格的数），就是该运动变化（自由落体）的时间。1 克、2 克、3 克是水的重量的 equal intervals，但是这些数（第三格）用于测量，却是自由落体运动变化所用时间（duration）的读数，时间参数。在上述教科书里，1，2，3 这些数，直接被称之为时间 t。所以，最后作者说，伽利略 measured the times taken to roll distances such as 1 foot，2 feet，etc.，from rest。

由以上的例子，我们可以清楚地看出，亚里士多德的时间定义来自何处：对外在对象的运动变化测量中的时间：自然对象的时间，即今天所谓物理对象的时间。这里的时间明显就是海德格尔所指出的"测量时间"。其前提是，各种运动变化的 duration。这一点亚里士多德就已经看到了。但实验物理学家可以不关注它。

四 牛顿对时间的说明：表象时间与绝对时间

本文在第一节中已经提及了牛顿对时间的说明。现在我们了解了亚里士多德的时间定义和第三格时间与第四格时间的区别，以及对运动的纯存在（τὸ εἶναι αὐτῆς）即运动的绵延（duration，Dauer）的理解之后，再来看牛顿对时间的说明，就更加容易理解了。

近代物理学的经典著作，当然首推牛顿的《自然哲学之数学原理》（Philosophiæ Naturalis Principia Mathematica）。在该书开卷不久的附注中，牛顿对时间观念作了十分清晰的说明①。牛顿在附注中首先把时间这种量

---

① "Tempus, spa tium, locus et motus sunt omnihus notissima."

I) Tempus ahsolutum, verum et mathematicum, in se et natura sua, sine relatione ad externum quodvis, aequabiliter fluit, allioquenomine dicitur duratio: relativum, apparens et vulgare est sensibilis et exte: rna quaevis durationis per motum mensura（seu accurata seu inaequahilis）qua vulgus vice veri temporis utitu: r, ut hora, dies, mensis;, annus.

II) Spatium absolutum, natura sua sine relatione ad externum quodvis, semper manet similare et immobile: relativum est spatii hujus mensura, seu dimensio quaelibet mobilis, quae a sensibus nostris per situm suum ad corpora definitur, etavulgo pro spatio immobile usurpatur. "I dem sunt spatium ahsolutum et relativum, specie et magnitudine; sed non permanent idem semper numero."

III) Locus est pars spatii quam corpus occupat; estque pro ratione spatii vel ahsolutus vel . relativus. "Pars, inquam, spatii; non situs corporis vel superficies amhiens." "Situs vero... neque tam sunt loca quam affectiones locorum." 附注：至此，我已定义了这些鲜为人知的术语，解释了它们的意义，以便在以后的讨论中理解它们。我没有定义时间、空间、处所和运动，因为它们是人所共知的。惟一必须说明的是，一般人除了通过可感知客体外无法想象这些量，并会由此产生误解。为了消除误解，可方便地把这些量分为绝对的与相对的，真实的与表象的以及数学的与普通的。

Ⅰ. 绝对的、真实的和数学的时间，由其特性决定，自身均匀地流逝，与一切外在事物无关，又名延续；相对的、表象的和普通的时间是可感知和外在的（不论是精确的或是不均匀的）对运动之延续的量度，它常被用以代替真实时间，如一小时，一天，一个月，一年。

Ⅱ. 绝对空间：其自身特性与一切外在事物无关，处处均匀，永不移动。相对空间是一些可以在绝对空间中运动的结构，或是对绝对空间的量度，我们通过它与物体的相对位置感知它；它一般被当作不可移动空间，如地表以下、大气中或天空中的空间，都是以其与地球的相互关系确定的。绝对空间与相对空间在形状与大小上相同，但在数值上并不总是相同。例如，地球在运动，大气的空间相对于地球总是不变，但在一个时刻大气通过绝对空间的一部分，而在另一时刻又通过绝对空间的另一部分，因此，在绝对的意义上看，它是连续变化的。

Ⅲ. 处所是空间的一个部分，为物体占据着，它可以是绝对的或相对的，随空间的性质而定。我这里说的是空间的一部分，不是物体在空间中的位置，也不是物体的外表面。因（接下页）

分成两大类：

第一类是绝对的、真实的和数学的时间，ahsolutum, verum et mathematicum

第二类是相对的、表象的和流俗的时间。relativum, apparens et vulgare

两类——相对，泾渭分明。第一类就是"自身的均匀流逝 aequabiliter fluit"，"又名绵延 allioque nomine dicitur duratio"。这里恰恰指出了哲学家关心的时间本身的存在形态：duration。这就是亚里士多德说的"运动的纯存在本身（τὸ εἶναι αὐτῆς）"。①

第二类时间是可感知的，用外在的对运动变化的绵延（duration）度量的结果。而且牛顿特别指出，人们经常用这种度量结果（伽利略的"克"，今天的"秒"）去代替真实时间，如一小时、一天、一个月、一年。这种看法当然就是在附注开始时指出的，人们对真实时间的误解，经管这是一种很有用处的误解。他做出这种区别，就是为了消除这种误解。

由于在第一类真实时间 duration 的描述中，牛顿等人不同于古人的看法，在于它与外物无关。所以附注中专门列出一点，说明这个问题。但是这个问题同我们关注的问题关系不大，所以我们不去讨论。重要的是，后面接着牛顿强调了，duration "这种绵延，应当同只能借助感官测量出来的时间，区别开。"并且在附录的最后，再次指出，第二类时间，是相对的量（也可以叫做数，我们上一节指出的比例数），并不是实有其名的那些量本身（duration 的存在量），而只是 duration 的可感知的度量（符号化代现）。并且指出，这个可感知的度量通常是可以代替 duration 这个量本身。

（接上页）为相等的立体其处所总是相等，但其表面却常常由于外形的不同而不相等。位置实在没有量可言，它们至多是处所的属性，绝非处所本身。整体的运动等同于各部分的运动的总和，即是说，整体离开其处所的迁移等同于其各部分离开各自的处所的迁移的总和，因此，总体的处所等同于部分处所的和，由于这个缘故，它是内在的，在整个物体内部。（斯蒂芬·霍金编：《站在巨人的肩上——物理学天文学的伟大著作》（下卷），张卜天等译，2004 年 9 月，辽宁教育出版社，第 811—816 页）

当然这些思想并不是牛顿的凭空独创，而是对文艺复兴以来的思想家的研究成果，特别是对 Franciscus Suarez、Henricus Morus 关于绝对时空思想的继承和发展。

① 牛顿和 Surarez、Mores 一样，认为，这种时间是与一切外物无关的。而以亚里士多德为代表的大多数古代思想家则认为，时间与具体的运动变化不可分，因此与运动变化的外物不可分。

牛顿还指出，这种替代有其用处，可以理解。但是，如果度量量出的量，被误认为就是 duration 它们本身，这些人们就"混淆了真实的量和与之有关的可感知的度量，这无助于减轻对数学和哲学真理的纯洁性的玷污"。[①]

从牛顿的分析出发，重新来检验一下我们上面讨论的伽利略的运动变化的例子：在自由落体运动变化的数学表述中，t 是时间，现在我们可以说，它指称的实际内容是运动变化的 duration。而"秒"则是它测量上的代现。t 的内容是绝对时间（前人 Suarez 称之为 imaginal time）。而伽利略用水桶流水测出的 1 克、2 克、3 克等被视为是自由落体实验中球滚动的具体时间，是相对时间。为什么？因为它是一种运动的特性的被截取的一个段落为单位而设置的等倍间隔，去测量球的滚动时得出的比例数，是相对于木桶水流的单位重量的变化之数，而对应的滚动的距离之数，也就是与计时装置（一大桶水的流动的重量测定）的读数比照下，该运动的 duration 相应的比值：有几个等量，equal intervals 的数值。

通过这一分析，我们可以看到：物理学中的运动同人生基础（不是作为"无"的、以意义为其内容的生活本身）之运动之间的同质关系：它们运动形态都是 duration，绵延。在胡塞尔和海德格尔之后，人们关注到了对这两种绵延的理解上的差异：物理上的运动，包括作为人生之基础的人体的运动在内，是以现在为中心的绵延。在物理学的视野中，淘去了时间附于其上的具体内容，成为与质量无关的、形式化了的纯粹运动本身的形式。而胡塞尔将附着在生命意义上的时间形态，提炼为纯粹意识的运动形态，并进一步描述为瞻前—顾后的现在之流；而海德格尔又把胡塞尔这种瞻前—顾后的有深度和厚度的、向双向辐射的时间，重新恢复到人生的基础存在的诠释性的生存之上，用作刻画人生进程的基础样态的范畴。但是，无论胡塞尔还是海德格尔，对物理时间的这种解读，都离不开物理运动的 duration 为基础。只有在此基础上，才可以将当下领会为、意识为"瞻前顾后的当下"、"喜出望外—流连忘返"的时间性。

---

① 见斯提芬·霍金编《站在巨人的肩上——物理学和天文学的伟大著作集》（下卷），张卜天等翻译，辽宁教育出版社 2004 年版，第 811—816 页。

五　如何理解 218b 的难点

亚里士多德《物理学》四卷 10 章 218b 有段话，十分难解。通过以上的分析，我们得到了理解这段文字的门径。这段文字的张竹明译文如下："至于说到时间是什么或者说它的本性是什么，前人给我们留下的解释，并没有比前面刚才讨论的问题启发更多。（a）有些人主张时间是无所不包的天球的运动①，（b）有些人主张时间就是天球本身②。但是（a）循环旋转的部分也是一个时间，但它确实不是循环旋转，因为所取的是循环旋转的部分而不是循环旋转"。此处张竹明专门注释道："古代注释家都认为这段文字艰涩莫解。总的意思也无非是否定'时间是天球的运动'的说法而已。"

我们现在已经比较具体地理解了亚里士多德的时间定义，特别是第三格的时间（数，纪时系统，时钟的读数）和第四格的时间（数，事物的时间）的区分，也理解了牛顿所讲的真实时间（duration，τὸ εἶναι）和表象时间的区别。我认为，我们就能够理解亚里士多德这段转述先贤看法的含义了。③

我们来看看，亚里士多德的原文是怎么说的：οἱ μὲν γὰρ τὴν τοῦ ὅλου κίνησιν 218b εἶναί φασιν，有些人说，动即时间？这不等于说，duration 就是时间吗？οἱ δὲ τὴν σφαῖραν αὐτήν。有人说，天球本身亦是时间。这不等于说，被我们当作计时器的天球，就是时间吗？就像我们拿着手表说，"这就是时间"，是一样的吗？当法国人说，est‑ce que tu as l'heure？你有钟点吗？心里不就是把手表想成时间本身吗？

---

　① 注云：柏拉图。
　② 注云：毕达哥拉斯派。
　③ 我看到 Werner Gent: DIE PHILOSOPHIE DES RAUMES UND ZEIT: HISTORISCHE, KRITISCHE UND ANALYTISCHE UNTERSUCHUNGEN, BAND I 等的书中，并没有讨论这个问题。我没有去查阅更多的西方研究文献。海德格尔的解读也没解开这一难题。也许西方其他人早讲过了，我这里只是在重复他们的工作，亦未可知。

καίτοι τῆς περιφορᾶς① καὶ τὸ μέρος χρόνος τίς（bestimmte Zeit）ἐστι 回旋的部分就是一特定时间。用手表的例子来理解：这个表针走半圈：讲了半小时（时间单位：等量）。这里的半圈，不就是回旋的部分吗？περιφορὰ δέ γε οὔ·然而回旋非时间。我们在用手表计时时，表针的整个回旋运动并不是时间。只有将其部分取出来，视为时间单位，然后计量单位的间隔，才是第三格的时间。所以，整体的旋转，未加分割的旋转，不起计时器的作用，起作用的是下面讲的：它的部分等量地被连续的取出：

μέρος γὰρ περιφορᾶς τὸ ληφθέν。被取出者②（被取出来当作时间单位），是旋转的部分，才是是时间（第三格的数）。ἀλλ' οὐ περιφορά，但整个回旋本身没有被取出来当作时间单位。回旋的部分被取出来当作时间单位：也就是说，整个大水桶里的水的流动不是时间，整个重量也不是时间，把它们的部分的等量取出，计数出的数，1（克）、2（克）、3（克）才是（第三格的）时间。

另外，接下来还说，如果天体就是时间的话，那么：ἔτι δ' εἰ πλείους ἦσαν οἱ οὐρανοί，如果诸天体为多数的话，那么：ὁμοίως ἂν ἦν ὁ χρόνος ἡ ὁτουοῦν αὐτῶν κίνησις，这些天体的运动就同样是时间了。【如果将它们的运动都当作计时单位的话】ὥστε πολλοὶ χρόνοι ἅμα，这样，同时有多种时间。而在已经全球化的今天，这并不是什么不可理解的事情。实际上，人类就是有多种时制：太阳历、月亮历，就是两种不同的时制（计时系统）。我们中国今天仍然在使用两种时间历法：阴历、阳历：按阳历我69岁，按阴历我71岁。

ἡ δὲ τοῦ ὅλου σφαῖρα ἔδοξε μὲν τοῖς εἰποῦσιν εἶναι。ὁ χρόνος，按这些人的说法，涵一切之天体就是时间【相当于我们说，钟表就是时间】。ὅτι ἔν τε τῷ χρόνῳ πάντα ἐστὶν，而一切均在时间中，καὶ ἐν τῇ τοῦ ὅλου σφαίρᾳ（在一切在天球中）。所以，一切均涵在天体中。【这当然是思辨性的推理，但也可理解为：一切都在时钟的控制中。】

---

① （περι-φέρω，herumtragen）

② （ἐλήφθεν aor von λαμβάνω）

ἔστιν δ' εὐηθικώτερον① τὸ εἰρημένον，此 说 太 过 新 奇。
ἢ ὥστε περὶ αὐτοῦ τὰ ἀδύνατα ἐπισκοπεῖν，以致难于研究检验。

这里的引文作为例子，很好地佐证了牛顿的担心："一般人除了通过可感知客体外，无法想象这些量，并会由此产生误解"。（引文见注18），而亚里士多德引用的这些先贤的说法正表明了，这些先贤和我们一般人一样，是'通过可感知客体'（手表、太阳、月亮）来言说时间这个参量的。并且这些人，尚且没有亚里士多德两类时间之数的观念，更没有向牛顿这样对第四格时间做出真实与表象的区分。当然，亚里士多德在本章的前面，还讨论了其他一些看法：把时间理解为可感客体的运动。这当然是一种认知上的前进，而亚里士多德则更加描述性地把时间定义为，运动的数：以计时器的读数（第三格的数），将某运动取出某（等量）部分作为单位而数之，测量其他运动而得出的数，这就是其他运动的时间。

附带还可以指出，在亚里士多德论时间的文本中遇到的另外一个难点的理解。亚里士多德顺便提到，κίνησιν ἢ μεταβολήν（运动与变化）的区分问题。只说到"此时我们说不出，运动与变化之间有什么区别来"。而伽利略和牛顿的例子，却帮我们解开了这个区别之谜：
μηδὲν δὲ διαφερέτω λέγειν ἡμῖν ἐν τῷ **παρόντι**②κίνησιν ἢ μεταβολήν

实际上κίνησιν ἢ μεταβολήν的区别是可以说出来的。我现在能想到的是：运动κίνησις是持续的δυρατιον，但具体的运动：摆动、重锤下落、流动、燃烧、放射、弹簧的延展、天体周期旋转等具体运动的持续，也就是 duration，物体的各种其他属性、参量（空间、水位）、重量、冷暖，各种属性的强烈程度等都在μεταβολή之中，在变化之中。如果我们关注多种多样的时钟设定方式，我们不难注意到它们之间的差别。通过我们的考察，我们注意到：伽利略的大水桶中，水的流动是运动，κίνησις，但伽利略关注的是出水的重量的改变，μεταβολή在电视剧《琅琊榜》中，水钟里运动的是水本身，而报出时间的木牌，标出的是水桶上飘着的木牌空间位置的降低：间接显示，水桶中由于水量的改变引起的水位的变化，也是μεταβολή。计时器的设计者，关注的是水的运动引起的水位变

---

① （新奇 + ἦθος）
② ἐν τῷ **παρόντι**，此时，Gegenwartige, in Augenblich。

化，把它的一段取为单位，再转换为木牌上的刻度，通过计数，形成单位的有序系列，以为计时的刻度，用它做标准，去组织、安排或者测量其他的活动。

（11月11日"名家讲坛"。录音整理：张奥黔；修改审定：沈洁）

客观性：争论、问题与反思

金　延[*]

谢谢西北大学哲学学院的各位老师和同学们，今天我们来讨论一个重要哲学问题——客观性。我想从三个方面进行讨论：一是当代哲学对传统客观性观念的批评，二是近代哲学在客观性观念方面的思考，三是我们重新思考客观性问题需要注意的几个方面。

一　当代哲学对传统客观性观念的批评

我觉得客观性问题在当代西方哲学中所处的地位非常边缘化，没有多少哲学家关心它。为什么呢？因为从19世纪末以来，自然科学发展导致逻辑实证主义、逻辑经验主义等一些新哲学的出现，使得人们对传统的客观性观念提出质疑，而质疑的结果是人们希望抛弃这个观念，似乎哲学中有没有这个观念无所谓，尤其是20世纪60年代开始，哲学解释学产生并很快风靡整个欧洲大陆包括美国。它进入中国以后，也引起中国哲学界非常多的关注。在这些哲学的影响下，人们觉得客观性问题是一个老问题，甚至是一个过时的问题。但是我觉得，这个问题是任何一个关注哲学、关注科学的人都绕不过去的问题。比如你从事自然科学研究，你就想给别人说明你的研究成果有价值，你的研究成果所给出的结论可靠，人们应该相

---

[*] 金延，陕西师范大学哲学与政府管学院教授，博士生导师，陕西省教学名师，陕西省师德标兵，曾任陕西师范大学政治经济学院副院长，教育部哲学专业教学指导委员会委员，陕西省政协第八、九届委员会委员，陕西省归国华侨联合会副主席，兼任中华外国哲学史学会理事、陕西省哲学学会常务理事、陕西省哲学学会外国哲学专业委员会负责人。

信这一点。那么当你这样说的时候，你必须提供你的依据。所以，不论是搞自然科学的、社会科学还是搞哲学的人，都离不开对客观性问题的思考，并要给出自己的解答。今天我们就从哲学上一起探讨这个问题。

我首先给同学们推荐一本书，艾耶尔的《20世纪哲学》。在这本书的第一章，艾耶尔把客观性问题看作西方哲学研究的首要问题。他认为从客观性问题的思考中，可以引出唯物论和唯心论的争论，实在论和非实在论的争论，以及真理的相对性和绝对性的关系等问题。那么，当代哲学批评传统客观性观念的依据是什么，人们为什么要批评，我这里提供一些当代哲学批评客观性观念的文化背景。在我看来，这一文化背景主要取决于三个问题。

第一个是自然科学比如量子力学、相对论研究提出的新问题。量子力学和相对论批判了传统以牛顿力学为代表的时空观。按照牛顿力学的观点，一个事物处在某一时间或某一地点都是固定的，几点几分在某一个地点也是固定的。但是按照量子力学，比如薛定谔方程，时间和地点就是不固定的，至少不能同时确定。薛定谔方程得出一个结论：当你要确定一个微观粒子的方位时，你首先必须确定它的时间，但是你反过来要确定它的时间时，你又必须先得确定它的空间位置。结果发现在微观世界里，要准确界定一个微观粒子的时空位置是不可能的。于是，人们就对牛顿力学解释的普遍性提出了质疑：用牛顿力学能不能解释我们在物理世界中发现的一切问题？很显然，按照量子力学和相对论，答案应该是否定的。既然牛顿力学不再具有普遍性，人们就提出另一个问题：传统科学理论的客观有效性有没有限度，或者说人们对世界的解释究竟是客观的还是非客观的？

当代自然科学提出的许许多多问题都显示一点，即我们所面对的世界是我们视野中的世界。换句话说，我们所理解的世界中包含我们"加"给世界的东西，没有这个"加"，就不可能有我们对世界的认识。那么由此得出的结论是什么？究竟有没有纯粹意义上的客观性知识？这就是当代物理学、化学、生物学的专家们向哲学提出的问题。根据他们的研究，牛顿的解释不是唯一的，人们可以对这个世界做出另外一种解释。

第二个问题是社会科学研究对象的特性向传统哲学客观性观念提出了质疑。我们知道，传统哲学在理解事物的时候，把事物看作一个给定的东西、不变化的东西。当我们去研究它的时候，在如此这般条件下，我们发现该事物有如此这般的特点，这证明我的结论是对的，而且只要这一结论经得起时间的考验，它就在任何时候都普遍有效。但是现在人们在关注社会现象时发现一个问题，你的研究对象是人，人的活动构成社会现象，而且认识社会现象的你本身也是社会中活动的人。你是个研究者，但你研究的社会现象包含你本人的活动。柯林武德在《历史的观念》中认为，一个社会的思想、道德、伦理、法律等观念影响这个社会的存在，决定了这个社会的性质。反过来讲，一个人的思想观念如果发生变化，这个世界也就发生了变化。我把它理解为：被认识者的存在影响到认识者的存在，认识者的存在方式直接影响社会的变化，二者是不可分割的。那么这样就带来一个问题：人们是否可能纯粹客观地看待这个世界？如果没有可能，那么我们关于社会所说的一切，我们所讲的知识，就不再具备我们过去所讲的与人毫无关系的客观性。如果这样，那么请问：社会科学知识所描述的社会，究竟是社会本身所具有的特点，还是你作为认识者加给这个社会的东西？

哲学家不能不承认一点：他们也是这个社会的存在者之一，他们既是认识社会存在的哲学家，也是社会存在的表演者。所以，社会科学从哲学中独立出来以后，发现社会科学所研究的对象不具有过去所理解的纯粹中立性，而是掺杂主观性因素的客观存在。这必然带来一个问题，即人们对于社会的描述究竟是纯粹客观的，还是带有主观因素？如果带有主观因素，那么你怎么能说你所讲的一切都不依赖于人而存在？这在逻辑上有矛盾。人类说世界是什么，然后又说这一切和人类无关，人们可以对此提出质疑。其结果，人们形成一个结论：这个世界的一切知识与人相关，它们是人说出来的，所以人的生活经历就会渗入他们的学说。这就是当代社会科学给传统哲学提出的问题：你怎么证明社会科学的知识是纯粹客观的？

第三个问题是，传统哲学为了证明自己观点的合理性、正确性所提出的一系列理论演绎，在当代哲学看来，其方法论基础都是有缺陷的。比如古典哲学有主客体二分法，一方是主体，另一方是客体；亚里士多德提出"蜡印说"，认为人的认识就像给白白的蜡烛烙印；洛克提出"白板说"，认为人的大脑是一块白板，外部事物作用于这块白板，在上面留下什么痕迹，这个世界在你看来就是什么样子。再比如传统哲学有一种观点，认为人的感官受外物刺激之后会形成感觉，然后经过理智的加工会建构出知识来，在建构过程中人的活动就是加和减，或是把相似的东西放在一起比较。我们会发现一个问题：这种论证方法与哲学所担负的使命是否匹配？

近代哲学家的使命是论证人的主体性，人的主体性就是人的自足性和人的自主性、能动性、创造性。但是，根据我刚才介绍的这些方法，人其实是一个被动存在者，人的一切认识活动首先取决于外部事物的刺激，就是说，你认识什么不认识什么，取决于外部作用的是什么，外部事物对你的作用决定了你的认识成果的大小。根据这种认识方式，人的自主性、能动性实际上被消解了。所以康德以后，人们开始批评这种观念，当代哲学的批评就更加严厉，无论是分析哲学，还是现象学、解释学，都强调人在认识活动中的主动性。就是说，必须立足于人的主动性活动来看待人的认识和认识成果才是合理的，不应该像传统哲学那样把人看作一个被动的存在者。

当然，当代哲学家在思考哲学问题的时候，笔墨更多地不是放在对这些观点本身的批评上，而是着重于对人的自主性、主体性和能动性的描述。他们对传统客观性的批评主要是通过批评传统哲学的几个基本观点来完成的，下面我就简要论述一下当代哲学对传统哲学客观性观念的批评。

这方面的批评很多，有些可能是文学的角度，有些可能站在自然科学的角度，也有一些站在纯粹的逻辑分析的角度。如果把它们归纳起来，可以发现这些批评主要集中在三个问题上。第一个问题是：如何理解"客观实在性"这个概念？我们在哲学原理中经常讲世界的本原是什么。古希腊哲学把本原问题理解为一种或几种发生学意义的实物，说世界是火变来的，火不对了就是水，水不对了就是土，再不对了就是气，反正总要找个东西说。后来柏拉图的著作发现，这种要给世界找一个最初开端的方法不恰当，因为当我们追问世界来自什么的时候，实际上是在寻找这个世界存在的根据，这才是本体论的本来含义。本体是我们生活于其中的这个世界之所以如此这般存在的根据，它并不是一个东西、一个物件。在古希腊哲学中这个问题本来已经解决了，但近代由于机械力学的发展，这个问题又返回古希腊自然哲学家那里，用某种微观粒子解释这个世界的开端。这种解释方法在当今宇宙大爆炸学说里仍然存在，人们仍然习惯于用一种不可再分解的微粒来说明世界的起源和开端，然而这种解释方法在哲学上是成问题的。由于近代自然科学突飞猛进并取得一系列伟大成果，尤其是当科学和技术相结合，创造了许许多多历史上从未有过的产品并帮助人们过上更好的日子时，人们对于科学技术的迷信导致他们相信这种解释是对的。

比如什么是物理世界？物理世界可以最终归结为什么？可以归结为分子，也可以归结为没有空间、没有时间、没有质量的一个点。但这种归结本身对不对，合理不合理，是不是哲学家所找到的客观实在？这些问题科学家不管，在他们的经验中，科学实验认定它们是对的。比如解释物体，分子就是最小的，如果把一个事物分解到分子以下的话，这个事物的本质就不见了，就不是这个事物了。中国有一句古话叫"一尺之锤，日取其半，万世不竭"，过去我们把它当作辩证法的典型例证。但是，你有没有发现其中的机械论准则？一尺长的棍子，你分过若干次之后，拿到手的已不是棍子了，所以这个说法显然不对。原子层面再往下分，你会发现，每跨过一个量级，这个事物已不是原来的事物。在物理学界中我们将物质分解为原子就有个问题，原子还是否代表原来的物体，这样归结有没有问题？

在当代哲学看来，古典哲学对"实在"概念的理解是有问题的，具有机械论的特点。把事物存在的最小微粒看作一个永恒不变的东西，用这个永恒不变的东西说明这个世界的存在，就等于说这个世界其实还是永恒不变的。这样就很难解释物理、化学世界所具有的生成性特征，无法解释人类社会的生成性特征，更难解释人类意识的生成性特征。所以在理解哲学的"实体"概念的时候，一定要注意不同时代的哲学家如何界定"实体"，他们的界定可能大不一样。当代哲学提出批评，认为传统哲学用"实在"概念意指事物属性的载体。

第二个批评是，古典哲学在考察认识可能性的时候，把主体客体变成了两个世界。现代哲学家认为主客体不可分割，我们必须站在这样的角度去理解自然界、自然科学和我们自己。在他们看来，古典哲学在思考认识可能性的时候，实际上把世界解释为最初性质的再现过程，只要能够找到一个最基本的规律，就可以把世界重新描述一遍，或者通过技术手段使它复现。阿基米德说，"给我一根杠杆，我能撬动整个地球"。他的意思是，只要知道这个世界存在的最基本原理，我们就可以把世界重复演变一次。但是问题在于，这是否可能？我们凭借技术手段和理论手段，能不能把曾经存在的世界从起源开始，一步一步完全客观地描述出来？如果不能做到，我们凭什么论证人类知识的客观有效性。这就是当代哲学的第二个批评，其基本观点是，人不可能在割裂主体和客体的情况下去描述世界。进一步的推论是，人描述出来的世界只是我们想描述和能描述的样子，未必是世界本来的样子。这个观点在当代很有影响，其思想发端我后面再说。

第三个批评针对传统客观性的方法论基础。当代哲学认为传统哲学在分析客观性问题的时候，实际上遵循了三条原则。第一条是绝对性原则，就是把人对世界的理解作为一个根本不变化的东西，人对这个世界的理解永远如此，不可能有新的、不同的理解，这是绝对主义的理解。第二条是唯一性原则，认为世界本身是不变的，对世界的规律的把握也就是唯一的，不可能有第二个也是合理的理解。比如，当一个物体离开重力支撑之后，它的运动方向是指向离它最近的、质量最大的物体，但在微观世界是不是这样呢？人们对周围环境的理解可能会发生变化。我们现在对原子核以下粒子的理解更多依靠仪器，但仪器本身有没有人的因素在里面，也就是仪器测量的结果有没有因为人使用仪器时不可避免的主观性而影响到该粒子本身的客观性？所以这种唯一性的判断，也受到当代哲学家的批评。第三条是机械论。断定一个事物是由一些最小的不可分割的粒子构成，这种观点本身就是机械论。非机械论就不这么思考问题，它不强调一个事物是由某些最小的不可分割的粒子构成，而是从人和物的关系中去把握你所看到的世界。因此非机械论不会把你对世界的把握看作是唯一的和绝对的，因为不同的人根据不同的角度都可以对这个事物做出解释。这种观点同样对客观性带来挑战。第三个批评认为，传统哲学在论证客观性观念的时候，方法论原则本身有问题。不能说这个世界是绝对的、唯一的和不可改变的，也不可用线性的因果关系去解释这个世界，相反，应该用一种多样化的原则去分析这个世界。

这就是当代哲学对传统哲学客观性观念三个缺陷的批评。我的问题是，当代哲学的批评究竟有什么价值？它的局限性是什么？我认为，当代哲学的价值就在于，它紧紧抓住了人的主体性、能动性的特质，强调人的文化结构、理论视角和生存境遇对人认知世界的意义，强调不应该离开人自身的知识结构和生活经历，孤立地讨论知识建构的可能性问题。这是当代哲学最主要的贡献。就是说，他们从人生经历和知识结构的角度去分析知识的建构，强调了人的主观能动性。但这里必然带来另外一个问题：人凭借自己的文化结构主动地建构起来的知识，为什么能够说明世界本身的规律？人创造的知识为什么能够说明世界本身？在逻辑和理论上，我们应该承认什么样的原则？这是我今天要努力解答的问题，而当代哲学恰好在这些问题上陷入了相对主义。哲学解释学探讨的一个问题是，人的认识与理解的可能性在什么问题上容易走向相对主义。如果不承认我们思想中包含着这个世界本身的特性的话，我们就很难摆脱相对主义的干扰。生活中那句"公说公有理，婆说婆有理"，那意味着就看谁会说，谁的表达能力强，真理于是变成一个虚无的东西了。在社会生活中，我们怎么判断一个人说的是真话，说的有道理，这跟客观性问题密切相关。

二　近代哲学在客观性观念方面的思考

我接下来讨论第二个问题，就是近代哲学的启迪问题，近代哲学是怎么讨论和批评客观性问题的。我主要讲三个小点：第一，贝克莱对机械论客观性观点的批评；第二，康德对客观性观念的分析；第三，黑格尔的分析。

贝克莱有一个很重要的观点，叫"存在就是被感知"。他是怎么提出来的呢？他通过对传统物质实体概念的分析，发现唯物主义机械论者坚持承认的物质实体本来是不存在的，人们关于物质实体属性所做的一切规定都是虚假的，它们不过是人的规定，事实本来是什么，人们不知道。他把"实体"概念已经打倒了，因此人们关于实体所做的一切规定都是虚无的。他所用的办法最简单，就是大家所知道的剥葱办法。洋葱就隐藏在洋葱里，但是我把它一层又一层的皮剥了，都不是洋葱，而剥到最后，什么都没剩下。贝克莱就用这个方法来说明物质实体不存在。为什么贝克莱的这句格言很难反驳呢？因为机械唯物论把物质实体理解为事物属性的载体，认为有一个东西被加上了各种各样的属性，它就是物质。如果说这就是实体，那么人们就问：这是个什么实体？你把一个东西的所有属性都去掉，它还剩下什么？结果什么都没有剩下，这就是贝克莱批评的意义。这里，物质实体的规定是错的，机械唯物论者就不应该这么规定物质实体。如果按这种方法来规定实体，人类只能面临一个虚无的、不存在的世界。

既然面对的是一个不存在的世界，那么你关于这个世界所做的一切是不是客观的，就显然无法回答。我们对一个不存在的东西说了一大堆话，后来发现所说的都是我们的看法，而不是世界本身所具有的。按照哲学教科书所说，物质实体有什么特点？运动，在时空中运动，运动还是有规律的。但是你想一想，物质实体都不存在了，这些规律还存在吗？当然不存在了，这不过是你的看法而已。

从正面来讲，贝克莱对物质实体的批评确实抓住了机械唯物论的要害。当然他也有错误，因为他并不理解"物质实体"概念本身所要说明的问题是什么。这个问题实际上是：一切被称为物质世界的现象，其存在根据是什么？如果你这样来问问题，物质实体就是存在的，跟上帝存在是一个道理。上帝存在是指上帝的规定性，而不是指他有形体。但是在很多人的宗教观念里，人们总是相信有那么一个实实在在的存在物，存在于某个我们可以看到的世界，这种想法的确是有些人理解上帝概念的思维方式。实际上在欧洲哲学里，上帝不过是一些最美好东西的化身，人类能够想象到的一切美好的东西都可以归结为上帝。这样一个上帝对我们人类来讲，就是人类行为的最终依据，因为人总是追求美好的东西，一切不美好的事情都要受到批判。为什么要受到批判呢？因为你和上帝的规定性不符。所以说贝克莱对物质实体的批评，表面上看是唯心论对唯物论的批评，实质是经验实证论对机械论的批评，主要问题是反驳机械论。

接下来我要分析康德对客观性的理解。在康德那里，"物质实体"和"范畴"这两个概念联系了起来。他的哲学始终保留"物质实体"这个概念，为什么？康德认为，物质实体就等于引起感觉的存在，没有这类实体的存在，人就没有感觉，因此为了保证感觉的客观性，就必须承认在感官之外还有一个引起感觉的存在物。但是他又认为，这样的物质实体是感官无法直接感觉到的，他于是得出一个最终结论：物质实体是不可知的。这就带来一个逻辑矛盾，它存在你又不可知，你怎么证明它的存在？康德仅仅得出一个逻辑结论，即引起感觉的实体的确存在，但这个存在到底是什么却说不清。这样的存在什么都不是，不是一个感官可以接触到的对象。康德的第一个原则是，要论证客观性必须承认"物质实体"这个概念。后来人们评价说，没有"物质实体"进不了康德哲学。究竟要不要这个"实体"概念，你不要它进不去，要了它又读不懂，所以这是他的一个问题。第二个原则是，人在经验中感受到的是一个无序的世界，但在人类为自然立法的含义上，也就是在理性思考中，人能够得到的却是一个有序的世界。怎么解释这个矛盾呢？人为什么能够超越感性的限制，而在思想中把握一个合理的有序的世界呢？根据是什么？康德说，因为你的思维方式是普遍有效的，你凭借你的思维方式就可以把感性杂多变成一个有序的世界。换句话说，人的知性所具有的普遍必然性范畴是保证人能够摆脱感性限制而走向客观有效性的一个必要条件。所以说，我们看到的世界都是无序的，我们想到的世界都是有序的。

你翻开自然科学家的理论，他们的书本里介绍的世界是非常有序的，先产生什么后产生什么，一个事件怎么开始，经历什么阶段，最后造成什么结果，都非常有序。可是在生活中，你看到的世界好像不是这么回事。举一个通俗例子，比如我在这张桌子放一台电脑，把一个刚出生的婴儿放在房子里，安装一个不会说话的机器人把这小孩养大，然后人们进来指着电视机问这个孩子："这是什么？"孩子最后能不能指着电视机说："这是电视机！"他不可能做到。这个例子反证了一个问题：人是文化的产物。这样就产生一个问题：人既然是文化的产物，那么人对世界的解释是不是带有某种文化的要素，如果带有，你怎么说明你的看法是客观有效的？所以康德的论证也成问题，说不可知的物质实体是支持客观有效性的前提，存在一个逻辑矛盾：一个不可知者是整个知识的前提，你怎么证明你的知识就是关于这个不可认识的存在物的性质？如果说我们知识的客观性规律依赖人的思维方式，实际上也成问题，你仍然是站在人的主观角度去分析知识的客观性，思维方式仍然是主观的。康德并没有说思维方式和人以外的世界是关联的，他不讲这个问题，因为物质实体学说已经限定了他的解释。因此，康德对知识客观性的论证也是无效的，尽管他在努力论证，但论证方法导致其论证本身的无效性。

接下来我们谈谈黑格尔。在我看来，在西方古典哲学里，黑格尔对客观性的论证应该说是理论力量最强的。为什么呢？因为黑格尔讲明了客观性问题是一个什么问题，怎样规定"客观性"概念才有助于我们解释这个问题，他在概念上把这个问题说清了。我们现在来看一看黑格尔对这个问题的分析。我先给大家解释一段黑格尔《小逻辑》中的话，导言里的这段话讲了关于思想客观性的三种态度。黑格尔说，近代哲学对客观性概念有三种理解方式,第一种指外在事物,客观性就是指外在的事物,以有别于具有主观意味的东西;第二种是康德所谓的普遍必然性,以有别于属于我们感觉的偶然特殊和主观的东西;客观性的第三种含义指思想所把握的事物自身。客观性是指思想所把握的事物自身,这句话非常重要。在黑格尔看来,客观性问题不是一个确认世界本身存在的存在性问题,而是一个我们如何判定知识的性质的问题。也就是说,当我们说一个知识是客观的,就是指这种知识表达了世界本身;如果你表达的不是世界本身,不是事物自身的规定性,而是你的主观想象,显然你的知识是主观的。现在的很多哲学文献,仍旧按照黑格尔批评的第一种和第二种来论证客观性。他们把客观性指向事物本身,就是真相,如果客观性就是真相,这里就产生了一个解释学问题:人能不能返回到事物本身。洪汉鼎先生就讲得很清楚,按照解释学的观点,我们永远无法返回到事物本身,我们只能接触到关于事物的文本给我们留下的东西。问题是你读到的是不是这个文本本身的客观意义。分析哲学可能会说,你这个问题没意义,既然能读到你读到的东西,你就不要去读你读不到的东西。维特根斯坦说过,"凡是不可说的东西,必须对之沉默",但这怎么可能呢!哲学家经常说一些我们说不清楚的问题,就是在不清楚的争论中,最后逐步清楚起来,都不说话,那最后怎么搞清楚。所以,黑格尔指出的第一种和第二种客观性概念,就是传统的旧的形而上学。他认为这两种观点都没有把知识客观性的问题讲清楚,唯有他讲清楚了。怎样的知识是客观的,怎样的思想是客观的?就是指你的思想把握到了事物本身的规定性。这个观点其实和唯物主义的一样,我后面再简述这个问题。

  我们在理解客观性问题的时候,要注意到黑格尔的启示。黑格尔告诉我们,知识的客观性问题不是你所指向的对象的存在或不存在的问题,而是你在思想中表达出来的那个东西是不是指向外在事物本身的规定性问题。比如,我们看神话小说,你要问孙悟空存在还是不存在,用这个问题讨论神话是真实的还是虚假的,就讨论不下去。我们不可能相信一个哺乳动物从石头中出来,我们的科学知识告诉我们一个哺乳动物不可能从无生命的石头中蹦出来,他必定有着特定的生物学来源,但这个事实并不妨碍我们读《西游记》的时候把孙悟空看成一个活灵活现的实际存在的神仙。在读文艺文本的时候,我们更关注文本所表达出来的意义通过什么方式被我们理解和接受。如果我们的阅读条件本身没有什么不合理的东西，我们就认为我们的理解是客观的，就是说对这个文本的理解是我的理解，并且这个理解不是我一个人的理解，凡是和我具有同样理性的存在者，可能都会这么理解。但事实不是这样，外国人读起《西游记》来就比较吃力。为什么呢？他不知道你在说什么，如果真有这个猴子，你给我找出来看一看，哪一年出生，他爸他妈是谁，他怎么会从耳朵里掏出一个棍子，迎风一摆就变成一根大棍子，把一切妖魔鬼怪都打跑了。这真不好理解，后来就只好说这是神话。但问题不在这里，而在于孙悟空的一切行为所表达的社会意义，这才是人们所真正关心的。黑格尔在这里强调的问题是，在谈论客观性问题的时候，你不要追问事物本身的存在性问题，而要追问思想本身的属性问题。贝克莱的反驳方式恰好是用事物本身的存在与否来反驳传统的客观性观念，黑格尔认为这根本没必要。为什么呢？因为物质实体指的是一切物理现象本身的根据，它不是指怎样的基本粒子演变出整个世界，后者的理解方式属于机械论。所以黑格尔根本不会认为现象世界的客观性在本质上是一个物质的东西。比如对于物质世界的无限性、宇宙的无限性问题，我认为要用精神的存在来说明，就是说，精神和物质的对立性恰好说明对方的无限性、不可规定性和不可限制性，这才是世界、宇宙的无限性的真实含义。

黑格尔对"客观性"概念做了自己的论证和理解，我认为很有道理。他首先用"本质"这个概念取代了康德的"物质实体"概念，这是非常重要的变化。近代机械论总想找一个实物意义的、占据一定时空的存在者来说明世界的因果性，但是黑格尔告诉我们，那样的路走不通，因为你总想在一个因果链条的前面和后面继续寻找原因和结果。大家想一想，亚里士多德在形式与质料的推理过程中，为什么要得出如下结论：必定存在着只是原因而不是质料的某个东西，也存在着只是质料而不是原因的某个东西。最后他把中间都去掉，只剩下两个概念：形式因和质料因，这就把"实体"概念转变成了有规定性的概念。什么叫有规定性，就是本质、实质和真理，它是事物存在的本性。

为什么说真理就是事物的本质？黑格尔强调事物的本质跟它的现象不可分割，大家都很熟悉这个观念。本质是现象的本质，那现象是什么呢？现象是本质的现象。希望大家注意"现象"这个词，我把它翻译成"显现"。什么叫现象，就是你眼中看到的这个世界。如果世界没被你看到，它叫什么呢？——物自体。你看我手中这只杯子，在你看见的时候它叫现象，看不见的时候就叫物自体。黑格尔对此做了新的解释，杯子的本质和杯子的显现二者不可分割，你不可能看到一个孤立的本质，也不可能只看到一个表象，黑格尔就这样把康德所谓的不可知世界打通了。世界不是不可知，只是人们把看到的世界和思想中把握到的世界在逻辑上区分成两个世界：一个叫本质世界，一个叫现象世界。现象没有表达出来的世界，我们必须通过思考表达出这个世界是什么，这样就把康德的不可知学说推翻了，不需要再考虑不可知的，你看到的世界就是这个世界。那么人们会问，这个世界之所以这样存在的理由是什么？黑格尔说，当你说出理由的时候，你就是说出了这个事物本身。问题是，你说出来的理由为什么是这个事物本身？马克思回答说，这不是个理论问题，而是个实践问题。恩格斯还说，如果你能够把某个东西造出来，就说明你对这个问题本质的理解是对的，而从自然科学角度来讲这句话没有错。今天我们使用的手机，那里面十分复杂，只要你能够把手机造出来，说明你对手机本质的理解是正确的。用本质和现象不可分割的思路去解释思想和思想对象之间的关联，这是很有启发性的。尽管你接触到的知识是人的主观生成物，但是生成的这个知识包含着不依赖于生成者的因素，至于那些因素是什么，则是一个科学问题而非哲学问题。

通过我刚才对贝克莱、康德、黑格尔这三个代表人物的分析，我们发现近代哲学提出的观点在我们今天思考客观性问题的时候仍有巨大价值和启迪意义。

三 重新思考客观性问题需要注意的几个方面

我最后简单谈谈第三个问题，关于客观性观念的方法论反思。首先，我觉得很有必要搞清楚客观性观念究竟是什么意思。二十世纪非常著名的一个分析哲学家叫艾耶尔，他给出的客观性观念的表述方式和恩格斯在《路德维希·费尔巴哈和德国古典哲学的终结》中的表述方式基本一致。艾耶尔、恩格斯加上黑格尔讲的"思想内容所把握的事物自身"，这几种表达方式虽然从语言上看不太一样，但是观点一致，即客观性问题实质上是思想自身的属性问题。我们讨论客观性就是追问为什么人的思想是客观的，为什么人的思想可以表达真理，为什么我们要相信人们所表达的那个东西，为什么不应该违背科学告诉我们的规律。所以，强调知识的客观性、有效性和真理性是同一个意思，就是知识所表达的世界并不取决于人们对它的表达。世界有自己的特点，不过是人采用哪种方式表达得更清楚的问题，这是艾耶尔的看法。我们在思考客观性观念的时候应该注意一个问题：怎么去界定客观性观念中的人是什么？这是当你谈思想客观性的时候必然遇到的一个问题。创造知识的人，究竟是个体意义的人还是人类意义的人？艾耶尔说，如果我们把人的因素加进对客观性因素的思考中，就必须关注提出思维框架的那一个人，或者是组成特定社会的一群人。到底是个体还是人类，从古典哲学来看，特别从康德的经验论来看，他强调的是个体，尤其在近代政治学说的范畴里，哲学家更强调个体。个体是什么？黑格尔解释说，实际存在的都是个体，不管是自然人还是家庭、社群、国家、民族、历史等其实都是个体，只有那些蕴含在个体之中的真理性的精神才体现了人类的要求。我们为什么要做这样的区别，为什么要区别个体和人类的差异性？因为从经验现象的角度来讲，存在的都只是个体。也就是说，人能够直观到的世界，能够参与到的世界，能够与之对话的世界，一定是一个个体。

为什么要强调知识的问题来自于个体，或者说人们在讨论客观性问题的时候，为什么要相对于个体来讨论客观性？因为哲学家强调人们在认识世界的过程中，由于个体的经历、接受的文化传统以及生活环境，决定了每个人看待世界都有自己的方式。不可能存在一个单一的真理性语言，单一的真理性观念，单一的真理性学说，它毕竟是世界性的，你追问哪个是正确的则没有多大意义，不利于我们日常生活和交往。只有容许多样性的观点都涌现在这个世界上，我们才可能在不同意见的争论中，寻找到更合理的东西，用中国话讲叫作"百花齐放，百家争鸣"，用西方人的话讲，就叫作"自由讨论，自由思考"。所以说强调个体性、条件性和特殊性这些相对性特征的时候，人们关注的是知识的可增长性、解释框架的时代性以及理解的多样性的根据问题。所以当代哲学家都比较关注对个体的分析，他们以个体为出发点，认为人类的解释框架是多种多样的，并不存在一个唯一客观有效的解释框架。那么这个事情有意义吗？从反对教条主义来说非常有意义，对于深受教条主义迫害的国家，这种思想肯定要广泛宣扬。但时间长了人们就在思考一个问题：如果没有真理存在的话，我信谁？我甚至连自己都不信，因为我无从知晓我信的那个自己是不是真的。康德说过，自由的本质就是人用自己的头脑去思考问题。这里于是产生另一个追问：当你用自己的头脑思考问题的时候，你依据什么原则去判断周围的事物？就是说，仅仅承认个体的积极价值还不够，还必须承认另一种存在的价值，那就是人类。按照亚里士多德的形式与质料的相对性的分类方法，整体与个体可以从不同意义上来理解。

比如说西北大学哲学学院是一个整体，哲学学院下面的系是一个整体，但相对于西北大学来说，显然哲学学院是个体，你可以一直往下推。然而，我们要承认有整体的存在是真实的。比如"2018级中国大学生"这个概念怎么理解？如果不是国家预先规定2018年要招几百万大学生，"2018级中国大学生"这个概念就无法理解。因此对于我们来讲，"2018级中国大学生"这个概念事实上先于被看成每个个体的大学生，由此可见类是存在的。但是，我们要注意类的存在从来都不是一个经验现象。比如杯子是个类，杯子这个类对我们来讲永远是头脑中思考的结果，而绝对不是一个看得见摸得着的东西。柏拉图就考虑这些问题：什么是事物本身？什么是理念？什么是共相？全世界所有类似于某一事物的对象，我们都可以用一个概念来表达。用某种材料制作的能盛液体的容器叫杯子，你做不到这一点，就不叫杯子。你要承认，关于杯子的逻辑和理论要重于它的诸多外在表现，你用什么材料造杯子跟杯子这个类本身并无多大关联。如果人造杯子的时候给底下钻个眼，这还叫杯子吗？为什么杯子不能钻个眼，因为它的规定性之一是容器，钻个眼就不是容器了，你违反了杯子的规定性。

类似的例子很多，法律和政治都有这个问题。我们把宪法称作最高法律，换句话说，凡不符合宪法规定的一切表现都是不合理的，对一个国家的尊重就取决于对宪法的尊重，如果你违背宪法，你的一切行为都被判定为不合法。很显然，相对于你的具体行为而言，宪法的规定具有优先性，这就是类、理念或共相的逻辑在先问题。就是当我们判定事实的时候，我们依据的是那个更高的东西，那个更高的东西就是我们所讲的整体性的存在，你只有服从于整体，个体的行为才能被合理化。如果每个人都按照自己的意愿去决定自己行为的话，结果一定会导致无序状态。在人们的实际生活中，谁跟谁的观点能完全一致？我的欲望和别人都一样是不可能的事，所以就得协调。西方人的做法是，大家坐在一起博弈，博弈到最后总能达到一个结果。那么问题在于，博弈到最后，谁的观点能胜出，往往还是强势者得胜。弱势者只能少量获胜，真正的强势者在性命攸关的问题上绝对不敢输，他一定会通过各种各样的方式把他的意见变成一种公共意见。这个问题很复杂，该怎么解决，世界上有各种各样的解决方法，每一种解决都有自己的特点和优点。

所以，我们在思考客观性问题的时候，强调个体性和强调人类性是不可分割的。当我们说明人类知识的多样性、能动性、创造性、可改变性的时候，我们比较注重个体性、时代性，但当我们强调知识的真理性和客观性的时候，我们更注重人类性。从主体的角度讲，我们到底怎么规定作为知识对象的人和作为创造者的人这二者的关系？我觉得，如果把这个问题说清楚的话，当代很多争论其实就平息了。现在谁都不可能说服对方怎么办？就是妥协和让步，每人都退一步。法国哲学家保罗·利科在他的解释学里曾经提出一个互补性观念，认为互相对立的观点都存在着互补性，这个互补性不是指各自的论点，而是每一种学说最原始的前提存在着互补。前提一旦互补，意味着你的理论一旦存在就是有缺陷的，这对任何一个哲学家来讲都是性命攸关的事。前提有问题不就等于整个理论都有问题吗？所以，你一旦接受对方的观点，就同时接受了对方的理论所预设的前提。保罗·利科在他那本《解释学和人文科学》的书里，所提出的这个观点非常值得注意。这是我讲的第二点。

我们需要关注的下一个问题，是怎样理解认识者与被认识者的认识分离问题。我前面曾说，当代哲学家批评古典哲学家把主客体割裂开来看待认识的可能性，因此他们主张从主客体统一的角度去解决认识的可能性问题。我的看法是，这种要求本身是合理的，因为毕竟必须承认，在历史的和实际的认识过程中主客体分不开，在认识人类社会的时候尤其如此。我刚才的一个观点是，认识者和被认识者是同一的，即认识者和被认识者都是人，二者在逻辑上是同一个概念。那么问题是，在承认人类的经验存在受时代限制的前提下，我们为什么要在逻辑上和理论上把认识者和被认识者分开来讨论？我以为，首先在于认识者和被认识者在认识关系中承担着不同的逻辑功能，就是说，主体和客体在认识论的讨论中分别承担不同的逻辑功能。在强调被认识者的独立自在性的时候，我们强调的是认识客观性的外在条件。我们承认在我们之外有被认识者，尽管这个认识是我创造的，但是我一旦创造出来，它对于我来讲就是相对独立的存在了。这样，我就可以为解释人的认识的客观性提供一个外在条件，外在的存在决定了我的认识如何可能。

康德在《纯粹理性批判》中论证为什么人没有绝对自由，为什么自然科学不能充分证明人是自由的时候说，在自然科学中，物质实体的存在是不可否认的。换句话说，人对世界的认识一直受着物质的牵引，你的所有结论都受制于对物质实体的存在的承认，那么怎样才能找到一个不基于物质实体的世界去说明人是自由的，康德就把人看作是道德的。其实，在道德世界里人的行为仍然受到限制，人不可能在完全不受限制的情况下去解释知识的客观性。我们需要这样一个被认识者的独立自在性，为什么又要承认认识者的独立自在性呢？康德认为，认识主体的客观性奠定了他的内在性的基础，就是说当我强调被认识者也是一个独立自在的存在之时，他就和主体经验中的思维方式发生了分离。人的经验中有一种思考，有一种考虑，但是我们往往不去说明它，而是去讲一个更普遍的东西。那么在拷问主体的客观实在性的时候，其实是从两方面来考虑的，一个是思维模式的客观性，这个康德已经考虑；另一个就是主体存在方式的客观性，这一点马克思讲得最清楚，后者是从经济、生产方式的角度论证人的客观性，我觉得我们今天应该注重后一种。我们在讨论人的存在，认识主体的存在方式的客观性的时候，一定不能回避马克思对这个问题的解释，马克思的解释是从生产关系、生产方式的角度来论证人的客观实在性，而不是用人的日常生活来论证，这是我们应该重视的一个问题。

请大家注意，这里讲的认识者和被认识者在经验事实上的不可分离性，同认识者与被认识者在逻辑上的可分割性是互为补充的，不能用一个否认另一个，尤其不能用前者来否定后者。当代许多哲学家就是用认识者与被认识者在经验事实上的不可分离性去否认在逻辑上把二者分开的必要性，他们总是强调两者的不可分割。但问题是，当你一旦讲主体的时候，他一定对应客体，你一旦讲认识者的时候，他一定对应一个被认识者。如果只有认识者而没有被认识者的话，这个认识就不成为认识了，他仅仅是独立地自在。所以从经验事实上区分认识者和被认识者毫无意义，但在理论上和逻辑论证上，我们需要把它们作为两个世界来看待，目的是说明知识客观性的外在条件和内在条件。

讨论客观性的时候还有一些其他问题。比如，我们为什么要追求多样性的统一性，为什么要坚持真理的唯一性原则，为什么应当承认理想境界的至上性及其存在的真实性。你只有从逻辑论证的需求角度去思考，这些问题的提出才是有效的；如果你从事实判定的角度去思考，这些问题都是无效的。所以，我们一定要注意，哲学关注的是逻辑论证的需求而不是事实判定的问题，事实判定是科学家的事情。至于科学家对事实进行判断的结论你认为对不对、合理不合理乃至于能不能这样说，这就涉及另外一个问题——我们对这些结论的客观性的判断问题，我在此不再赘述。

总之，我认为客观性问题是哲学发展无法逾越的话题。我们对人的生命价值的不断追问，对生活意义的不断思考，对人类美好未来的永恒追求，都要求我们对客观性问题做出深度思考，并给出符合时代要求的合理解释。可以说，对客观性问题的不断发问，是人类精神使命的重要内容之一。

（12月20日"名家讲坛"。录音整理：张婧妍；修改审定：王策）

文本诠释的有效性及其判据

傅永军[*]

谢谢各位老师和同学们的出席。承蒙院长学广教授的盛情邀请,来跟大家交流一下我最近的研究。

一

我早期的学术重心是在德国哲学,主要以康德哲学研究为主。后来是从康德哲学拓展到哈贝马斯哲学。大概从 2002 年开始,整个学术的重心转向诠释学。从西方诠释学研究介入,关注的中心问题拓展至中国诠释、经典诠释传统现代转型以及中国诠释学的建构等问题。这几年的工作主要放在这几个问题上面。所以,近年来发表的论文,一个集中点是儒家经典诠释问题,以东亚儒家经典诠释问题为中心对中国经典诠释传统作个案研究。自 2002 年开始与台湾大学特聘讲座教授黄俊杰先生合作,举办第一届"诠释学与中国经典诠释"学术研讨会以来,几乎每年都与国内外诠释学研究机构合作,先后在中国大陆、台湾地区、澳门地区等地和美国合作主办或协办"诠释学与中国经典诠释国际学术研讨会",迄今已经举办 15 届。现在这个主题明确的研讨会已经纳入中国现代外国哲学学会诠释

---

[*] 傅永军,山东大学哲学与社会发展学院教授,博士生导师,享受政府特殊津贴专家,中国诠释学研究中心主任,兼任中华全国外国哲学史学会常务理事、中国现代外国哲学学会理事、中国现代外国哲学学会诠释学专业委员会召集人、山东省哲学学会副会长。主要著作有《控制与反抗:社会批判理论与当代资本主义》《法兰克福学派现代性理论研究》《启蒙、批判诠释与宗教伦理》等。

学专业委员会的学术活动序列，成为每年一度的诠释学专业委员会学术年会的研讨主题。2003年我们山东大学中国诠释学研究中心创办的《中国诠释学》学术集刊，也将这个学术议题作为关注的中心议题之一，联络汉语学界从事诠释学和中国经典诠释传统研究的广大学者，通过学术研讨和论文发表，致力于解决"是'诠释学在中国'还是'中国诠释学'"这个关键问题之争。今天我拟与大家分享的就是我最近完成的一个研究，它涉猎的是文本诠释有效性问题。

先说明一下我关注并积极介入这个问题讨论的缘由。中国社会科学院前副院长张江教授近年来倾力于中国诠释学研究，当然张江教授不用"中国诠释学"字眼，而是将其称之为"中国阐释学"。他发表了一系列文章，提出"强制阐释"和"公共阐释"两个重要概念，以分析倡导"公共理性"概念为基础，研究阐释的公共性和有效性问题。张江教授强调实现公共阐释需要相互倾听，彼此协商，平等交流，以达成共识，实现阐释的有效性。更进一步，张江教授提出，应从中国古典文化资源特别是阐释学资源中汲取智慧，在批判借鉴西方诠释学理论有益部分的基础上，建构中国当代阐释学理论。为实现这个宏大的学术目标，张江教授发起了学术界不同领域学者多次围绕强制阐释和公共阐释问题展开高层学术对话。2017年8月在广州，张江教授主持召开了一次诠释学方面的高端学术研讨会，会议名称为"公共阐释：中国阐释学的理论建构"，邀请国内从事诠释学研究的代表性学者就诠释学相关问题以及他提出的"中国阐释学"建构议题进行对话。在这次会议上，我所做的会议发言题目就是"公共理性与公共阐释的有效性"，就诠释学所涉及的文本诠释相关问题，具体说，是就张江教授在《公共阐释论纲》一文中重点关注的文本诠释的有效性问题发表了自己的看法。张江教授的文章发表在《学术研究》2017年第6期。而我在会议上的发言后来经过整理，保持会议发言原来的题目，发表在《江海学刊》2018年第2期。我现在准备与各位老师以及各位同学交流的就是上面所提到的那篇文章所讨论的学术议题，不过又加入了我最近的思考，应该是上面所提到的那篇文章所阐发观点的进一步拓展。

我有关文本诠释有效性的思考，整体思路是将这个问题引入哲学诠释学视域加以处理。因为，只有与哲学诠释学关于（文本）诠释的观点相对照，我们才能更为清楚地看出从其他诠释学立场出发，解决文本诠释有效性问题可能会遭遇到一些挑战，碰到遇到一些难以克服的困境。或者说，其他诠释学理论所提出的有关文本有效性的解释理论会遇到自身逻辑不能自洽这样一种窘境。为了方便各位老师和同学们能够更好地理解这一点，我先将哲学诠释学有关文本诠释有效性的基本观点摆出来。

二

哲学诠释学坚持文本诠释的历史性原则，强调理解活动中前见的基础条件作用，主张理解与诠释是一种效果历史事件而非是一种认知后果。所以，按照哲学诠释学的要求，文本诠释活动不仅要让文本进入诠释者所身处的具体历史情境之中，而且要把文本的问题和所欲表现出来的意义作为诠释者自己的问题和自己所欲表现的意义。对文本的诠释不是去理解文本由作者所赋予的意义，也不是要接近那种让文本脱离诠释活动和被诠释的历史语境而能够存在的自在意义，这种自在意义往往被称之为一种能够被理智的理解活动所洞察到的，因此必然能够被人人所承认的知识、真理或被称之为"客观"认知结果的那类东西。我们以历代儒者对《论语》中的重要概念"仁"的理解为例。《论语》是历朝历代中国儒者最为关注的经典文本。在经学时代，中国学问的一个重要部分就是通过记、传、说、解等方式，以注疏为主轴，经、传合体，打包处理《论语》中的概念、命题，促进《论语》这个古老文本向着当下开放意义。所以，无论是先秦时代的孟老夫子，还是独步天下的理学大师朱熹，以及现代港台新儒家诸位大德贤达，希望得到"仁"在孔夫子那里的原意，或者得到关于"仁"的普遍的客观义，并不是他们所思所想的重心。他们也不是想去用自己的诠释证实"仁"必须亦步亦趋地按照孔子的理解去理解而无视时代的变迁，历史的变化。他们的诠释是为了切合自己的时代需要去诠释出"仁"这个概念的新意，建立能够将"仁"价值和意义在自己时代能够敞开的新的"仁说"。实际上就是"仁"这个概念的"理一分殊"，或者从本质上为"一"的"仁"，流溢出多样性的解说。这种流溢不仅不会减损"仁"概念的光辉，反而会更加丰富拓展"仁"概念的真理性内涵。所以，孟子对"仁"有孟子的诠释，朱子有朱子的诠释，港台新儒家诸位大哲也各自有自己的诠释。也正是因为他们能够切合时代的语境赋予"仁"这个概念以新意，所以，他们个个都成为了伟大的哲学家。否则，他们就是孔子思想的传声筒，至多被看作是一位有才华的哲学史家。萧规曹随不适合文本诠释。创造性诠释才是文本诠释的当然之义。

  这个事例告诉我们，对文本的诠释不是去还原文本原意，不是去重复已有的诠释或者证实被普遍接受的诠释，而是要给出一个新的诠释。产生《论语》的时代一去不回，《论语》必然要进入与自身产生的时代不同的另一个时代。《论语》的诠释者也是如此，不同时代有不同时代的《论语》诠释者，他们各自会进入一个属于自己的时代，《论语》的诠释者必然要在各自的历史时代去诠释它。当然，不变的是《论语》的文本，但这个不变是《论语》文本所负载的"事情本身"，而《论语》文本却不得不让自己"事情本身"不断地进入不同的时代，面对不同的诠释者。一个伟大而杰出的文本总是能够相对于不同的时代，让不同的诠释者诠释出不同的新的意义。否则它就不能进入当下的时代，应对因时代变迁而产生出的新问题而发挥经典的"解惑答疑"作用。经典文本总是可以被带入当下区别于自身生成时代的历史语境中，也是在这种历史语境变迁中才有了被诠释的可能性。文本诠释追求文本的自在原意而不是新诠释的意义，不仅不可能，而且会出现所谓适应原意的历史环境已经变化，其意义无法落实这种难题。我的意思是说，如果我们按照普遍诠释学的要求将对文本的诠释放在解释文本客观自在意义的理性认识中，让诠释者的理解活动受到特定的认识方法的限制和规约，让所谓文本的原意限制诠释者对文本的诠释，诠释活动是"返本"而不是"开新"，就是借用普遍诠释学心理移情方法我们也无法消除我们与经典之间必然存在的时间间距，加上不同的诠释者对文本的自在意义有着不同的理解，公说公有理，婆说婆有理，打破头也难以定于一尊，如何谈得上突破限制而使得对经典的诠释获得新意？如果让诠释者对经典的诠释受限于原意，被自身所处诠释学处境所限制的诠释者，由于与经典文本存在着时间间距所导致的陌生性，是很难接近经典文本的原意本身的，而且，什么是经典文本的原意，就是一个说不清道不明的难题，诠释者意见纷纭，歧见四出，谁也难让别人接受自己的解释。如果坚持文本诠释必须追随文本的自在原意，那么如此生成的文本诠释不仅是主观的诠释，而且还是一种独断的诠释，它必然带来文本诠释问题上的无政府主义。如此情况下，文本诠释的价值在哪里？又如何谈得上诠释的真理性？一种价值无处落实，诠释共识无法达成，解释的真理性无法实现的文本诠释，难道不是一种无效解释吗？

所以，我们只有回到哲学诠释学立场，才能破解这个难题。哲学诠释学强调文本诠释活动中的历史性原则，强调文本诠释不是追求文本的原意，而是将被诠释的文本带入诠释者所处的历史的特殊情境中给出一个新诠释。对文本的真理性诠释就以不同的方式在不同语境下对文本做出新的诠释，就像伽达默尔说的那样，仅当文本每次能够以不同方式被理解时，文本才可以说得到理解。一个对文本做出了理解的诠释就是有效诠释。文本诠释总要追求诠释的有效性。那么，如何理解文本诠释的有效性？如何判断诠释者对文本的诠释是有效的？当普遍诠释学主张和哲学诠释学主张在此相遇，分歧明显出现的时候，这个问题就越发具有讨论价值，成为诠释学研究中需要优先给予关注的问题。

三

我的演讲好像在这里才进入正题。那就让我们从澄清两个概念入手进入正题。我要澄清的两个概念，一个概念是"text"即"文本"概念，一个概念是"validity"即"有效性"概念。首先谈谈"文本"概念。在我的概念里，文本并不单纯指称着一本印刷着有意义文字的书籍，它是一个宽泛概念。狭义上我接受法国哲学家保罗·利科关于文本的定义，将其主要解释为那些由书写固定下来的任何话语。这些固定下来的话语是为了记录意义，因此，对于文本的作者来说，文本是为了用话语凝固意义，对于诠释者来说，文本能够向他们敞开意义。但是，从诠释学立场出发，利科并不坚持对文本的这种狭义理解，因为这种狭义理解会大大限制诠释学文本诠释的意义。所以要拓展这个概念的内涵和外延，不能仅仅将其局限为文字作品。一棵树啊，一座山啊，一条河啊，这种自然对象也有被诠释的意义。一种规章制度，法律条文、道德规范乃至于社会的政治、经济制度等都具有被诠释的价值，有不同的意义理解。也就是说，人世间许多非文字凝聚而成的东西同样可以被当作文本，承载着意义，传递着价值，需要被理解，被诠释。所以，文本代表着比纯粹文字所表达的东西更多的东西，其形式更加多样，有自身的结构、规则并且是一种开放的意义系统。文本当然可以是某种心理状态、某种个体生活、某种制度结构和某种历史情况的表达，它完全以其他形式，如行为的形式、被赋予意义的象征系统的形式，甚至以梦和无意识的形式呈现出来。一句话，只要是能够承载、传递和创造意义的东西，都可以被称之为"文本"。

再说"有效性"概念。我基本上是在文本诠释能否开放出有关文本意义的新理解这个意义上使用有效性概念的。我把文本解释为意义载体，诠释活动就是要揭示文本的意义。文本总有制作者，我们当然相信制作者有着自己对文本意义的个体理解，他甚至有着将这种自己的理解变成文本不变的普遍理解的理想。但是，我们知道，作品总要表达"什么"，这个"什么"不是制作者主观意识的生成物，尽管制作者有着将其规训为自己主观意识物的强烈意向。这个"什么"就是诠释学所说的"事情本身"，在自己的历史存在中和通过自己存在的历史性如其所是地自我展现出来的东西。通俗点说，就是由自己所处历史语境所决定的自身所应表现的那个样子。所以，制作者不决定文本的意义。文本的意义总是历史地存在，它的意义会不断处在增加之中，而制作者加在文本上的主观意图会越来越稀释，越来越变得无关紧要，可有可无。一个文本越古老，越经典，它所谓原始的意义就越不重要，也就更没有理解的价值。不断追问文本的自在意义，不断想进入制作者的心灵，打开他赋予作品的隐秘信息，是得不到诠释学从哲学根基上提供的支持的，也没有诠释学史的依据。这说明什么问题？这说明一个对文本所进行的有效诠释不是追索文本自在意义的诠释，而是顺应文本进入的历史语境对文本进行一种历史性的理解，从而阐释出来新意义。

我现在人在西安，就以夜游西安的一个经验为例，对上面的观点进一步加以阐述。昨晚我夜游西安的钟楼和古城墙，那里流光溢彩，灯火辉煌，煞是壮观，真的有13朝古都之大气派。尤其是古老的钟楼和城墙上挂满了大红灯笼，一派中国古风。在重要节日和重要的日子，在重要的建筑上挂上象征着红红火火、吉祥如意的大红灯笼是我们一个重要传统，一个重要事件。我们把这个事件当作一个文本来分析。我们的理性告诉我们，逻辑上有这样一种不能排除的可能：在很久很久以前的某一个日子里，有一个人或者一群人，在某一座或一组建筑物上（或者别的东西上）

挂上了一种被称之为"灯笼"的东西,他们挂这些灯笼一定有着自己的目的,并用挂灯笼来表示出这个意图。这肯定是一件有意义的事件。它延续到今天,西安城在钟楼和城墙上挂起来灯笼。如果我们问,为什么要挂灯笼?哲学点问就是,挂灯笼这个事件有什么意义?在此地此时此景下,你会给出什么样的解释?难道你会追溯第一个挂灯笼者赋予此事件的意义,然后给出一个解释?这不仅是不可能的,而且也对于解释现有现象是不充分的,或者说是不合时宜的,属于一种无效解释。此地此时此景下,或许一个更具有时代感的解释才能将我们看到的西安钟楼和城墙挂灯笼事件的意义解释出来。西安是中华文明和中华民族的重要发祥地,是代表着中国传统的历史文化名城,它的文化遗存具有资源密度大、保存好、级别高等特点。这些保存完好的文化遗产因素虽然对国内外游客来说已经有着很强的吸引力了,但是,在西安钟楼和城墙上挂灯笼,对于进一步营造这个国际旅游目的地城市和谐、欢快、喜庆的气氛,展示中华文化的魅力,丰富旅游文化内涵,提升城市的文化品位,满足市民的精神文化生活,进一步提升城市对游客的吸引力等等,依然有着重要的意义。可见,对文本意义的有效诠释是一种与时俱进的诠释,而不是回归不可还原的死寂历史的诠释。

　　有效的文本诠释遵循的是哲学诠释学的历史性原则,追求的是文本诠释的"视域融合",实现出来的是文本诠释的"效果历史"。但主要是从诠释者角度说的。文本诠释有效性还有一个接受者或者说读者角度。我们都有这样一种直接经验:对一本书、一个事件、一种制度或一种规则,有许多诠释者给出了诠释,我们会问,谁的诠释更合理?我们应该接受谁的诠释?所以说,文本诠释活动是一种涉及多方关系的行动方式,除了文本和诠释者之外,它还有接受者,因为任何一种诠释活动都不能是诠释者的独白活动,诠释者面对文本要解释出文本的意义,它是向着阅读者去言说的。从这个意义上说,文本诠释的有效性最终是通过接受者的接受才得以完全的实现。

　　从接受者角度说,一种文本诠释之所以被认为是有效的诠释,不能是诠释者单方面独白形成的诠释,而应该是通过诠释者和接受者对话形成的诠释。诠释者与接受者之间必须形成一种对话,一种相互影响关系。诠释者和接受者被抛掷在某种诠释活动中,进行对话。通过对话,诠释者与接受者进入共同的历史语境之中，形成相互影响关系，接受、修改从历史传统中流传下来并在诠释者和接受者关系中表现出来的各种有意义的观点，从而各自发生立场转变而走向亲和，达成视域融合，让被诠释文本的意义显现出来。这就是说，为了达成文本诠释的有效性，要求诠释者和接受者作为诠释活动的两端，必须进入一种理性对话状态之中。诠释者不能信马由缰，让自己的主观识见驾驭文本的历史语境，不顾历史语境地自说自话。需要注意的是，这里所说的主观识见不是诠释者历史承受的权威意见和前理解结构，而指的是来自自己意识的臆想物，这种主观识见不仅诠释者有，接受者在接受关于文本的意义诠释时也会有。诠释者对文本意义的理解是在前理解结构下才能发生的，因此，诠释者必须清楚，他只有进入文本意义发生的诠释学语境，文本意义才能敞开，决不能依靠自己强大的理性主观地将意义给予文本。文本诠释是一种历史性解释，不是诠释者主观的赋义行动，它不能走康德式先验建构路线。因此诠释者要克制自己的主观性，要学会理性地能顺应文本的历史处境说话。对诠释者提出的理性要求同样适用于接受者。对接受者来说，同样有一个理性地接受和理性地拒绝问题。接受者接受一种文本解释或者拒绝一种文本解释都必须是根据自己的理性作出判断，他需要摆脱那种并非属于理解可能性前提的前见而只是作为接受者主观意图的东西对自身的干扰。所以说接受者在有效的文本诠释形成过程中也不是被动的，没有他们的参与，可能会产生一种文本意义的诠释，但很难说是一种有效的诠释，特别不能说是一种对时代有影响的诠释，一种对文本不断增益自身意义的诠释。这里令我们感慨的是，我们发现，文本诠释不仅指向文本的意义理解，而且还指向诠释者和接受者的自我理解，通过他们各自的自我理解达成他们之间的相互理解。这就为在诠释者和被接受者之间建立起有效的对话关系提供了理性根据。从这里也可以清楚地看出"教化"概念的确应该在诠释学中占据举足轻重的关键地位。

"教化"意味着一种人格的提升，即将自身从一种特殊状态向着普遍状态的提升。教化区别于教育，教育是教给受教育者以自身没有的技能和知识，教化则是人自身普遍性的养成。也就是说，教化既不是将一个个性移情到另一个个性之中，也不是使他者受制于自己的标准，而总是意味着向一种更高的普遍性的提升，这种普遍性既克服了自己的个别性，而且也克服了他者的个别性（伽达默尔语）。它教会受教化者正确理解自身，它使得受教化者能够超越自身的特殊性，承认异己的东西，承认他者，保证关系双方彼此间能够展开理性的交往，寻找普遍的观点，最终放弃自身主观性而追求有交往理性支持的相互承认。这是诠释学中最重要的一个观点，通过自我理解达成相互理解，最终在文本理解上达成一种基于理性对话形成的共识性，在相互理解视域中达成不同视域的交汇融合。当然，我要强调指出，我这里所说的理性是一种通过对话表现出来的带有哈贝马斯所说的交往特点的理性，而不是通过理智推理表现出来的理性，更不是康德意义上的无历史的纯粹的形式化功能理性。由这种理性所支持的普遍性是历史实现出来的一种普遍性，而不是抽象的先验的普遍性。文本诠释所要求的那种理性诠释，以及接受者对诠释出来的文本意义的理性接受和理性拒绝都以这种理性为根据和基础，从接受者角度看文本诠释的有效性，无非就是一个通过理性对话理性地接受和理性地拒绝对话生成的文本解释问题而已。这里强调的是两个方面：一个是对话造就融合的视域而生成对文本的新诠释，一个是正像诠释者是理性地给出文本的意义诠释那样，接受者也是理性地接受或者理性地拒绝对话生成的文本意义，同样都是一种理性行动。当然不是一种纯粹的理性行动，而是一种在历史的特殊语境中发生的历史理性行动。这种行动意在完成文本意义诠释与接受在诠释者和接受者对话关系中得以实现出来的共识性要求。

四

那么，如何理解我这里所说的文本诠释的共识性要求？传统意义上的文本诠释的共识性要求指向的是诠释结果的共识性，即表达的是这样一种认知：通过理解呈现出来的文本意义，在诠释者和被诠释者那里借助协调一致的理智活动获得对文本意义的一种共同理解。文本意义诠释的共识性是在诠释者、被诠释者以及接受者的相互作用中通过普遍化的方法被理智规定的一种意识后果。用张江教授的话表述大体是这样一种意思：在理解和交流过程中，理解的主体、被理解的对象，以及阐释者的存在，构成一个相互融合的多方共同体，多元丰富的理性活动由此而展开，阐释成为中心和枢纽，其公共性被托付给理性。然而，这种理性本质上远离哲学诠释学所说的那种托付给历史原则的处境性理性，而是一个纯粹的理性，一个不受历史传统影响的意识，这种致力于剔出前见影响的理性，企求通过纯粹的理智活动和意识的自我反思活动，得到历史性文本的绝对知识。然而这里依然有一个时间间距问题。与当代诠释者处于完全不同的历史文化语境中的文本，在时间流逝的长河中，已经将文本原创时期所负载的原始内容与文本内容的当下表现相分离，文本意义的当下表现由于不断地进入不同的历史语境，得到不同时代诠释者的诠释而大大拓展、丰富甚至转变而成为别样的意义内容。诠释者只能在效果历史的居间传达（中介）作用下，让文本的意义当下发生。这里最关键的问题是，文本意义在当下视域中如何召唤诠释者和接受者，文本意义已经成为当下我们理解的意义。如此情形，除了要求一切与文本诠释相关的诠释者和接受者尽量缩小视域差异而求得理解视域的交汇融合，怎能要求持有不同价值态度和具有先行不同的观念的人们对文本的意义有着共同理解，又怎能要求人们同样地越过历史间距，同样地进入文本生成的历史语境，同样地进入文本或文本作者的精神世界，而获得与文本相同的历史感以及精神体验呢？所以，文本诠释活动所要求的共识性决不能指向诠释的结果，即不能理解为诠释活动关涉着纯粹理智活动的结果。一句话，如果将共识性要求指向文本的客观性要求，那么，通过诠释揭示完全无关于诠释活动历史性而内在于文本的"客观真理"的可能性就只能走诠释的"心理学路线"和"语文学路线"，通过心理移情进入文本作者的心灵，通过考古式广泛挖掘，搜罗套用各种历史事实以及语言使用，考据文献来源及文法词语变化，以返回文本的历史原貌状态，恢复或者"重新发现"文本的原始意义。这种做法不仅已经被诠释学史的发展所证伪，而且也是对诠释学的最大贬损，它将诠释学移出真理的逻辑而不折不扣地将其沉沦为知识论的辅助工具。

因此，我们应该将文本诠释的共识性要求置入哲学诠释学视域中加以理解。在哲学诠释学视域中，文本诠释的共识性要求指向诠释者和接受者相互间的"视域融合"。共识性要求不表现为理解结果在理解活动所涉及的双方之间达成一种理解上的一致性，它不是在诠释者和接受者之间实现的那种理智上交汇达成的共同承认，而是诠释者和接受者作为理解活动的实际参与者，双方原本因为各自所处历史的特殊语境的差异而必然存在的视域区隔，在理解活动中其差异不断被取消而实现视域的融贯。更明白一点说，文本诠释所要求的共时性通过视域融合实现，是理解活动所涉及各方通过诠释活动，原本有着各自局限性的视域化解分歧意见和消除差异，构成一个更具有包容性而能容纳不同视域的特殊性这样一种融贯性视域的结果。

大家可以看出，我这里对文本诠释共识性要求的理解不是认识论意义上的，而是存在论意义上的，主要谈的是文本诠释共时性要求得以实现的条件性前提。这实际上是哲学诠释学所强调的理解的应用特征在文本诠释上的体现，解决的是伽达默尔所说的如何把某种普遍东西应用于某个个别具体情况的可能性问题。这个问题的解决意味着我们借助哲学诠释学完成了对文本诠释有效性问题的回答，也就是说，我们从一种文本诠释是理性对话出来的新诠释，和一种文本诠释是可以实现共识性要求的诠释两个方面回答了文本诠释有效性问题，它们构成了研判文本诠释是否有效的判据。这样两个判据强调了文本诠释的意义或者有效性主要通过诠释的合理性、新颖性，以及理解与诠释过程中的视域融合来达成。文本诠释是否有效，不仅取决于诠释者给出理性的新诠释，而且取决于接受者对给出的文本意义的接受或者拒绝是出自自身的理性立场，而诠释者和接受者直接在文本诠释问题上的理性交往是通过他们之间的视域融合实现出来的。

所以，我在这里再次强调。有效的文本诠释不是去还原文本的自在意义，因为文本诠释的历史性要求已经使得文本的意义与想象中的文本的原始意向相分离，文本的意义是文本中的那个"事情本事"作为普遍的东西被应用于特殊语境中，通过不同理解在不同历史条件下生发呈现出来的。诠释者不能返回历史遭遇文本的原始意义或文本作者的意图。诠释者只能得到一种由于对文本的历史解释而丰富了的、并在相应的历史文化背景中敞开的意义。所以，有效的文本诠释一定是一种对文本意义的新诠释，而这种新诠释一定建立在诠释者和接受者对话基础上出自理性的诠释。这种理性的诠释必然要对诠释者和接受者提出同样的理性约束。也就是说，一种有效的文本诠释应当同时获得诠释者和接受者双重视角的认可。合理的文本诠释意味着诠释者对文本意义的诠释理据充分，而接受者也能够从理性角度提出理由，或接受或拒绝进入自己视域中的文本之意义诠释。相互性理性要求就这样规范了诠释者和接受者两层关系，从诠释者角度看，它要求诠释的正当性必须为接受者的理性所认同，诠释的有效性表现在，其应当被接受者和诠释者所共同接受的理由所证成。因此，从诠释者立场看，在诠释过程中应用理性主要不是为了证成意义诠释的真实性，而是提出让参与诠释对话的另一方接受意义诠释的有说服力的理由，为诠释有效性提供根据或者基础。而从接受者立场说，接受者必须理性地参与意义诠释过程，遵行理性所提出的有关诠释对话的论辩义务，也就是说，在涉及文本诠释的接受与拒绝时，必须放弃自己的形而上学哲学—宗教立场，将自己的行为纳入理性的论辩规范之中，成为一种理性行动，因此在接受和拒绝发生时，当理解出现歧义时，有义务向对话一方或者提出质疑者解释自己接受和拒绝的理由。这种义务是道德义务，而非法律和政治义务。若诉诸法条和政治权威，就会违背自由论辩之理性天条。

诠释者、接受者围绕文本诠释理性地互动，诠释者对文本的理性诠释，接受者对文本诠释生成出来意义的理性接受或者理性拒绝，是在双方构成的对话关系中进行视域交换。起初他们各自根据自己的视域理性地看待文本诠释，或多或少两种视域会存在差异。结果，两种视域一照面就是将差异显现出来，双方对文本意义的理解只在自己视域中有效。这样文本的"事情本身"作为文本意义或者真理，就会将自己向着诠释活动的相关者显露出来，从而提出修改诠释活动参与者的前见，删除那些不会产生文本意义但却会遮蔽文本意义的前见。一来一往，往复循环，使得差异的视域不断趋向一致，最终达成不同视域的融合，不仅生成普遍的视域，满足文本诠释共识性追求，而且还会使得诠释活动参与者理解没有融合之前的视域是偏颇的、有限的和特殊的，无法满足文本诠释的真理性要求。文本的真理性要求或者意义敞开只能通过视域融合生成的普遍视域获得。

五

与各位老师和同学们的交流到这里，我关于文本诠释有效性及其判据的观点基本交代清楚了。我的演讲中止在此也未尝不可。但是，我觉得有两个问题还需要再交代一下。一个是有关文本诠释有效性的传统判据为什么要放弃？它的问题出在哪里？一个是这里努力论证的文本诠释有效性判据有什么优势？它会给文本诠释带来什么？

我们经常说的文本诠释有效性的传统判据，对文本诠释提出了两个方面的要求：一个是文本诠释是对文本内含的那种不会因文本所处之诠释情境的变化而改变的、自在的、实在的意义所进行的理性诠释；另一个是有效的文本诠释应当为文本诠释活动参与者所组成的理解共同体所认可和接受。前一个要求与文本诠释的"真理性"相关，后一个要求与文本诠释的"合理性"相关。真实性意味着对文本的确定涵义——亦即文本的自在意义——的理解阐明，而合理性则强调诠释结果必须来自于理性指引下的阐释共同体的一致承认。但是，仔细考量一下，这两个要求中的"真理性"要求是一个无法满足的强要求。文本诠释能够满足的判据只有"合理性"这个判据。为什么呢？原因在哪里？这与我们时代的多元化、离散化，存在"理性多元主义事实"这种无可逃避的现象直接相关。

理性多元主义是现代社会实际状况的一种真实写照。民众在现代性秩序框架下自主运用理性能力形成多种并存的价值观，并通过宗教、哲学、道德学说等不同形式表现出来，展现为一系列各不相同的完备性学说。任何经由理性洗礼的完备性学说都有其存在的正当性，但却不能企求得到各自持有自身价值观的公民的普遍承认。也就是说，这种理性多元主义并不仅只存在于某一个时代或者场域，它作为民主社会的一个永久特征，具有可持存性的特点。如此一来，回到有关文本诠释的真实性要求，便会发现其与理性多元主义事实的不兼容。当持守着不同完备性学说的诠释共同体针对文本进行理性诠读时，由于其所处之立场完全不同，因此如何判定乃至寻求为不同诠释共同体所认可的真实诠释，就变得十分困难。

不仅如此，伽达默尔哲学诠释学告诉我们，任何一种理解活动都是受理解者前理解结构也就是前见的支配，前见从一开始便影响着诠释者的意义理解趋向，预先实施了对可能理解的筹划。也就是说，诠释者对于任何文本的理解必须进入到由无可逃避的前见所构成的诠释学处境才能形成对文本的一种有理性根据的理解。伽达默尔有言如此：一切诠释学条件中最首要的条件总是前理解，正是这种前理解规定了什么可以作为统一的意义被实现，并从而规定了对完全性的前把握的应用。这句话通俗点说，就是任何理解行为都是基于诠释者的前理解而展开的一种在"偏见"支配下的行为，根本谈不上客观理解和无偏见地把握文本意义。真实诠释唯有借助合理诠释才能获得其有效性，然而，诠释学的前理解结构之于理解的优先性，和理性主义事实的存在都表明，合理诠释并不保证唯一解释的出现，更何况是真实诠释。一种真正的文本诠释，其有效性应该在诠释者与接受者的对话中、在诠释共同体的沟通中互动完成，它展示为基于可错性之上的对更好理由因而也是更好理解的共同追求。由此可见，无论是理性多元主义事实的存在，还是有关前理解结构的诠释经验，都表明将诠释的有效性与一种实体主义的完备性学说、文本的原意以及诠释者的确定性诠释等联系在一起，必然要面对不可超克的理论难题。难题无解，放弃文本诠释的有效性的传统判据就成为一种自然而然的行动。

现在回答最后一个问题。我一直在强调，一种真正有效的诠释理论必须基于理性的程序使用，在对话中改变文本诠释活动参与者的视域，放弃偏狭、有限、特殊的视域而进入一种普遍的视域，并在视域融合中生成文本的真理性诠释。所以，我在这里再次强调，文本诠释的目标不是造就一种对文本意义的真实诠释，而是在诠释共同体中通过理性论辩走向视域融合，达成相互理解，使得对文本意义的诠释表现出合理的可接受性。这种将真实性要求从有效性标准中分离出来的做法，非但不会影响文本诠释得以可能的根基，反而为其提供了适应于多元社会情境的建构方案。唯有如此，文本诠释才能将自身理解活动所具有的可公度性、反思性和建构性价值实现出来。

首先，文本诠释中作为理性使用之有效性标准的判据真正实现了与公共性的有效连接。虽然不可否认的是，公共性在很大程度上都与政治领域相关联。以哈贝马斯为例，他的公共性往往是在下述意义上得到理解的："对所有公民无障碍的开放性、公众在公共领域内对公共权力和公共事务的批判性，以及遵循自由、民主、正义原则进行理性商讨所达成的可以促使独立参与者在非强制状态下采取集体行动的共识。"（见我的文章"传媒、公共领域与公众舆论"，载《山东视听》2006 年第 1 期）然而，正如哈贝马斯的考察的起点是文学公共领域一样，政治领域并非公共性的唯一展示场域，而只是哈贝马斯更为关注的场域。因而，一种具有公开性、批判性和理性化特征的公共性概念与文本诠释的交迭并非不可能。而当我们将"文本诠释有效性判据"的两个基本条件作为文本诠释的有效性要求时，开放的、反思的理性视野便已经打开。可以说，正是这种开放性视角为所有意愿进入到诠释共同体的个人提供了平等的对话机会。在由此形成的诠释空间中，每一位诠释者作为自主的理性主体就诠释对象充分表达个人的观点，提出接受或反驳理由，同时也承担着响应他人质疑的义务，由之达成理性共识。这种共识具有最广泛的认同基础，成为在所有参与者之间共同分享的、可公度的诠释结果。

其次，当诠释者和接受者就同一论题展开论辩时，对各种质疑和拒绝的理性响应意味着批判视角的介入。当然，细致讲来，这种批判性可以从两个角度进行理解。第一，这可以表现在对文本诠释中可能出现的外在强制力量——譬如权威——的反思。这是一种强的批判立场，其目标是塑造一个真正平等的对话环境，从而对诠释者和接受者的每一个诠释行为加以约束，要求其论辩过程必须是基于理由的沟通而非强力的压制。第二，这种批判性还可以做一种弱化使用，降低对所谓权威等强制力量的针对性，亦即是在认可现有诠释参与者的理解立场的前提下，通过对理由的证明或者质疑来泯除成问题的诠释，达成合理共识。这两种方案其实正是哈贝马斯和伽达默尔争论的核心问题之一。不过，无论是强的版本还是弱的版本，都可以从中抽离出文本诠释的反思性特征，在诠释者和接受者就文本意义展开的对话和交流中不断修正自我认知。

第三，在文本诠释中持续展开的反思性行为，意味着诠释共同体总会就文本意义形成更具合理性的认知，构建出新的理性共识。当然，对此需要特别指出的是，无论是文本诠释的建构性还是超越性，都不意味着它会因此沦为一种相对主义的且颇不稳定的诠释方案。实际情况恰好相反。文本诠释并不承认一切理由都是同等有效的理由，它时刻保持着对所有异议的开放，并认同基于更好理由达成的共识。所以，只要不是以传统的自然科学对绝对真理的追求作为标准，文本诠释就绝不该被判定为是一种"什么都行"的相对主义。而十分清楚的是，从狄尔泰以来，诠释学的意旨之一就是构建与自然科学完全不同的精神科学的发展逻辑。实际上，由此出发，关于文本诠释稳定性的怀疑也便不攻而破。当文本诠释对更好理由的追求总是建立在所有诠释者以平等身份展开理性对谈的基础之上时，由此形成的共识必然能够为最大多数可能参与者所共享，其稳定性也由此得到保证。

总而言之，对于文本诠释而言，重要的不是寻求有关文本意义的真实诠释，而是通过相互理解达成一致，使得意义解读能够展示出令对话双方认同的合理性和可接受性。就此而言，作为理性有效使用标准的"文本诠释有效性判据"可以发挥关键的范导作用。由于"文本诠释有效性判据"将新颖性的理性的文本诠释和诠释活动参与者的视域融合,视为有效的文本诠释的基本准则,并由之将文本诠释的公共性要求与有效性统一了起来,从而在参与诠释活动的对话双方建立起一种相互承认的关系,它昭示着诠释学不仅是一种理论智慧,更是一种实践智慧。

  关于文本诠释的有效性问题,我就给各位老师和同学们报告这些。感谢你们的聆听。我知道,我的许多想法还不完善,也不成熟,在这里汇报给大家,与各位老师和同学们进行交流,目的就是接受批评。你们的批评可以帮助我修改自己的观点,完善我的论证,实现学术上的进步。我期待着你们的批评。再次谢谢大家!

  (11月30日"名家讲坛"。录音整理:樊平;修改审定:沈洁。本文部分内容曾发表在《江海学刊》2018年第2期,特此申明!)

维特根斯坦与颜色不相容问题

黄 敏[*]

晚上好！很荣幸在西北大学这个百年老校跟同学们一起分享一些想法。我原以为只是在一个小圈子里开会讨论，没想到张学广老师隆重邀请我来这里为大家做这个公开报告。我临时打了一些腹稿，这些内容不一定完全切题，我们就把它当作一堂哲学课。原来为会议而准备的是维特根斯坦关于"否定"的讨论，现在只有换个题目，讨论其中的一个局部，即颜色不相容问题。对这个问题的延伸性的讨论也不过多涉及，主要讲一下铺垫性的东西，让大家明白这究竟为什么是一个哲学问题。希望大家能够参与讨论，相互提高。

我想，大家应该都听说过维特根斯坦这位哲学家，他是分析哲学的创始人之一。分析哲学最初是由四位哲学家创立的，分别是德国的弗雷格，英国的罗素、摩尔，以及维特根斯坦。这几位哲学家中，影响力最大的是罗素。罗素的影响大都集中在政治社会领域，大家对他的哲学思想可能所知不多，但是对他在数学领域的贡献可能了解得比较清楚。他撰写了巨著《数学原理》，这本书可以说是为当代数理逻辑中的数学基础研究做了开创性的工作。在这几位哲学家中，如果论天分、论哲学思考的深度来说，维特根斯坦当居其中之首。维特根斯坦在哲学领域中的影响力巨大，可以这样说，讲英语的哲学家，百分之七十都在不同程度上受过维特根斯坦的

---

[*] 黄敏，中山大学教授，博士生导师。主要著（译）作有《维特根斯坦的逻辑哲学论——文本疏义》《知识之锚——从语境原则到语境主义知识论》《逻辑与罪》《苏格拉底的第二次航行》《分析哲学导论》《弗雷格——语言哲学》等。

启发。而研究维特根斯坦哲学是一件非常艰深的工作。我想大家都读过（至少是见过）他的两本著作《逻辑哲学论》和《哲学研究》，商务印书馆也出版了好几个版本，这两本著作都是维特根斯坦自愿出版的。可以说，他是一名很孤傲的哲学家，他很重视自己的思想，只有将自己的思想打磨得臻于完美才会愿意出版。《逻辑哲学论》和《哲学研究》这两本著作就是维特根斯坦花了毕生精力打磨出来的，我们今天要讨论的是《逻辑哲学论》里面的一些内容。

在今天的讨论中我们不讲历史，也不讨论维特根斯坦实际上有一种什么样的哲学，而是从最基础的哲学入手，看看一个哲学问题是怎样按照一种自然而然方式发展起来。分析哲学的特征就是从基本哲学问题开始而不是从哲学史开始。在座如果有哲学系的同学，在经过哲学的学习训练后，应该会有这样的印象，即导论性质的哲学书基本都讲哲学史，但是分析哲学不同，它从问题着手。我今天跟大家分享一个《逻辑哲学论》中的问题——颜色不相容问题，它在维特根斯坦哲学中很重要。读过关于维特根斯坦的导论甚至哲学普及读物的话，就会知道维特根斯坦哲学可以分为前期和后期，前期维特根斯坦的代表作是《逻辑哲学论》，后期维特根斯坦的代表作是《哲学研究》。这两部著作风格迥异，《逻辑哲学论》是格言集的形式，一条一条命题从前往后排列，每一条命题都是以不可怀疑的、非常肯定的口吻说话，好像在颁布真理；《哲学研究》则是散文集的风格，平易近人，没有高高在上的感觉。在专业领域人们通常会这样说，《逻辑哲学论》属于理想语言学派，《哲学研究》属于日常语言学派。维特根斯坦作为分析哲学的创始人，开启了分析哲学的两种流派，分别是理想语言学派和日常语言学派。属于理想语言学派的是《逻辑哲学论》，另一部著作则属于日常语言学派。我们可以看到，就好像有两个不同的哲学家先后在工作一样，所以我们称它为前期维特根斯坦和后期维特根斯坦。那么就会出现下列问题：为什么会有"两个"维特根斯坦？前期维特根斯坦与后期维特根斯坦之间有怎样的关系？为什么一位哲学家会先后建立两种完全不同的哲学？这些问题我们今晚将在时间容许的情况下一一讨论。

下面就开始讲颜色不相容问题。我们通常会对逻辑有一种刻板的印象，尤其是大家在学到数理逻辑的时候，会认为逻辑就是符号和形式，这个形式规定了正确的推理和不正确的推理，这就是我们常说的数理逻辑、符号逻辑或形式逻辑。这种逻辑的主要特征就是不管内容，只管符号运算。但是逻辑在早期或者说在分析哲学中有很重要的地位，它与一些非常基本的问题联系在一起。例如，我们会使用一些句子来描述世界中出现的事物。那么问题来了：句子与所描述的事物之间应该有怎样的一种关系，才能使用句子来描述事物？承接语言与世界的关系就是逻辑，即我们只有遵守逻辑，才能够描述这个世界。我们在描述世界时会感觉到，这个世界不会违背逻辑，一旦发现违背逻辑的事情，那一定是我们自己搞错了。逻辑是一种秩序，这样的秩序被世界和语言遵守，这样的逻辑就是早期分析哲学家所关注的事情。我们在描述世界的时候会通过感知的方式获取信息，我们会把语言理解成一种装置，这种装置会帮助我们记录信息，这个装置会有输入通道，输入通道向世界敞开。我们把一种看到的状况当作信息输入的过程，再把信息用语言表达出来，语言即是"represent"，叫做"表征"。当信息从世界输入到语言当中时，这种输入是离散的，意思就是说，不同的信息都是分别独立输入的。哲学上有一个术语叫"独立性"，说一个东西 A 独立于另外一个东西 B，意思就是即使 B 不存在，A 也可以存在，A 不受 B 的影响。在这里，说句子接受信息的通道彼此独立，意思就是一个句子对应一件事情，这种对应关系都是分别建立的，并且在每个对应关系中，句子的意义都只是由它描述的状态决定的。

其实，仔细想想还是可以发现，只要承认句子的意义由它表征的事实所决定，你就会承认这些信息通道彼此独立，也就是说，信息的输入通道是离散的。这是因为，信息通道本身在所表征的事实没有确定之前就有了，如果这些通道之间有所关联，那么这种关联就会表现在句子的意义上；而这种关联在句子表征事实之前就确立，这就让句子意义中有些部分不是由其所表征的事实所决定。这部分意义就是因为信息通道之间的关联而获得的意义。

在这里我们引入一个概念，"基本命题"。基本命题的意义是直接由输入通道保证的。我们通过这个命题马上可以得到一个理论：命题原子论。命题原子论是说，基本命题在真假上是彼此独立的。举例来说，"墙是白的"这句话是真是假只取决于墙本身是不是白的；"这里有九排手机袋"这句话是真是假只取决于手机袋是否有九排。这两个信息通道是分开的，所以这两句话的真假性不会相互影响。我们还要定义一个概念，叫真值函项。我们称一个命题的真假为"真值"，"函项"即数学中的"函数"。函数存在于自变元和因变元之间，是这两个变元之间的对应关系，在逻辑学领域则称之为"函项"。如果把一个句子是真的还是假的看做是取一个值，即真值（有两个值，一真一假），我们就可以接着定义"真值函项"这个概念。真值函项就是以真值作为自变元和因变元的函数。它的自变元和因变元都是真值，这些值就属于句子，因为真与假只能是句子的真与假，真值也只能是句子的值。因此，真值函项其实就是一些符号，当我们把这些符号用在一些句子上，就得到另外一些句子。真值函项有另外一个名字，"逻辑连接词"。例如"并且"、"并非"、"或者"这些就是逻辑连接词，而"p"、"q"则都是命题，把它们用逻辑连接词连接起来即为真值函项，比如"p 并且 q"、"并非 q"、"p 或者 q"等等。学过数理逻辑就知道真值表，真值表就可以看做是对逻辑连接词所做出的定义，它展示了充当自变元的真值与充当因变元的真值之间有什么样的对应关系。在考虑真值函项时，我们只关心句子的真值，所以就可以把真值函项理解成真值的操作运算。而操作运算又可以理解为输入、输出的过程，输入"p"值、"q"值，输出另一个值，输入与输出之间的连接就叫操作，在数学中可以理解为变换。

有了真值函项这个概念以后我们就可以表述《逻辑哲学论》中的另外一个理论，即真值函项理论。真值函项理论的内容是：所有命题要么是基本命题，要么是基本命题的真值函项。换句话说，任何命题如果不是基本命题，就是基本命题经过真值操作得出的。

如果这个理论是真的，那么语言与世界之间的关系就很好处理了。命题陈述事实，这是通过命题具有真值这个特征实现的。所以，维特根斯坦就可以指望通过真值函项来说明一个命题如何建立与事实的对应关系，从而陈述事实。一个命题是基本命题的真值函项，那么想要弄清一个命题陈述了哪些事实，就只需知道它是哪些基本命题的真值函项。我们可以把基本命题的真值函项与基本命题区别开，基本命题直接表征事实，而基本命题的真值函项则通过基本命题，间接地表征事实。这样一来，一个命题说了什么，就只需要看它是哪些基本命题的真值函项，是怎样通过那些基本命题连接构成的。我们把回答这个问题的过程叫作分析。举例说明："老王从五楼下来"是一个命题,我们可以将此命题分析成"在时间 t,老王从五楼下到四楼;在时间 t1,老王从四楼下到三楼",以此类推。对这些分支进行合取,即分析出了这个命题陈述了怎样的事实。通过分析这个过程我们可以看到,真值表恰好展示了一个命题是否为真的所有可能,我们也就理解了真值函项理论。

从以上讲解中,我们顺理成章地得到了"分析"这个概念。对一个命题进行分析,就是看它是哪一些基本命题的真值函项,分析哲学中的"分析"大致说的就是这个意思。当然,这要看是哪一个哲学家说的,罗素的"分析",弗雷格的"分析",维特根斯坦的"分析",三者都不一样。我在这里所讲的这种分析主要是维特根斯坦在《逻辑哲学论》中表述的理论。不过,由于这个理论非常简单,经过少许修改以后,许多分析哲学家都接受这一部分。不过,前面关于命题原子论的部分却是维特根斯坦独有的理论。从这个理论发展出后面的关于重言式和矛盾式的理论来。

我们这就引入两个概念:重言式和矛盾式。假设现在有一个真值函项 X,我不知道它的其他信息,只知道它有两个自变元,这里写成"p"和"q"。我们可以用真值表来表示这个真值函项。如下所示:

p	q	X	Y	Z
真	假	假	真	假
真	真	真	真	假
假	假	真	真	假
假	真	真	真	假

因为 p 和 q 各有真假值,所以共有四个可能的取值情况。用维特根斯坦的说法,这里有四种真值可能性。在每种真值可能性中,X 都将取一个值。当四个真值可能性都对应 X 的一个真值时,就有一个真值配置,一个真值配置就是一个真值函项。这样算起来,有两个自变元的真值函项就一共有 2 的 4 次方个,即 16 个。大家可以自己全部列举出来。在这个表中我们就只列举了三个。

在这个基础上就可以说明什么是重言式和矛盾式了。如果真值表中输出的所有值都为真,我们称这个命题为重言式;如果输出的所有值都为假，我们称这个命题为矛盾式。在前面的表中，真值函项 Y 是重言式，而 Z 则是矛盾式。重言式就是说在所有可能的情况下它都为真，即必然为真；矛盾式就是说在所有可能的情况下它都为假，即必然为假。请大家重点关注"必然"这个词。这里出现的必然性，就是穷尽了所有真值可能性的情况，这就是逻辑必然性。接下来我再引入一个理论：逻辑必然性只能用重言式或矛盾式来表达。这个理论很清楚地告诉我们什么叫逻辑必然性。如果这个理论成立，那就会得到一个有趣的结论，即基本命题都是偶然的。为什么呢？因为逻辑必然性都要么是重言式，要么是矛盾式，但无论是重言式还是矛盾式，它们都不可能是基本命题。大家自己从前面的真值表就可以看出来。在一种非常没有意思的情况下，基本命题是自己的真值函项。比如，你在前面有 4 种真值可能性的真值表中加进一列，这一列重复命题 p 的真值。于是你就可以看到，在 q 为真时，你得到的这个真值函项可以为真，也可以为假，因此你的真值函项不是在所有情况下都为真，也不是在所有情况下为假，它既非重言式，也非矛盾式。简言之，你的真值函项实际上就是 p，而 p 作为基本命题，因为它与基本命题 q 是彼此独立的（这是命题原子论的结果），所以它不得不是偶然的。进而，你可以看到，由于基本命题的全体就充分地决定了世界的状况，那么整个世界是怎样的，就都是偶然的。世界中没有必然的事实，这个结论在《逻辑哲学论》中既难以避免又有些奇怪，但它却导出了伦理学和科学哲学上的一些重要结论。

我们再对这些简单的理论做一些引申。命题原子论（即所有基本命题彼此独立）与分析理论（即所有命题都是基本命题的真值函项理论）之间存在一种联系：如果命题原子论成立，那么分析理论也成立。至于为何如此，在前面关于基本命题是偶然的这个观点的分析中我们可以看出一些端倪。我们可以看到，如果命题原子论成立，那么所有的基本命题在真值上都不存在相互制约的关系，也就是说，一个基本命题是真的，则另外任意一个基本命题都既可以是真的，也可以是假的。这样一来，所有的真值可能性就都可以通过真值表列举出来，而这意味着，用真值函项就可以覆盖所有的真值可能性，一个命题的表征内容，也就可以通过基本命题的真值函项来得到完全的表现。反之，如果在基本命题之间有种制约关系，比如说当 p 为真时 q 不能为真，那么前面真值表中的第二行也就不能出现了，而这时我们就不能用 p 和 q 的真值函项来完整地表达比如 X 的表征内容了。因为这个真值函项不能表明 p 和 q 不能同时为真——p 和 q 不能同时为真，这与两者都为真时 X 为假，不是一回事。

我们还可以从逻辑必然性理论推导出逻辑先验论，即如果逻辑学的任务是研究逻辑必然性，那么逻辑是先验的。一个命题是重言式还是矛盾式，不需要看"p"或"q"是否为真，只用关心真值表就可以了。因此我们可以先验地确定哪些命题是重言式，哪些命题是矛盾式，也可以知道逻辑必然性包括什么，这个就叫逻辑先验论。我们可以看到，整个理论都是很精致的，但是也很简单，它告诉我们怎样才能表征实在，也告诉了我们怎样分析句子。分析命题去发现它表征了什么实在，以及逻辑必然性是什么，逻辑命题的构成系统是怎样建立起来的。虽然这些理论都可以非常清楚地表述出来，但其前后关联却要复杂得多。颜色不相容问题正是这些理论所衍生出的问题。

先表述一下颜色不相容问题。设 i 是一个像素。像素不可能区分开这一部分和那一部分，于是只能整个是一种颜色。设命题 A 是"i 是红的，并且 i 是绿的"。现有三个论断：

（1）A 在逻辑上是不可能的；

（2）A 不是矛盾式；

（3）真值函项理论（任何命题要么是基本命题，要么是基本命题的真值函项）。

这三句论断单独理解都是正确的，但如果同时理解则会出现矛盾，这就是颜色不相容问题。

首先，（1）看起来没有什么问题。我们依据逻辑而不是经验就知道 A 是真的。一个天生的盲人不需要通过经验也知道一个东西不可能既是红的也是绿的，这说明他不需要依据红色、绿色的经验来做出判断。（2）看起来也是真的。要用"并且"这样一个真值函项构造一个矛盾式，我们需要"p 并且非 p"这样的形式，但 A 的形式却是"p 并且 q"。最后，（3）决定了，A 不是基本命题，那就一定是基本命题的真值函项。而且看起来，如果它是基本命题的函项，那么"i 是红的"和"i 是绿的"这两个命题就很自然地要当作基本命题。但如果这样理解就立即同意（2），从而与（1）冲突，因为，按照（3），具有逻辑不可能性的命题只能是矛盾式，因此（1）意味着 A 应该是矛盾式。回顾前面的思路就可以看出，（3）以命题原子论为前提，因此，颜色不相容问题的实质就是命题原子论和（1）与（2）这两个很合乎直观的命题相冲突。颜色不相容问题之所以如此迷人，就是因为它简单精致却又矛盾重重，令人费解。

　　大家认为维特根斯坦意识到了这样的一个矛盾，所以他在《逻辑哲学论》中对颜色不相容问题提出了一个解决办法，即对"A 不是矛盾式"这个论断进行否定。为什么他会这样认为？因为 A 命题并不是一个基本命题，它看起来像是两个命题的合取，或许可以通过分析的方法发现它就是矛盾式。并且有很强的理由坚定这样的想法，即其他一些形如 A 的命题，我们会认为它们是矛盾式。比如"一个质点同时向东移动和向西移动"这个命题。在十年后即 1929 年，维特根斯坦发表了他生前的唯一一篇学术论文，这篇文章中没有引用任何一位哲学家的著作，而是专心讨论颜色不相容问题。他在文章中提出了一个新的解决方案。在这个方案里他主张"a 是红的"、"a 是绿的"均为基本命题，并且它们的真值不相互独立。如果这样，那么命题原子论即被否决，所以（1）和（2）可以同时被承认。虽然问题被解决，但是这种解决方式也带来一系列的后果：首先他的分析理论将不复存在，因为理论依据被抽空；其次，重言式或矛盾式是逻辑必然性的两种表达也被否决；这两点合起来，最终导致逻辑先验论不再成立。此时逻辑不再是形式的，而是存在一套实质的逻辑。我们需要根据不同的讨论对象来建立不同的逻辑系统。这使逻辑研究难以区别于经验研究了。这些后果也就是维特根斯坦在《哲学研究》所要面临、探讨和解决的问题。

　　不妨考虑一个问题：如果逻辑必然性不再体现为重言式或矛盾式，那将会体现为什么？它将会体现为谓词的框架结构，即系统性。谓词之间有一种相互依赖的关系，像表示颜色的这类谓词就构成一个系统，彼此都是相互依赖的，了解红色就必须要了解绿色。同样的情况也适于表示空间关系的谓词。比如，如果讲台在黑板的右边，那么讲台不能同时在黑板的左边。空间谓词也有一种系统性和依赖关系。这样就与《逻辑哲学论》中表述的逻辑观念相冲突，在那里有命题原子论，它主张基本命题之间彼此独立。这种依赖性与独立性的区别与唯心论与实在论之别联系在一起。

　　简单说来，如果你认为世界必须先确定下来，语言才能够加以描述，那么你就是个实在论者。而如果认为一个句子描述的是什么情况，部分取决于语言，从而认为世界是什么样子取决于我们的语言是什么样子，那么你就接受语言学唯心论。我们对颜色不相容问题的解决导致实在论与唯心论之间的一种切换。之前关于逻辑的理解是实在论的，之后则开始转向唯心论了。它们以不同的方式理解语言获得意义的方式。在《逻辑哲学论》中表达的观点要求基本命题（以及其中的谓词）单独获得意义。我们也解释过，这是因为要坚持这种意义是由命题所表征的事物所决定的。基于同样的思路，接受整体论，就会同意，谓词及其所构成的命题在确定所表征的具体事物之前就应该获得一种意义，而这意味着接受语言学唯心论。

大家可以看到，对一个哲学问题的解决会导致哲学立场的巨大变动。正因为如此，颜色不相容问题在维特根斯坦哲学中才显得那么重要。不过，哲学思想通常有许多层次上的区别，这些区别需要仔细区分才能准确把握。刚才所说的从实在论到唯心论的转变，是关于维特根斯坦思想转变的一种常见的解释，同时也是一种粗线条的，需要加以改进的解释。我自己对这个问题的观点是：颜色不相容问题并不是从实在论到唯心论的简单过渡，而是从一种唯心论向另外一种唯心论的过渡，这不是一种方向上的转变，而是一种修正，一种推进和提高。当然，在这里我不可能有机会向大家解释这个想法。

今天要讲的内容就到此为止。希望这里的一些解读，能让读过《逻辑哲学论》并受过挫折的同学看到了一些希望。希望大家不要被维特根斯坦的艰深所吓倒。耐心拆解后你会发现面前的其实是一些很基本的问题，我们可以跟随这些问题进行思考，从而理解这位哲学家。

今天的分享实际上是一种示范，你在研究哲学史上的某个人物时，就要把自己当成这个哲学家，看你站在他的角度上会如何想问题。这样既是对自己的训练，同时也是对待哲学最为本真的方式。哲学本质上是要理解事物，而不是知道什么标准答案。你要了解一种哲学观点，就要看这种哲学观点要求你怎样看待事物。我认为学习哲学最重要的收获就是发掘新的可能性，而最难发掘的可能性就是理解一位哲学家。哲学家的观点大多是全局性的，他的观点通常会覆盖所有东西，你得把所有东西都想过一遍后才能把所有东西都摆放正确。当然，这时你已经不再是哲学上的新手了。最终你应该能够进入他的哲学，站在他的角度去思考问题，从而体会一种崭新的世界观。我认为这是一件很有乐趣的事,思考会带来乐趣,也是一种探险。当然了,你还得学会安全返回。有些哲学是不适合居住的。

  我今晚的分享到此结束,谢谢大家!

  (10 月 27 日"名家讲坛"。录音整理:袁钲凯;修改审定:王策)

面向 21 世纪的技术哲学

陈 凡[*]

非常高兴接受张院长的邀请，来西大参加哲学学院的揭牌仪式和关于哲学学科在新时代建设和发展的研讨会！今天又有机会跟在座的同学一块交流一下！

我在西大的这两天感触很深，特别是早上在太白校区散步的时候，看到东北大学的一个大礼堂在咱们西大校园中间，所以觉得西大和东大之间确实源远流长。西大哲学学院的建立，我们东大是要鼎力相助！特别是在哲学学院揭牌仪式上，作为专家留言，我也说西大东大源远流长，应该同心协力，共建辉煌。

一

今天就跟大家交流一下关于技术哲学方面的情况。我本人是研究科学技术哲学的，大家知道在哲学的八个二级学科方向中，有中、西、马，有美学、宗教、伦理、逻辑，还有一个就是科学技术哲学。科技哲学这个学科又分作自然哲学、科学哲学、技术哲学、工程哲学、科学思想史、科技与社会等方向。我本人主要是研究技术哲学、科技与社会（STS）。这个

---

[*] 陈凡，东北大学教授，博士生导师，国家重点学科"科学技术哲学"研究中心主任，兼任第七届国务院学位委员会哲学学科评议组成员，中国自然辩证法研究会副理事长兼技术哲学委员会理事长、科技与社会（STS）委员会理事长，全国优秀科技工作者，享受国务院特殊津贴专家，主要著作有《解析技术》《科技社会化引论》《全球化时代的技术哲学》《通过技术的思考：工程与哲学之间的道路》等。

方向的选择,可能跟我个人生活的经历、工作的背景、学习的专业有一定的关系。因为在"文革"期间大学停止招生,我 1971 年中学毕业以后就到沈阳拖拉机厂做工人学钳工,学徒学了三年。大家知道钳工是一个技术工种,学徒三年意味着学习什么呢?学习经验知识,学习"know-how",学习难言知识,即只可意会、不能言传的知识。在工厂期间我还有幸地上了工人大学,因为拖拉机厂的发动机跟汽车很相似,汽车前面的发动机(汽油机)是内燃机,拖拉机前面的发动机(柴油机)也是内燃机,所以我在工人大学学习了两年,学的是内燃机设计。

我个人比较喜欢文史哲,自幼看了很多这方面的书。在工厂当工人期间,我和很多青年一样有文学梦,喜欢文学,喜欢写小说。而"文革"时期的工人、工人作家在社会上还是有一定地位影响的,大学生则没有地位。我在工厂当工人期间,学技术用不上,像清华大学、吉林大学的毕业生跟我们一样在工厂车间里劳动。所以我的梦想就是想当工人作家,写小说,还在报纸的文艺副刊上发表了小小说。1977 年恢复高考后,我想考文史哲专业,但是家长不同意,因为父亲"文革"期间被打成反动技术权威,所以心有余悸。而且那时候有一个说法,说过七八年之后,"文革"可能还要再来一次。大家知道文人墨客在运动当中容易受到冲击,所以不如学技术、学工程、学科学,当工程师有铁饭碗。于是高考填志愿的时候报了一个建筑结构,就是我们盖房子的结构设计、楼板设计、梁柱设计一类的。但是学习了这些理论,这些自然科学知识、结构力学、材料力学、数理化以后,到大四快毕业的时候,我就一直在考虑,有没有一个专业能够把文史哲和数理化,把自然科学和社会科学很好地结合起来?

我们在大学读书的时候,人才学刚刚开始在国内兴起,雷祯孝、王通讯等很多专家学者在讲人才学,说交叉学科是块学术处女地,年轻人容易脱颖而出,为什么呢?因为没有马太效应,或者马太效应影响不大。我们同学可能都知道马太效应,就是在传统的学科领域,数理化也好,建筑也好,要论资排辈的。所以我就想什么专业是适合我的?思考了很久之后选择了科学技术哲学。我 1982 年大学本科毕业以后就考了科学技术哲学专业。后来 1989 年在中国人民大学读博士,也是科技哲学专业。

1992 年博士毕业后就到了东北大学工作。大家知道东北大学主要是以理工科为主的院校,严格意义上讲现在还不是综合性大学。早在 1923

年，张学良建东北大学的时候是综合性的。抗战以后往南迁，抗战胜利以后又往东北回归。东北大学的工学院留在沈阳，后来成为东北工学院。东北大学一部分如农学院留在哈尔滨成了东北林业大学，东北大学的文学院留在了长春，就是现在的东北师范大学。

复校以后，我们还是以理工为主的多科性大学。所以在这样的工科院校搞哲学学科建设，我们侧重于什么？侧重于研究技术哲学。

我们最早是跟日本合作，因为东北与日本一衣带水，我们跟日本帝京大学的星野芳郎教授合作，研究日本的技术论、技术哲学。后来又跟欧美合作，跟 SPT（国际哲学与技术学会，Society for Philosophy and Technology）合作，所以我今天主要与大家交流这个技术哲学。

二

接下来跟大家交流一下国外的技术哲学和中国的技术哲学。SPT 是国际技术哲学学会的简称。学会有一个创始人是美国德拉华大学的教授杜尔宾。我们曾经邀请杜尔宾教授到中国访问，他很有风采。杜尔宾教授曾对技术哲学发展历史进行过划界，以 1877 年为界，因为 1877 年有一个德国的工程师叫卡普，他写过一本书叫《技术哲学纲要》。这本书的重要性在于对什么是技术做了一个界定，提出了"器官投影说"，进行了本体论的研究。因为技术哲学，无论是欧美还是日本，一开始都是从本体论入手，你像在日本技术哲学当中，什么是技术？有手段说、有应用说、有体系说等等。日本学者根据布哈林的《历史唯物主义理论》一书，把技术看作生产力的一部分，研究什么是技术。但是欧美不一样，1877 年这个德国的工程师卡普就讲到，古代的技术是手工技术，比如说，我们拿那个榔头手工工具，这是技术。手工工具跟人的胳膊和拳头很类似，是不是？这个拳头是榔头，那个胳膊是榔头的手柄！后来工业革命产生了近代技术，铁路运输技术跟人的身体的循环系统也很相似。电报技术跟人的神经系统很相似，所以他对什么是技术有个界定，认为技术是人体器官的投影映射。这就意味着近代技术哲学出现了，在此之前是技术哲学的史前期。1877 年到 1976 年是一个规范期，1976 年也是个重要的节点，因为 1976 年 SPT 技术哲学学会正式成立，1976 以后是当代技术哲学的发展时期。

为什么1877年技术哲学能够脱颖而出？我们看看它产生的社会历史条件。我们说，技术是人和自然的一种中介。当人对自然的利用、改造达到了一个新的历史阶段时，社会对技术加以深入研究的需要便呼之欲出。另外的话，哲学本身也在与时俱进。古希腊的时候，自然哲学研究什么？是世界的本源，是水、火、土、木、金。这是什么研究？这是本体的研究。那么到了近代，认识论接踵而来。到了科学革命、技术革命、工业革命、产业革命以后，对自然的改造又登上历史舞台，所以哲学家的理论视野也在发生变化。刚才我们说在国外，特别是在欧美技术哲学的起源有两条文脉，一条文脉是德国文化，就是刚才我说的卡普。还有一条重要的文脉是法国文化，1897年艾斯比纳斯也写过《技术起源》，但遗憾的是法国这条文脉至今还没有被我们深入研究，这当然跟法兰西文化的特质有关系。法兰西文化非常高雅，高大上，甚至到了唯我独尊的地位，它对英语文化和其他的文化，是采取漠视甚至排斥的态度。我到法国南希矿业学院做过访问学者，在此期间我就发现，想听听英语的课，却很难找到。到大学图书馆去看一看，英文的书籍也不多，法文的资料满屋子全是。在宿舍房间里，想听听英语广播，看看英语电视，对不起，频道不给你开，那个时候卫星电视在校园里还不太普及。我们说了解一下社会，以社会为课堂嘛，到街道上走一走、看一看，坐火车、乘飞机。可你到商场去购物、去车站机场买票用英语跟人交流，对不起，他明明会讲，但不跟你说，他给你指向一个专门接待英语顾客的柜台。这是为什么？它为了保持法兰西文化的高雅和独立性。法国人不跟英语文化结伴而行，但是这样的话就影响了法国的文化成果在国际社会、在全世界的传播。拿中国来讲，改革开放以后，我们学英语为主，在东北可能学日语的、学俄语的人有一些，但学法语的寥若晨星。所以，法兰西文化这条技术哲学文脉至今我们也没有深入发掘。

实际上西方近代技术哲学在1877出现以后，我们觉得发展不太顺利，百年孤独，徘徊不前。大家看看，一直到1976年一百年过去了，哲学家在开会的时候还在讨论技术能不能成为哲学的研究对象？在技术当中有没有值得研究的哲学问题？科学成为哲学研究对象，大家并不怀疑，科学研究知识，知识论是哲学家所喜欢研究分析的。但是技术是什么？技术不是"know－why"，是"know－how"！特别是古代技术，似乎难登大雅之堂。

但是我们学过科学技术史，从人猿揖别开始，石刀、石斧出现了后技术就产生了。技术产生时，科学还没有出现。我们知道把一个石块经过打磨变成石斧以后，它更锋利更好用了。"know–how"如何做知道了，"know–why"为什么不知道？就是说为什么打磨以后更好用？人们并不知道，因为科学还没有产生。就这样，尽管技术最先出现，但是古代的技术文明之花，却难登哲学的大雅之堂。这是什么原因？一个方面从哲学史上来看，哲学家对技术情有独钟的不多，历史上只有三个伟大的哲学家关注科技发展（亚里士多德、马克思、罗素），特别关注技术的是培根、狄德罗、海德格尔，大家五个手指头都能数过来。技术哲学和科学哲学相比较，其理论根基也不厚实。我们一谈科学哲学就可以娓娓道来，但是在技术哲学的领域，这些公认的哲学大师似乎没有，或者很少。

另一方面从技术哲学作为一个学科来看，其历史发展的过程也需要循序渐进。虽然在1877年之前英国工程师尤尔研究过工程哲学、机械哲学、制造业哲学，而且在1877年卡普之后，又有恩格迈尔、席美尔、德韶尔研究过技术哲学。但是大家看一看，一百年期间就这么四五个人。"技术哲学"这个关键词，使用人数也就四个人，所以技术哲学发展步履蹒跚。二战以后，当代的技术哲学重新兴起，还是得益于德国文化。我们现在研究中国制造，也知道德国是个制造强国，我们搞中国制造2025战略，是学习德国的工业4.0。德国能成为制造强国得益于两个方面，一个方面是它的工匠精神，一个方面是它的工程师精神，德国的工程师文化、工程师精神、工程师学会在德国的工业强国的发展过程当中起到了重要的作用。德国工程师学会1856年成立，二战以后，1947年恢复。那么，工程师在二战期间究竟扮演了什么样的角色？科技专家的社会责任到底是什么？在战后工程师进行了认真的反思，得出一个结论：工程师应该有一个共同体的规范。

我们知道，现在医学院校的学生，大学毕业以后入职医生行业是要进行宣誓的，怎么宣誓？希波克拉底誓言。希波克拉底是医学之父，你要从事一般指护士这个悬壶济世的职业，要恪守职业精神、职业道德。工程师也是一样。工程师守则对价值观、人本理念、自律原则、共同体规范、职业精神都有要求。一个理工科大学毕业生，不要以为在大学学了四年，就可以从事工程师这个神圣的职业。第一，工程师这个职业的规则你了解不了解？第二，了解以后你认同不认同？第三，你认同以后能不能很好地去遵守？这种严格的工程师文化、工程师规范在德国成为工业大国的过程中发挥了重要作用。技术哲学的共同体有很多分会，像哲学与科技的分会实际上就是一个研究技术哲学、技术伦理的组织。当时在德国出现了一批技术哲学家，比如罗波尔、拉普等等。

实际上谈到当代技术哲学的时候，还应该谈到美国。大家知道，二战以后，美国科学技术全面领先，它取代了大英帝国的地位，甚至取代了工业强国德国的地位。在人文社会科学领域，它也是网罗人才，全面繁荣。20世纪60年代以后，技术哲学在美国也开始后来居上。我2001年到英国阿伯丁大学参加第12届SPT会议，当时我是中国第一个参加技术哲学国际会议的学者。当时SPT会议主席是美国人，他问我中国有人研究技术哲学吗？因为国外很多学者没到中国来过，但是对于美国60年代以后才出现技术哲学，我们心知肚明。我告诉他中国在50年代就开始有人研究技术哲学，中国科学院有一本杂志叫《自然辩证法通讯》。1957年第一期，钱学森先生写了一篇文章《研究技术科学的方法问题》。《自然辩证法通讯》1957年第二期，我的导师、东北大学的陈昌曙教授，也是中国人民大学的兼职博士导师，写了另一篇文章《要注意技术中的方法论问题》（北京大学哲学系赵敦华教授的父亲也写了农业科学中的方法论问题的文章）。你看我们中国1957年就开始发表技术方法论的文章了，在美国1963年的时候，技术才成为哲学会议的主题。大家知道埃吕尔作为法国学者很有名，我们社会学的老师或者学生可能会对他比较了解。因为在科技与社会这个方向，埃吕尔是个大家。我2008年到加拿大参加科学哲学与科学史国际会议的时候，加拿大多伦多大学的万登伯格教授就是埃吕尔的博士生，他是国际科技与社会（STS）学会的主席，会议曾专门拿出一个专题来讨论埃吕尔的STS思想。但是，埃吕尔的《技术社会》出版于1954年，是用法文写的，大家知道的并不多。当1964年用英文把它翻译过来，在美国出版后影响很大，对美国技术哲学的出现起到推波助澜的作用。还有一个人是加拿大阿根廷裔的科学哲学家邦格，他一开始写文章，也是从本体论上界定什么是技术。他说技术是科学的应用。但是这种说法争议很大。不过总的来说，他认为技术应该成为哲学独立的研究对象。更难能可贵的是，1966年"文化大革命"开始的时候，邦格在《技术与文化》杂志（美国技术史学会的会刊）发表了一篇文章，《要建立一种技术哲学》。大家注意到"技术哲学"这个关键词以前是怎么表述的？是德文的，英文的表述没有。所以，以前"philosophy of technology"这个英文技术哲学的词汇是找不到的。在北京国家图书馆，要查技术哲学文献，1966 年之前的英文文献，查技术哲学这样的关键词，对不起没有。所以邦格的历史贡献在于他第一次使用"philosophy of technology"这一词汇。进入 70 年代以后，美国科罗拉多矿业大学的米切姆教授发挥了重要作用，它是 SPT 第一任主席，也是创始人之一。1972 年的时候，他和麦基主编了一本技术哲学文集《技术哲学问题读本》，有 26 篇论文。它的重要性在于，这是我们迄今为止找到的年代较早的技术哲学文献。我 1982 年读研究生的时候到北京国家图书馆去，很少能查到技术哲学英语文献，这本书是我们查到的第一本英文文献。后来到了 1974 年，德国柏林工业大学的拉普教授，编了一本技术哲学文集《技术科学的思维结构》。这本书也很好，我们把它翻译成中文，在吉林人民出版社出版。这本书是我们翻译成中文的第一本技术哲学文献，是在 20 世纪 80 年代。从 1976 年 SPT 成立，美国德拉华大学的杜尔宾教授创办了一个《技术哲学通讯》，将技术哲学的一些论文演讲收录起来。以前在美国各个大学技术哲学的讲座、课程、会议、论著，都是比较碎片化的。但是通过《技术哲学通讯》，我们大家很容易地了解在美国各个大学技术哲学的教学科研和学术交流的情况。杜尔宾教授的这个贡献也很大。

1978 年，杜尔宾主编了《哲学与技术研究》。它是 SPT 的会刊，也是年刊（每年出一本），把当年技术哲学的相关重要文章汇编成册，使我们对 SPT 和国外的技术哲学进展有所了解。到 80 年代以后，技术哲学的论著更多了。值得介绍的像 1981 年德国柏林工业大学拉普教授的《分析的技术哲学》，这本书是我们翻译成中文的第二本技术哲学文献，由辽宁科技出版社出版。当时取名叫《技术哲学导论》，没有翻译成"分析的技术哲学"。1994 年米切姆教授写了一本《通过技术的思考》，这本书比较全面、比较系统，在中国有两个版本，一个版本由天津科技出版社出版，中国社会科学院的殷登祥教授和清华大学的曹南燕教授摘译选编，名字叫《技术哲学概论》。后来我们发现这本书比较好，比较重要，就原原本本地把它完全翻译出来，放到我们的译丛里头。这里也介绍一下我们东北大学的一个译丛,叫《国外技术哲学与 STS 译丛》,如果哪位老师或者同学有兴趣的话可以找来看一看,深入浅出,比较全面、系统,可以作为技术哲学的入门教材。

1995 年,国外网络技术发展很快,但中国还没有兴起。以前《哲学与技术研究》是纸质版,当我 2000 年到美国加州大学做访问学者时,在大学图书馆里发现它的电子版《TECHNE》,而且可以免费下载。作为访问学者,我们也可以免费打印。当时我就把该刊 1995 年创刊号到 2000 年的几本全打印出来,非常受益。数字化的期刊,缩短了时空。以前纸质版的,要到国家图书馆去检索、收集,大概有两年到三年的时间差。因为购买版权以后,不能当年就新书上架,需要编新书卡片,检索起来也很费劲,需要到新书目录室查卡片,不像现在我们把鼠标一点就出来,电子版确实很方便,对学术研究非常重要。

还有就是在欧洲,技术哲学除了德国之外,也有很多国家的大学重视它的研究。像英国苏格兰的阿伯丁大学,第 12 届 SPT 会议在他们那儿举办,我到他们哲学系访问,五个教授就把 SPT 会议承办了。当时我很吃惊,我说我们要办一个全国会议需要全系的老师,甚至学院的老师跟学生都参与,你们为什么不用学生?他们解释说,暑假学生放假,但是即使不用学生,他们利用暑假教室、礼堂的空闲和服务全面的社会化,就可以举办国际学术会议。学者入驻宾馆,把订单交给宾馆,不用老师、不用学校。会议安排的场所确定后,教学辅助人员会按时把会议的 PPT、麦克风准备好,所以阿伯丁大学这一方面做得也很好。

欧洲技术哲学的荷兰学派在学界也很有名。荷兰有三所大学的技术哲学搞得很好(代尔夫特大学、埃因霍温大学和特温特大学),我们俗称荷兰学派。大家知道荷兰足球有三剑客(克鲁伊夫等),实际上这三所大学我们也简称荷兰三剑客,他们每年都举办技术哲学研究生班。就技术哲学而言,因为欧洲各个国家都比较小,所以有的学生想学习技术哲学,在本国不一定能找到合适的大学、合适的老师。有一次我到欧洲参加欧洲技术哲学会议,旁边有个意大利青年学生,我就跟他交流,问意大利有多少人学习技术哲学,他给我伸一个手指头。我想,不会就你一个人吧?但是,也不会 one hundred 一百人。因为在欧洲的国家不大,加上技术哲学是边缘化学科,不会有那么多人。我说 ten 十个人,他说 no;我说 only one,

他说 yes。在意大利就他一个人，所以在意大利他找不到很好的大学，于是跑到欧洲荷兰学派这三所大学来学习技术哲学。这三所大学轮流坐庄搞专题教学，不仅荷兰的学者，欧美其他国家的学者也去讲学。我的博士生送出去十多个，受益颇深。所以荷兰学派，作为技术哲学的后起之秀，大有取代德国、追赶美国的趋势，非常值得关注。

另外，SPT 每两年一次会议，第一次在德国，第二次跑到美国，然后欧美轮流主办，但是以前一直在大西洋两岸徘徊，从来走不出欧美这些国家。亚洲没来过，非洲没去过，拉美也没有设置。但是难能可贵的是第 19 届 SPT 会议在中国，在沈阳的东北大学举办。世界哲学大会，亚洲的韩国办了一次，中国办了一次，但是技术哲学会议到目前为止，在亚洲连日本、韩国都没有举办过。

我们常说学术研究一定要站在巨人的肩膀上，牛顿力学就是站在伽利略和开普勒的肩膀上有所建树。研究技术哲学也一定要站在两个巨人的肩膀上，一个肩膀就是国内学术平台，还有一个肩膀就是国外学术平台。先前提到的那本 SPT 学会的电子期刊 TECHNE，现在每年会出版两期或三期。大家可以在上面找到一些很好的论文、技术哲学研究进展或前沿问题。另外，TECHNE 也不定期地出一些专刊。专刊能够很好地把 SPT 的发展进行阶段性总结。2007 年春季第 10 卷，对技术哲学的昨天、今天和明天做了回顾、分析、展望。专刊共分三部分，第一部分谈技术哲学怎么样从科学哲学当中脱颖而出。技术哲学在成立之初，它跟科学哲学甚至浑然一体。最早的一篇论文是科学哲学家邦格写的，他说技术是科学的应用。这一部分从第一章开始，谈到早期的尝试，通过技术的思考，科学哲学和社会责任，作为技术风险评估的技术哲学，马克思主义对资本主义技术科学的严厉批判，技术的系统定义，技术社会和大众运动，关于劳动等等。这是第一部分。

在技术哲学开始阶段，技术哲学跟科学哲学可能还浑然一体，但是到第二个阶段，技术哲学开始拒绝混沌，从混沌的状态中剥离出来，技术哲学要成为一个领域。所以从第九章开始谈一种早期的尝试，开始把"哲学和技术"转变为"技术的哲学"。一开始要研究哲学和技术之间的关系，但是技术哲学不仅研究它们二者间关系，还要对技术的本体论、认识论、方法论、价值论、伦理学进行系统的研究。所以该专刊的第二部分就发生了重大变化：关于技术的解释学研究，关于技术的非马克思主义批判，新马克思主义的技术批判，SPT 走进西班牙语、德语国家，美国的实用主义和工程哲学，形而上学和技术文化等等。在第三部分，专门谈技术哲学的各个领域，开始要建立一种学科化、学术化的领域，开始建制化、学科化。所以从第 18 章开始，谈技术哲学的荷兰学派，工程和计算机伦理，技术、哲学和环境伦理，生物技术哲学，农业技术哲学，像电影这样的日常生活技术和哲学，后现代技术对社会的建构等等。技术哲学开始走向成熟，开始独立和学科化，开始规范化。

向大家介绍上面这些期刊，对我们的研究开卷有益，有时候可能事半功倍，特别是专刊大家要看。那么，国外的技术哲学要面向 21 世纪，新千年以后 SPT 的历届会议主题便非常聚焦当时的社会焦点问题、要点问题。比如 2000 年联合国有一个议程叫《21 世纪议程》，主题是"可持续发展"。2001 年 SPT 的会议主题就定位于"技术与自然"，讨论技术在人们利用自然改造自然的过程当中，跟自然的关系到底是什么样的？自然还能不能可持续发展？进入 2000 年以后，经济全球化扑面而来，SPT 会议主题便有"技术与全球社会"、"技术与全球化"等等。我们看到，技术的经验转向出现以后，技术不仅要研究整体的技术，还要研究具体的技术，要进入实验室，研究设计技术，到工厂研究制造技术。新兴技术出现以后，开始研究什么？NBIC 技术（纳米、生物、信息、认知），它叫"汇聚技术的哲学思考"。"911 事件"以后，恐怖分子出现了，那么"技术与安全"又成为会议主题，讨论技术与国家安全、技术与经济安全、技术与文化安全、技术与食品安全等等。大数据、云计算出现以后，又讨论信息时代的技术。2015 年在中国举办 19 届 SPT 会议，我们拿到主办权以后，可以提供什么样的会议议题呢？当时我国提出要建设创新型国家，要提升自主创新能力，我们就设立一个会议主题，叫"技术与创新"。

去年 2017 年在德国举办第 20 届 SPT 会议，这次会议的主题跟以往不太一样。以往的会议主题比如叫"技术与自然"、"技术与设计"等，一目了然。这次会议的主题叫"事物的语法"。语法是什么？我们大家都知道语法是一种语言艺术，是关于语言组织的规则。语法就是要让大家更熟悉语言，更了解规范，使语言更容易学习传播。当然语法也是一种技术。我们一直在思考，为什么把会议主题叫"事物的语法"呢？后来我们跟其他的会议进行分析、系统比较，特别是跟新兴技术的发展进行分析，觉得把这次会议主题叫作"事物的语法"，它标示着技术哲学的规范或者范式发生了重大的变化。就是说，我们现在不仅要研究技术是人和自然的中介，我们现在不仅要研究作为主体的人在自然的过程中进行组合的规则。我们还要研究人、自然、社会组合的新的语法，需要与时俱进。另外，过去技术哲学从工业革命以来，我们研究古代的手工技术，研究近代的机械技术，研究的大多数是实体技术。但是新的技术革命出现之后，云计算、大数据出现了，虚拟技术、智能技术出现了，那么技术到底是什么。对它的本体论认识需要深化，要考虑它的知识论、认识论形成、发展。新兴技术发展的机制到底是什么，智能技术的价值何在，基因技术的伦理规约怎么体现。像技术哲学的研究方法也要与时俱进，荷兰学派研究飞利浦公司的实验室技术创新，产品创新、工艺创新、设计创新，到底是什么样的技术创新方法？我们发现这次会议确实跟以往的技术哲学会议有众多不同。

三

2010 年，SPT 成立 35 周年，TECHNE 邀请一批著名的技术哲学家，如温伯格、杜尔宾、皮特等等，发表了许多文章，对过去 30 年进行总结，对此后的技术哲学研究进行展望。我们发现，技术发展到今天，技术哲学的转向出现了，技术对哲学的新问题产生了，技术哲学的特点更鲜明，技术哲学未来的趋势更明显。为什么说技术哲学的转向出现了，大家看一看，从 20 世纪 80 年代到 90 年代，技术哲学的发展是一个过渡期。什么样的过渡？就是开始从经典技术哲学向现代技术哲学的过渡，这个过渡期的驱动力是技术哲学的经验转向。我们说的经典技术哲学，即海德格尔这批人的技术哲学思想，关注的是技术对人类生活世界的影响。他们对技术的态度是追问的、批判的、否定的。这是经典的技术哲学。那么为什么会转向现代技术哲学？就是经典技术哲学在发展的过程当中也出现一些问题——对技术基于人文主义视角批判有余，而对工程主义的技术功能重视不足。

1992 年我从中国人民大学博士毕业，当时我们把美国科技与社会 STS 学会的主席、里海大学的卡特克利夫教授请过来了。1992 年的时候，我们中国怎样看待科学和技术？科学技术是第一生产力，科学是间接的生产力，潜在的生产力，技术是直接的生产力，是现实的生产力。但是美国学者他们讲什么？他们主要不讲技术是第一生产力，更多地讲技术是第一破坏力。当时我们还不太理解，技术怎么成了第一破坏力？后来才知道原因，美国是后工业化国家，它在经历了工业革命之后，看到了技术是第一生产力的同时，也发现技术是第一破坏力，即技术对自然的破坏，对生态的破坏，对人心灵精神世界的破坏。经典技术哲学家对技术的负面作用的探讨肯定有其价值，但是对技术的正面作用或者正向的功能重视则不够。而且对于人的主体性肯定不够，认为人在技术面前是无能为力的。技术发展是有内在自主逻辑的，技术整体在社会上出现以后，它带来了负面作用，但人们对信息技术、机械技术、计算机技术等具体技术研究不够。这些具体技术之间的相互关系，技术内部的结构和功能的关系，人们关注得不够。所以这个时候就需要开始从经典技术哲学向现代技术哲学的转变。怎么转变呢？就是把技术这个黑箱打开，看看技术内部，看看它们在实验室内部是怎么创新的，工程师是怎样设计的，技术是怎么面对生活世界的。技术哲学经验转向主要有两种，一种是面向社会的经验转向，一种是面向工程的经验转向。

　　还有就是技术哲学的伦理转向，为什么会出现伦理转向呢？经验转向之后，人们确实开始关注具体的技术，关注小写的技术，但是却失去了对技术的批判和人文关怀。作为经验转向的一种矫正，开始出现伦理的转向，就是要重新拾回经典技术哲学的批判维度和人文关怀，但不是简单地向经典技术哲学的回归，而是开始关注具体技术对人类生活的伦理影响。所以，在这个时候大家可以看到，有很多具体的分支，纳米伦理、生物伦理、设计伦理、工程伦理纷纷出现。还有一种转向是政策转向。在政府制定公共政策的过程当中，过去是依据政治家的政治权力来制定科技政策，或者依据企业家的经济利益来制定政策。科学家对于科技本身的这种规律性的认识，伦理学家对于科学技术发展的伦理规约的思考，没有嵌入到政策的制定过程当中。所以说，技术哲学要走进科技政策，对其进行哲学的思考。第四种转向就是交叉学科。在技术哲学领域，有狭义和广义之分。狭义的技术哲学就是传统的技术本体论、技术认识论、技术方法论和技术价值论。广义的技术哲学是一种跨学科的技术哲学。跨学科技术出现以后，在理论上、实践上也遇到一些问题——跨学科技术发展很快，但是理论模式不清楚，缺少一种哲学的指导。传统的哲学要高大上、形而上，要思辨，不是以问题为导向。交叉学科的转向希望把哲学从殿堂上面请下来，从殿堂学术转向田野学术，以解决问题为导向，不仅是哲学家要研究技术，科学家、工程师、政府企业都要参与其中进行研究。

最后一种转向是哲学本身的技术转向。美国技术哲学家皮特是位著名的学者，几乎我每次参加 SPT 会议都能见到他，但是遗憾这个人没有来过中国。这个人思想很独特，也很深刻。他说技术哲学在当代世界包括在北美文化当中实际上是边缘化的，当然在中国也是边缘化的。在我国哲学领域，中、西、马是主流学科，科技哲学是边缘，在北美文化当中也是如此。这种现状除了跟人文学科本身、跟文史哲自身的特点有关之外，皮特说人文学者也应该反思自己的责任。他举了一个例子——索卡尔事件。索卡尔，一个物理学家，通过虚构的数据杜撰的论文，把它发表在著名的人文学刊上，反而被人文学刊的主编大加赞赏，赞不绝口地认为这篇文章是原创性的、高水平的好文章。但是最后当作者把事实真相公之于世的时候，学界一片哗然：人文学科是科学吗？在物理学界是不会出现这样的事件的。实践是检验标准，论文当中的数据方法，别的科学家在实验室里一定要可重复实验，做不出来不行。但是文史哲学科中人文学者这种思辨性，没有实践检验的过程。过去常说一门科学如果没有成功地应用数学，它就不称其为科学。文史哲到现在为止，我们也只是叫作人文学科，没有把它叫作人文科学。所以索卡尔事件，给我们以深刻的警示。那么技术哲学作为人文学科的一部分，应该怎么样去看待我们的问题？

哲学的特质是需要逻辑分析的。但是，逻辑分析是不是哲学唯一的特质？皮特说特别是像技术哲学这样的学科，它是实践哲学，它是应用哲学。所以说，除了形而上的逻辑分析之外，我们还需要形而下。走进生活实践，走进实验室，走进工厂，走向企业，走进社会。我们常常说哲学是爱智慧，爱智慧就要跟生活世界有关系，就应该跟我们的行动有关系。如果完全关注"存在就是约束变项的值"这样的讨论会让我们离智慧越来越远，这种逻辑分析也可能会使技术哲学离生活世界越来越远。我们的哲学家言必称希腊，但是皮特认为西方哲学所兴起的那个世界并不是我们现在所生活的世界，所以苏格拉底和洛克哲学的核心问题并不是当今世界的中心问题。当今世界是一个技术的世界，技术架构起来的世界，需要用一种技术透镜来看待人和自然的关系。最主要的哲学问题是人、技术与世界是如何互动的。在技术的透镜之下，认识论研究将会更加关注我们与世界打交道的中介工具，本体论研究也会受到类似的影响，伦理学研究也将会被赋予新的属性，哲学史也将会被重新改写。所以，哲学的技术转向意味着要以一种积极的行动者的姿态，回到现实生活世界，这个观点确实引起了很多学者的反思。

到目前为止，如果从 1877 开始算，技术哲学大概经历了四代的发展。在第一代技术哲学家中，工程师卡普和马克思是其中重要的代表人物，因为国外学者把马克思主义技术哲学算作技术哲学的一个重要流派。原来的苏联东欧国家，如今的中国，都是研究马克思主义技术哲学。第一代技术哲学家关注的是什么？他们关注的是技术作为人和自然的中介，怎样把人类从自然的约束下解放出来。他们在这种解放的过程当中，获得了对自然、对世界新的认识。这是第一代技术哲学家。第二代技术哲学家，海德格尔、埃吕尔、马尔库塞等等，他们讲到技术在把人从自然的约束下解放出来的同时又创造了一种对人的新的约束方式——技术异化。所以对技术要进行追问，要进行批判。第三代就是经验转向以后的技术哲学家，杜尔宾、伊德、伯格曼、芬伯格这些人，他们希望在技术把人类从自然的约束中解放出来的同时，存在第三条道路——即技术哲学要成为应用哲学，或者反映哲学当中的应用转向。他们强调杜威的社会行动主义，强调跟 STS 的合作。他们研究哲学视野中的 STS（科技与社会），或者科技社会研究的哲学路径，即 P – STS。米切姆认为，现在进入了第四代技术哲学，它的出现有两个标志，一个是荷兰学派的兴起，另一个是工程哲学的出现。荷兰学派确实不应该忽视。荷兰学派不再像过去的技术哲学家那样简单地致力于技术的正面或者负面社会影响的研究，或者说对于技术进行简单的解释学研究。他们认为，不管是工程传统的技术哲学研究还是人文传统的技术哲学研究，我们首先应该关注工程技术专家的实际活动、创新活动、制造活动、设计活动。我们国家工程哲学现在也是方兴未艾，像中国科学院大学的李伯聪教授、殷瑞钰院士的研究等等，无须赘述。此外像麻省理工，英国的皇家工程院，都在进行工程哲学的研究，而且现在也是每两年开一次会，尽管参会者不像 SPT 会议人那么多。但是工程哲学和技术哲学的会议分别在奇数年、偶数年召开，技术哲学 SPT 每两年一次，基本上是奇数年，而工程哲学会议是偶数年召开。值得谈的一点是，后者每次开会必须有工程师在场，工程师和哲学家轮流主持会议，这也是它的一个特点。

四

技术哲学的问题是什么？技术哲学在 21 世纪发展得很快，但是，技术哲学也带来一些问题。一个问题是，比如说即便是经验转向，也有面向工程的经验转向和面向社会的经验转向，这两种经验转向也开始分裂。我们知道，两种文化的分裂现象，即过去培养的人才，知识结构比较单一，研究数理化的对文史哲知之甚少，学习文史哲的对数理化望而生畏。本来社会的发展，人类的进步，应该两种文化即科技文化和人文文化日益融合，强调要培养一种具有复合型知识结构的创新性人才。其实在技术哲学领域，既有由工程师卡普创立的工程传统的技术哲学，也有像海德格尔这些人文学者创立的人文主义技术哲学，现在这两种技术哲学也在分道扬镳。第二个问题是，伦理转向虽然重新拾起了经典技术哲学的人文关怀和批判维度，但是导致了对经验转向当中技术哲学和 STS 这种密切联系的遗忘，忽视了伦理分析也应该关注技术与社会之间的复杂关系。第三个问题包括三个方面，一个是在技术哲学当中，成熟的价值论还比较缺乏；第二个是技术与社会以及技术文化的研究还没有成熟的理论；第三个是对于技术伦理学来讲，缺乏技术伦理学领域的通论，几乎没有关于推进技术伦理学领域的理论或方法的研究工作。此外还缺乏关于伦理性技术（Ethical Technology）评估的有效模型，以及关于新技术伦理发展的有效模型。

技术哲学的发展趋势。第一，整合性趋势，两种经验转向——面向工程的经验转向和面向社会的经验转向——要逐渐融合。如果分裂下去的话，技术哲学就不能形成统一的范式和研究纲领。面向工程的技术哲学阐发了技术物和技术实践、设计过程以及设计与用户关系的理论，这些理论可用于面向社会的技术哲学。面向社会的技术哲学发展了社会—技术关系的理论，而这些理论也可以被面向工程的技术哲学用来更好地描述工程的社会情境。另一整合是经验转向与伦理转向的整合，具体来讲是描述性路径与规范性路径的整合。荷兰学者维贝克认为,沿着描述性进路,需要进一步浓缩技术的伦理和政治意义,扩展技术哲学和伦理、社会和政治哲学的界限。而沿着规范性进路,应该进一步发展规范—伦理路径,将重点聚焦于技术伦理的实践维度上,即我们不仅要说,要写,还要"做"技术伦理学。这两种路径结合起来,就构成了维贝克提出的"伴随技术"伦理学:伴随技术伦理并不将自身置于技术的维度之外,而是旨在伴随并参与技术的发展、使用及其社会嵌入。它以经验研究补充规范研究,并要求设计者、使用者以及政策制定者的充分参与,对技术应用进行道德反思,预测处于设计中的技术可能产生的社会影响。而技术哲学家们的任务则是通过整合运用描述性研究与规范性研究构建起完善的分析框架,以供设计者和使用者能够充分理解、预测并评估技术物的社会及文化影响,进而以负责任的方式从事技术的设计和使用。所以说描述性的路径转向和伦理转向的规范性要日益融合,相互补充。

第二种趋势是建构性导向。建构性重点在于强调技术哲学关注现实的实践维度。荷兰学者布瑞提出了"建构性技术哲学(constructive philosophy of technology)"的概念。他认为,21世纪的焦点是建构性技术哲学,其主要任务是提出一些哲学观点和方法,以用于引导和改变负责技术开发、控制和使用的社会行动者的实践活动。它关注我们这个时代的问题,提出建设性的、可行的解决方案,与非哲学界的和非学术性的行动者进行合作,将自己的思想定位于激励这些行动者,并使他们在实践中应用这些思想。布瑞还明确了技术哲学在解决现实问题中的独特地位:弥补自然科学、工程科学与社会科学之间的裂痕,提供交叉领域的知识,使我们能够讨论技术和社会,技术和文化,技术、规范和价值,技术和人类行为,技术和社会需求之间的关系。布瑞提出了"建构性技术哲学"的规范性研究方法:规范性研究构成了对世界应该是什么样的,人们应该如何行动等问题进行审视的方式。通过对技术的作用进行评估,为技术的发展和应用提出规范性建议来解决与技术相关的社会问题,落实到具体的实践层面。布瑞指出,对技术哲学而言,要想对技术的发展和技术对社会的影响产生实际效果,它必须离开学术壁龛,成为一个真正的社会行动者。技术哲学家应该做的不止是在本领域的学术期刊上发表论文或是在学术会议上发言,而且需要开始做一些与工程相关(engineering-relevant)、与政策相关（policy‐relevant）的工作，为公共讨论（public discussions）做出重大贡献。这要求技术哲学家与工程师和政策制定者紧密联系起来，开展大量工作，并参与公众辩论。这就是说，技术哲学家不仅仅能够在杂志上发表论文，不能仅仅在学术交流会议研讨的时候去交流，要走下神坛，走下学术壁龛，还要走进实践，走进企业，走向社会，走进公众。我们不仅要说技术哲学，不仅要写技术哲学，还要做技术哲学。Do，这个很重要，要Practice。技术哲学不能仅仅坐而论道，纸上谈兵，还要立而行之，走向社会。

技术哲学还有一个趋势就是全球化。米切姆教授认为全球化不仅是当代技术哲学研究所呈现出的特点之一，也在一定程度上指明了第四代技术哲学的发展方向。技术"全球性研究"的意义在于：我们对新兴的 NBIC 会聚技术（纳米技术、生物技术、信息技术、认知技术）进行伦理和政治的反思，不仅是跨学科的问题，而且是跨国界的问题。米切姆认为，对技术哲学发展的最有意义的预测是与全球化有关的，因为全球化的研究进路中暗含着隐性的希望，对技术的哲学反思将有助于人们变得更加具有世界性。全球化进路要求技术哲学共同体在 21 世纪的扩展，要超越欧洲和北美的第一代、第二代和第三代研究的传统限制，尊重和融合来自亚洲、非洲、拉美等世界各地的各种文化观，并努力摆脱来自于某种特定文化的看法。如"哲学、工程、技术论坛"2012 年在北京召开，第 19 届技术哲学 SPT 会议 2015 年在沈阳举行，都印证了技术哲学研究的全球化趋势。

五

中国的技术哲学发展日新月异。中国技术哲学第一次全国会议是 1985 年在成都科技大学举办。当时我还在念硕士研究生，到今年已经第 17 届技术哲学会议，就是说到目前为止，我大概是国内唯一从第 1 届到第 17 届全过程经历技术哲学会议的学者。我的学术前辈都已经退休了，后来中青年学者比较活跃，但是全过程参与中国技术哲学发展的学者并不多见。中国从第一届 1985 年开始到现在 30 多年过去，确实有很大的进步。但是面向 21 世纪，特别是进入新时代，习总书记在 2016 年 "5．17" 哲学社会科学工作座谈会上的重要讲话谈到，中国的哲学和社会科学怎么样去体现中国特色、中国风格、中国气派？这里面就有一个问题，就是我们在继承性和民族性、原创性和时代性、系统性和专业性上怎么去把握？在第16届全国技术哲学会议上，我提出要坚持"三化"的方针，一个是立足本土化，一个是面向国际化，一个是逐渐实现中国化。

立足本土化是中国技术哲学的实践根基。刚才讲1992年我们把美国学者请进来时，我的老师陈昌曙教授讲了一个问题，美国学者在这边讲技术是第一破坏力，那么中国学者这时候也要在场，也要发声，虽然说我们过去只注意到了问题的一个方面，技术是第一生产力。你们讲技术是第一破坏力，未雨绸缪，给我们很好的启示。但是对于不同的国家，不同的民族，不同的历史时期，我们需要一种辩证的而不是非此即彼的论断。我们不能从技术的拥护者，科学主义者，一下子跑到反科学主义的立场上去。陈昌曙教授当时提出"技术哲学与中国国情"，意指我们当时既需要技术发挥出第一生产力功能，但是也要注意到技术如果运用不好，也可能成为第一破坏力。所以虽然当时还没有提出"绿水青山就是金山银山"，但是我们也提出了技术对环境、对生态、对人自身全面发展的异化作用和负面影响。所以立足本土化是一个中国技术哲学的实践根基。

面向国际化，既要体现民族性，也要有世界性。如果说本土化是为了体现民族性的话，那么全球化就是为了体现技术哲学的国际化。陈昌曙教授写过一本《技术哲学引论》，他在序言当中说"我这本技术哲学是土的技术哲学"，言外之意是我们当时虽然对日本技术哲学、对欧美技术哲学还没有充分了解，但是我们也研究出来自己的技术哲学理论。但是到了21世纪，我们已经了解了日本的技术哲学，也了解了欧美的技术哲学。我们的技术哲学怎么保持生命力呢？我的导师陈昌曙教授讲到"没有特色、没有地位；没有研究、没有水平；没有应用、没有前途"。后来我又加上一句"没有开放，没有发展"。我们可以把它作为中国技术哲学的"四项基本原则"。体现中国特色，我们要以特色寻求地位；加强理论研究，以研究体现水平；强调技术哲学的实践性、应用性，技术哲学要走出哲学的神圣殿堂；技术哲学要开放，因为它是一种学术文化，这种学术文化与政府的政治文化，企业的企业文化怎样结合，怎么融合，怎样协同创新？我们现在强调智库建设，强调技术创新是三螺旋，政、产、学相结合叫协同创新。所以没有开放就没有发展。对内开放，对外开放，对其他学科开放。理论研究要面向国际化，学术交流要面向国际化。

促进中国化。这个路径选择有四个方面需要注意：一个是立足于中国的实践情境，一个要坚持马克思主义的传统，一个是要植根于中国的文化，一个要聚焦于中国的问题。

为什么要立足中国的实践情境？因为改革开放之后我们经历了不同的情境，比如说一开始没有经验我们摸着石头过河。但是到现在，光摸着石头过河不行，一定要有前瞻性的哲学思考，全面深化改革需要顶层设计。现在强调中国的技术实践，大家注意要保持冷静的思考。我们的实践情境即大家常常说中国是 GDP 第二大经济体，好像中国的科学技术也是第二大科技共同体，除了美国 number one，就是我们 number two。但是事实真是如此吗？非也。最近《科技日报》总编辑刘亚东的一篇文章讲道，说中国在核心技术上，很多关键技术我们是受制于人，中兴芯片事件使我们清醒地思考这个问题。当今在世界科技阵营当中，第一集团是美国，第二集团是欧盟、日本，第三集团才是中国！第四集团是其他一些发展中国家。所以大家想一想中国如今的实践情境是什么？中国既需要原始创新，也需要技术引进，更需要消化、吸收、再创新，形成自己的知识产权，这就是当下我们的实践情境。

当然在中国研究技术哲学，一定要坚持马克思主义的传统，这是我们与西方国家不同的地方。对马克思主义经典文本、经典作家的技术思想、包括中国化马克思主义的技术观，都要进行深入研究，同时我们对西方马克思主义技术哲学的合理内核也不要抛弃，要加以分析批判借鉴。第三个方面就是要植根于中国文化。中国文化博大精深，我们党的 19 大报告讲到中国的传统文化怎么样在新时代要创造性转化、创新性发展。那么对于我们技术哲学，就需要深刻把握中国传统哲学文化尊重自然和求真向善的精神，真正做到"古为今用"。我们需要考虑怎样创造性转化、创新性发展，与时俱进，真正体现出中国特色。越是民族的，越是世界的。我们这种独特性唯一性，怎样在技术哲学的理论创新当中体现出来，是值得思考的。最后要聚焦中国问题，现在中国面临很多问题，像西部大开发，东北振兴，中国制造 2025，人工智能发展等等，这都是国家战略。我们强调在 2020 年要实现创新型国家的目标，但是我们现在技术创新技不如人！怎么办呢？中国现在技术创新牵牛鼻子的核心问题是什么？我们东西南北中要齐心协力，一定要结合国家战略，结合地方发展，找出牵牛鼻子的技术创新问题。所以，我们中国技术哲学，在这方面要体现出中国问题，然后发出中国的声音，形成中国的特色，体现中国的语境。

我们立足本土化，面向国际化，逐渐地实现中国化。中国化不是一蹴而就的。可能需要几代人的努力，几十年的发展。但是中国的技术哲学，只要坚持以特色寻求地位、以研究体现水平、以应用寻求前途，以开放促进发展，就会逐渐在国际技术哲学领域取得一席之地，将来就会形成中国特色的技术哲学。今天由于时间关系我就跟大家交流到这里。谢谢张院长！谢谢大家！

（7月6日"侯外庐学术讲座"第142讲。录音整理：张鑫琳；修改审定：陈明宽）

维特根斯坦与人工智能哲学

李国山[*]

今天很高兴来到这里为大家做一个学术讲座。我跟西北大学非常有缘，去年还来这里招收过推荐免试研究生。另外，三十四年前，我考大学那一年，西北大学是我填报的三所重点大学之一。尽管没有如愿来到这里学习，但这些年来，我心里一直对西北大学抱有一种亲切感。

今天我给大家讲一点与维特根斯坦有关的东西：维特根斯坦与人工智能哲学。实际上，维特根斯坦和人工智能没有直接关系，只有间接关系，但这个间接关系却十分重要：维特根斯坦对人工智能的发展以及在发展过程中间会产生的一些哲学问题，具有一种预见性。国内外都有一些研究维特根斯坦与人工智能关系的论文和著作。这次演讲是我凭自己对维特根斯坦的了解以及对人工智能的粗浅了解构思出来的，跟当今的大多数文献没有特别的关系。

维特根斯坦于1951年去世，而"人工智能"这个概念是1956年才提出来的。就是说，维特根斯坦未能见证人工智能的蓬勃发展。维特根斯坦从大学到研究生，学的是工程学和航空动力学。1911年到剑桥大学之后才开始接触哲学。他一生都对技术领域的新进展保持着高度敏感和兴趣，并在哲学探讨中时常涉及技术哲学问题。维特根斯坦生逢人工智能萌芽时期，又和图灵有过密切接触和激烈争论，这势必引发人们关注他与随后兴

---

[*] 李国山，南开大学哲学院教授，博士生导师，中国现代外国哲学学会常务理事。2007年入逐"教育部新世纪人才支持计划"。主要著（译）作有《言说与沉默》《语言批判与形而上学》《指称之根》《形而上学的逻辑基础》《刘易斯文选》等。

起的人工智能的关系。我们都知道，图灵被称为"人工智能之父"。当时他是剑桥大学的一名教师，听过维特根斯坦关于数学基础的课，可以说他们之间存在着师生关系。他俩当时就机器思维的问题展开过热烈讨论，二人的观点可谓针锋相对。维特根斯坦从一开始就对人工智能持一种怀疑和批判态度，这一点我会在后面谈到。

维特根斯坦被公认为 20 世纪最重要的语言哲学家和心灵哲学家。很多人将他看作 20 世纪最伟大的哲学家，而他的思想成就已被运用于几乎每一个人类理智探究领域，而像人工智能这样尖端的技术领域，更少不了他的身影。事实上，近几十年来，不断有人探究如何从他的哲学思想出发来看待人工智能问题。学者们集中争论的话题包括：1. 维特根斯坦在何种意义上否认机器可以思维？他认为，所谓机器思维是人在思维，或者机器思维是人输入进去的，机器不能自主思维，这一点是维特根斯坦比较坚定的看法。2. 他所倡导的语法研究对于我们探究人工智能哲学问题有何启示？我将从维特根斯坦的一个比喻入手，结合他的语言哲学和心灵哲学思想进一步探讨上述问题。

一 维特根斯坦的"锤喻"

维特根斯坦是一个非常善于用比喻去表达自己哲学思想的人，我们比较熟悉的有"梯子比喻"、"甲虫比喻"、"捕蝇瓶比喻"等等，而这里讲的"锤喻"来自于《蓝皮书》。他谈到"有意识的思想"与"无意识的思想"的区别时，用到了锤子比喻：

"说某人在谈论有意识的思想和无意识的思想时是以两种不同的方式使用'思想'一词，这种说法是否正确呢？——当我们用锤子敲进钉子，或者当我们用锤子把木塞打进孔里，我们是否以两种不同的方式使用锤子呢？这是锤子的两种功能，一个是敲钉子，另一个是敲木塞，这两种方式是不是不同的使用锤子呢，就像是有意识的思想和无意识的思想对应起来的这样的比喻。当我们把这个塞子打进这个孔里，另一方面又把另一个塞子打进另一个孔里，我们是否以两种不同的方式还是以同一种方式使用锤子呢？或者，当我们在一个场合下把某种东西打入另一种东西，在另一个场合下把某件东西打碎，我们是否只是谈论不同的使用方式呢？也就是说敲进功能和敲碎功能是不是两种功能,或者,是否在所有这些场合下都是谈论锤子的同一种用法,比如说敲击功能或敲打功能,只有当我们把锤子用作压纸的重物时,我们才能谈论一种不同的用法?——在哪些场合下,我们说的是以两种不同的方式使用一个词,而在哪些场合下是以同一方式使用这个词?"[1]

这明显是一个语法考察,即维特根斯坦后期哲学关于词的意义和用法问题的探讨。如果我们以两种(或更多种)不同的方式使用一个词,那么我们并没有提出一个关于它的用法的观念。我们只不过提供一张具有两个(或更多个)分栏的图表,用以描述它的用法,以便使人们能够看清楚这个词的用法,也就是将各种各样的用法展现出来。这就是后期维特根斯坦的语法考察。我们要考察词的多种多样的用法,这种语法考察可以展现词的意义。词的意义是从众多的用法当中展现出来,而不是一劳永逸地把它确定下来,这便是维特根斯坦后期意义理论的核心内容。

维特根斯坦把有意识的思想和无意识的思想同锤子的两次敲击进行类比。在这里,我想借用这个比喻来探讨"人工智能"与"人类智能"这两个术语之间的关系。维特根斯坦生前也非常关注类似的问题,并做过一些思考。他探讨过诸如"机器思考"、"机器牙痛"、"人工脚"、"脚上的人工疼痛"等话题。这些探讨虽显得零碎,却清楚地表明维特根斯坦已敏锐地注意到人工智能的发展,并预见到了由其发展引出的一系列哲学问题。面对这样一些问题,维特根斯坦主张,要像对待其他一切领域内的哲学问题一样,通过语法探讨去消解它们。这是我今天要讲的主要内容,就是他面对这样的哲学问题是怎么看的,人工智能和人类智能的区别是什么?或者联系是什么?人工智能能否超越人类智能并取而代之,进而统治世界?我们就从维特根斯坦后期哲学的立场去思考这些问题。

---

[1] 涂纪亮主编:《维特根斯坦全集》第 6 卷,涂纪亮译,河北教育出版社 2001 年,第 77—78 页。

二 从"锤喻"看人工智能与人类智能

由于"人工智能"和"人类智能"这两个术语都包含了"智能"一词,所以,我们自然就会被引导到这样的问题上来:人工智能和人类智能是两种完全不同的智能吗?它们之间有相似性吗?人工智能会不会超过甚至取代人类智能?这是一个大家很关心的问题。诸如此类的问题都已超出了人工智能专家、脑生理学家或心理学家所能回答的范围,因为它们不再是专门的科学问题。在维特根斯坦看来,它们都是人们在语言的诱导之下提出的哲学问题。我们被这样的问题所吸引,却又百思不得其解,这给我们带来深深的困扰。那么到底该如何应对这些问题呢?

维特根斯坦在《哲学研究》中明确提出通过语法考察探讨哲学问题,并将我们所使用的语词比作工具:"想一下工具箱里的工具,有锤子、钳子、锯子、螺丝刀、尺子、胶水盆、胶、钉子和螺丝。——这些东西的功能各不相同;同样,语词的功能也各不相同。"① 工具的意义在于它的使用,就像语词的意义也在于它的使用。根据具体的用法,比如锤子的功能到底是敲进还是敲碎来加以类比。当然,我们听到这些语词,看到写出来印出来的语词,它们的外观整齐划一,而这让我们感到迷惑。它们的用法却并非明明白白地摆在眼前,尤其在我们从事哲学的时候。我们做哲学研究时,不能脱离一个词的语境去考察这个词到底是什么意义,这是维特根斯坦的基本主张。

所以说,"人工智能"和"人类智能"这两个术语中的"智能"一词,就相当于维特根斯坦说到的那把锤子,而要应对上述那些问题,就需要仔细考察这两个术语各自的用法。事实上,在维特根斯坦的锤子比喻中,他已清楚指出了锤子的两种不同用途:敲击某种东西和压住某种东西。我们倾向于认为,第一种用途是锤子的常规用途,第二种用途则不那么常见。不过,既然这样用了它,它就实际发挥了比如说镇纸的作用,虽然并不常用,但偶尔用一下也未尝不可。那么,我们是不是可以说,与人类智能相关的"智能"一词的使用是常规性的,而与人工智能相关的使

---

① 维特根斯坦:《哲学研究》,陈嘉映译,上海人民出版社2001年,第10页。

用虽显得反常却也不失为一种正当的用法，毕竟人们已经渐渐接受了这种用法？维特根斯坦会同意这种说法，因为他对语言用法不断变化和拓展的现象做过非常形象的描述："我们的语言可以被看作是一座老城，错综的小巷和广场，新旧房舍，以及在不同时期增建改建过的房舍。这座老城四周是一个个新城区，街道笔直，房舍整齐划一。"① 这种新城区就是指一种不太常规的用法，一种新的领域，那么人工智能相对于人类智能就是一种新的领域。对照这种描述，我们可以将人工智能视作智能这座老城的一个新区，任其发展。如此一来，只要我们把人工智能限定在一个独立的新区内，它的发展对老城区便构不成任何威胁。不过，维特根斯坦的锤子比喻还有更深层次的用意，需要我们更仔细地去体味。这样做或许有助于我们进一步理解人工智能与人类智能之间的区别，我们来看维特根斯坦更深层的用意。

我们注意到，维特根斯坦在谈到锤子的常规用法时还做了更细致的区分：一、把钉子敲进木板；二、把木塞敲进孔里；三、把某样东西打碎。尽管这些都可以称为锤子的敲打功能，而且我们还可以列举更多与之类似的用法，但它们毕竟是不同的。假如把人工智能和人类智能都和锤子的敲打功能对应起来的话，将其他都先撇开，我们会倾向于说，人类智能接近于前两者，而人工智能更接近于第三种功能，因为锤子的这种功能相对于前两者更不常见。我们还可以再试着把人工智能和人类智能只对应于锤子的"把某种东西敲进某种东西"的功能，那么，是不是可以很确定地说，人类智能对应于把钉子敲进木板，人工智能对应于把木塞敲进孔里？事实上，随着考察的深入和细化，我们会发觉越来越难以做出明确的区分，把钉子敲进木板和把木塞敲进孔里好像区别越来越小，那么是不是说人工智能和人类智能越来越接近了呢？

维特根斯坦在《哲学研究》第62节中做了类似的评论，讲的是主要功能和次要功能的区别。他说："同样，我们也会说某些东西是作这个用的，作那个用的。本质之点在于：这是一盏灯，它是用来照明的——拿它来装饰屋子，填充一块空白之类则是非本质的。然而什么是本质的，什么

---

① 维特根斯坦：《哲学研究》，陈嘉映译，上海人民出版社2001年，第13页。

是非本质的,并不总划然有别。"① 因为我们知道,后期维特根斯坦是反本质主义的,他认为不能简单地把一个事物的本质和非本质严格地区分开来,这是他所谓的家族相似性。这表明,如果对语词的用法做近距离的观察,我们便会发现很多被忽略掉的区别。而在维特根斯坦看来,正是由于未能注意到这些细微的区别,我们才会陷入一个个哲学困惑,难以自拔。所以他后期的治疗型哲学认为,哲学就好像人类在语言的诱导下患上的疾病,要通过语言考察发现它们在用法和意义方面的差别,以此消解由于没有弄清这些区别而导致的哲学困惑,这样就达到了治愈的目的。维特根斯坦认为,我们在遇到这样一些词的时候,包括那些包含形而上学意味的词,就一定要问自己:这些词在日常语言中是这样使用的吗?我们一定要把词的形而上学用法带回到日常用法中。

事实上,维特根斯坦的锤子比喻还涉及另一个更深层次的区分,那便是锤子的某一具体功能的两次发挥之间的区分。前文引自《蓝皮书》中的那段话里有这样一句:"下面这种说法是正确的:'我们用这个锤子做两件事:我把一颗钉子敲进这块木板,把另一颗钉子敲进那块木板。'"在维特根斯坦看来,只有具体到这个层次,我们才能有把握地做出确定的区分。那么,在这个层次上,我们能否把人类智能对应于第一件事,而把人工智能对应于第二件事呢?恐怕不能。这样的话,就将人工智完全等同于人类智能了。况且,即便可以这样做,我们也禁不住会反问:这种区分和对应还有什么意义呢?因为二者已经没有什么区别啦,人工智能和人类智能做的是同样的事情!这里已达到标记同一(token identity),而前面几种情况只是类型同一(type identity),比如人类智能对应于锤子的敲进功能,而人工智能对应于锤子的敲碎功能。显然,人工智能和人类智能之间无法达到标记同一。

三 两种不同的语言游戏

至此,对于人工智能与人类智能之间的关系,我们会倾向于类型同一,而不是标记同一,因为它们毕竟是两类不同的智能。也即是说,我们

---

① 维特根斯坦:《哲学研究》,陈嘉映译,上海人民出版社 2001 年,第 46—47 页。

考察"人工智能"和"人类智能"这两个术语的语法时，应参照锤子的两种不同功能来进行，这便将我们引入了它们各自的语言游戏。智能是数百万年生物进化的结果，是人类引以为傲的、区别于其他生物的禀赋。关于智能和人工智能有各种各样的界定和描述，我这里选取《牛津哲学词典》的定义："最一般地说，智能就是灵活而有效地处理实践和理论问题的能力。"①"人工智能是关于制造能做跟人一样的事情的机器的科学。强人工智能说是这样的哲学论点：适当编程的计算机同我们一样拥有心灵。弱人工智能说是这样的方法论信念：坚持认为探究心灵的最佳途径是假定上述论点是对的，而对那些会引起对强论点的不快的二元论遗产不置可否。"② 这两个定义简单明了，便于使用。

  智能主要是脑生理学家和心理学家的研究领域。这些科学家研究由大脑控制的人的感知能力、反省能力、记忆能力、情绪能力、意志能力、思维能力、判断能力、推理能力、语言能力、学习能力、交际能力等等，并有一整套专门语言用于进行学术研究、展开学术讨论、发表学术成果，致力于解答人们为什么能够灵活而有效地处理实践和理论问题。这些科学家在进行着自己的语言游戏，而这也是他们独特的生活方式。当然，科学家们的术语也会通过各种途径进入日常生活，成为我们日常话语的一部分，供大众使用。

  人工智能是较晚兴起的一个科学和技术研究领域，它的标志性特点是通过研究制造出能成功模拟人类智能的机器人。这种机器人可以在某些方面表现出类似于甚至超过人类的智能，这一领域的科学家自然在用他们的一套专门术语做着自己的语言游戏。比如，他们会使用这样一些术语：智能机器、智能搜索、机器学习、深度学习、知识获取、机器感知、机器思维、人脸识别、人造生命、专家系统，等等。与此同时，这些术语也迅速进入日常话语，并被大众所接受。既然人类智能和人工智能均拥有属于自身的语言游戏，只要愿意遵守游戏规则，人们便可自如地参与到这些语言游戏中去。不过问题在于，当这两种语言游戏彼此渗透、发生交叉的时候，势必会引起进一步思考：二者到底是什么关系？或许，两个领域内的

---

① 《牛津哲学词典》，上海外语教育出版社 2000 年，第 195 页。
② 同上书，第 26 页。

专家们不会太多地受到这个问题的困扰，因为他们只求把本领域的研究尽量做好。但是，同时熟悉这两个研究领域、又具有哲学头脑的人士则禁不住会对上述问题苦思冥想，比如那些坚持强人工智能说的学者们。另外，普通大众里也会有一些喜欢思考的人纠结于这样的问题，因为他们的日常语言游戏里会同时出现本属于这两个专门研究领域的术语，它们之间会相互纠缠，难分轩轾。

四　维特根斯坦与人工智能哲学

　　维特根斯坦对机器能否思考等话题的探究，所针对的正是人们在这一领域内所遇到的哲学困惑。他与"人工智能之父"图灵之间的思想交锋，是人们津津乐道的话题。1939年，图灵参加了维特根斯坦在剑桥开设的关于数学基础的讲座课程，两人就机器能否思考的问题发生了激烈争论。后来，图灵承认维特根斯坦对他的思想产生了很大影响。图灵此前发表了一篇著名论文《论可计算数及其在判定问题上的应用》（1936年），维特根斯坦读过此文并为之吸引，甚至把它用作课程的阅读材料。两人争论的焦点是：能否制造出可以思考的机器？图灵持乐观态度，而维特根斯坦则坚持认为，机器无法像人一样思考。

　　在写于1933～1934年的《蓝皮书》中，维特根斯坦就探讨了"机器能思维吗？"和"机器能患牙痛吗？"等问题，并明确给出否定性的答案：

　　"人们可能说，思维是我们的'私人经验'的一部分。它不是物质的，而是私人意识中的事件。这种反对意见也表现在'机器能思维吗'这样的提问中。一个类似的问题：'机器能患牙痛吗？'你肯定会说：'机器不能患牙痛。'我目前仅仅想请你注意你对'能够'这个词的用法，并且问你：'是否你对此想说的是，你过去的全部经验表明，任何机器从来都不会患牙痛？'你所谈的那种不可能性是一种逻辑的不可能性。问题是：在思维（或者牙痛）和进行思维、感到牙痛等等的主体之间是一种什么样的关系？我目前对此只谈这么多。"[①]

[①] 涂纪亮主编：《维特根斯坦全集》第6卷，涂纪亮译，河北教育出版社2001年，第23页。

"有时我们觉得，仿佛个人经验这种现象是一种处于空气上层之中的现象，它与处于地面上的物质现象是对立的。有这样一种看法，即认为当物质现象达到一定复杂程度时，便形成这种处于上层之中的现象。例如，当一种动物发展到某种复杂程度时，便出现精神现象、感觉经验、意志等等。这种看法似乎有某些明显的真实性，因为阿米巴虫肯定不会说话，不会书写，也不会讨论问题，而我们却能够做到这一切。另一方面，'机器能否思考？'（是否可以借助于物理规律或者也许借助于其他某种与机体行为相关的规律，来描述和预测这样一种机器的活动。）我们在这个提问中表达的困难，并非真正在于我们还不知道能够思考的机器。这个问题不同于一百年前人们可能提出的那个问题：'机器能否使气体液化？'这里的麻烦毋宁在于：'一架机器在思考（感知、愿望）'这个句子无论如何看起来是荒唐的。它仿佛向我们提问：'数字有颜色吗？'（它可能有什么颜色呢？因为它显然不具有我们所知道的任何一种颜色。）"①

维特根斯坦抓住的是这样一个核心问题：像"机器能否思维？"和"机器能否有牙痛？"之类的问题不能通过观察某台或某些机器加以回答，因为这种经验研究得出的结论无法作为上述哲学问题的解答。他认为，当我们说机器不能思维或不能患牙痛时，要表达的是一种逻辑不可能性，而不是经验不可能性，因此无法通过经验研究加以证实。这就可以解释，维特根斯坦为什么不赞同图灵关于人工智能的设想，也不赞同试图通过测试来判定一台机器是否拥有"智能"的做法。维特根斯坦的正面主张是，这样一些问题的提出都是因为我们错误地使用了语言：当我们问一台机器是否可以感知、思考或表达愿望时，我是在不适当地使用"感知"、"思考"、"意愿"等词语，因而，这样的问题是荒唐的，永远没有解答。此时，我们已深陷于哲学的泥潭之中。只有当我们意识到这样的问题毫无意义并停止追问时，我们才可以摆脱这一困境。当然，如果把这样一些语词的使用严格限定在人工智能研究的专门领域之内，或许就不会引起哲学上的误解了。

在后来的《哲学研究》中，维特根斯坦再次明确表达了类似的看法：

---

① 涂纪亮主编：《维特根斯坦全集》第6卷，涂纪亮译，河北教育出版社2001年，第63—64页。

"机器会思想吗?——它会疼吗?——该把人体叫作这样一台机器吗?它可是极接近于这样一台机器啊"

"但机器当然不会思想!——这是一个经验命题?不是。只有说到人,以及和人相似的东西,我们才说他思想。我们还这样说布娃娃,当然还有精灵。把'思想'一词当作工具来看看它!"① "我们说到无生命的东西有疼痛:例如在和布娃娃玩的时候。不过,疼痛概念的这种用法是次级用法。"②

我们说,维特根斯坦在他的哲学著作中对人工智能哲学问题的探讨,完全是治疗性的。他是想提醒人们密切注意那样一些既被用于描述人类智能,又被用于描写人工智能的词语在不同的语言游戏中被使用的具体情况,而不应该脱离使用环境,孤立地、抽象地询问机器的思想与人的思想是不是一样,哪一个更优越,机器的思想会不会超越并最终取代人的思想?这就是说,他的探讨是想向人们呈现"智能"一词的丰富多彩的用法,引导人们实现对于这一术语的用法的清楚的综观,看清它们之间的联系和区别。回到他的比喻,可以说,他是想通过自己的细致考察,向人们展示锤子的多种多样的功能,并帮助人们认清它的这些功能之间的异同。我们需要防止的是各色各样的"语法虚构",正是这样一些语法虚构把我们引向了哲学困惑。

后期维特根斯坦提出了一个非常重要的概念,那就是家族相似性。他认为,传统哲学所探讨的所有概念都应视为"家族相似性概念",其中包括像"心灵"、"智能"、"思想"、"感觉"、"情感"、"意志"、"学习"等等这样一些概念。对它们进行哲学考察,不是探讨它们所指代的那样一些现象(这是各门科学的任务),而是观察其中每一个术语的实际用法:"我们不分析现象(例如思想),而分析概念(例如思想的概念),因而就是分析语词的应用。"③ 既然"智能"、"思想"等等都是家族相似概念,那么人工智能与人类智能、机器思想与人类思想之间的相似性到底表现在哪些方面?这绝不是一个可以给出明确答案的简单问题,维特根斯坦的考

---

① 维特根斯坦:《哲学研究》,陈嘉映译,上海人民出版社2001年,第174页。
② 同上书,第148页。
③ 同上书,第81页。

察比我们想象的要细致和慎重得多。例如，他在《哲学研究》中关于机器思想的探讨就是对比人的思想、狗的思想、甚至椅子的思想而展开的。事实上，维特根斯坦对机器思想与人类思想之间的相似性是不大认同的，他更倾向于主张这两个概念属于不同的语言游戏。在晚年撰写的《心理学哲学评论》中，他这样写道："图灵的'机器'。这种机器的确是一个进行计算的人。也可以把这个人所说的话用游戏的形式表达出来。这种饶有趣味的游戏可能是这样，即人们按照规则却得出一些没有意义的指令。"① 这里想表达的意思是，假如我们把机器思想与人类思想相等同，势必会导致对相关语词的看似符合规则、却是无意义的用法，因此必须区分开这两类不同的语言游戏。人工智能与人类智能之间的相似性远远低于动物智能与人类智能之间的相似性，因为机器人根本就不是一种生命体。或许，我们所说的"机器思想"就像"布娃娃思想"一样，最多不过是"思想"这个词的一种派生性的次级用法。

维特根斯坦为各种哲学病症所开列的药方，都远不是速效的，相反，这些理智病症都需要长期的医治过程。对于人工智能领域产生的哲学困惑也只能慢慢疗治。而他之所以坚决反对将那些把用于描述人类智能的术语用于描述机器智能，主要考虑从根本上消解深深困扰着哲学家们的心身关系问题。我们知道，自笛卡尔以来，一代代哲学家为解决这一问题投入了巨大努力，提出了各种各样的心身关系理论。然而，无论是心身二元论还是各执一端的心灵一元论或身体一元论都面临着无法克服的理论困难。

其实，将人体视作一架机器的想法早已有之，笛卡尔、拉美特利等都持此说，赖尔就曾把笛卡尔的理论称作"机器中的幽灵说"。前面引用《蓝皮书》的论述中就涉及将人的经验意识看作事物演化之结果的观点，维特根斯坦承认这种观点具有某种明显的真实性，他紧接着就探讨机器能否思维的问题。给人的印象是，维特根斯坦抓住的是这样一个思路：是否可以借助日益先进的技术极大地缩短这个演化过程，直至可以在很短的时间内人工制造出具有跟人一模一样的经验意识的机器？维特根斯坦不会意

---

① 涂纪亮主编：《维特根斯坦全集》第9卷，涂纪亮译，河北教育出版社2001年，第270页。

识不到技术进步的巨大力量，因为他本人就是这一行出身的。但他显然放弃了接续任何一种心身关系理论的努力，因为他清楚地认识到，无论是心身平行论还是心身还原论都无法自圆其说。

因此，他转而劝导人们把关注的目光转向哲学术语的日常用法：那些恼人的哲学问题全部出自语言用法的混乱。他强烈要求："我们把语词从形而上学的用法重新带回到日常用法。"① 事实上，维特根斯坦的哲学工作就是帮助人们看清那样一些被哲学家们赋予了"哲学含义"的科学术语的最初用法。这些术语的发明离不开日常语言，并在科学普及的过程中重新获得在日常语言中的固定位置，但"好事者们"总是禁不住诱惑将它们的"哲学含义"船载以入。维特根斯坦就是要扮演那只"断其喉、尽其肉"的猛虎的角色，去消灭"黔之驴"。

五 "锤喻"的引申

如前所述，维特根斯坦是通过将哲学术语视作工具考察它们的用法，进而消解由它们所表述的哲学问题，他的"锤子比喻"形象地表达了这层意思。本文一开始便将"智能"一词比作一把具有多项功能的锤子，让我们对维特根斯坦的锤喻做这样的引申：锤子把钉子敲进某物里，是使之更坚固；而锤子把东西敲碎，是一种改变，也是一次打开。这或许有助于我们准确理解人工智能，从而消除围绕它而产生的那样一些无益的哲学问题。

我们知道，人类开发人工智能的初衷是更好地帮助人们实现仅凭人类智能难以达到的目标。事实上，电脑在计算速度和准确度、程序化任务的执行能力等等方面都已大大超过了人类智能，并切实为人类带来了极大的便利。这种积极的作用类似于锤子的敲进功能，无疑是未来人工智能研究的主要目标。人工智能必须为人类服务——这是大家的共识。当然，人工智能作为一项新兴的尖端技术，它也肩负着技术革新的使命。不过，它要突破和战胜的是旧有的、落后的技术。我想，目前全球范围内的人工智能

---

① 涂纪亮主编：《维特根斯坦全集》第9卷，涂纪亮译，河北教育出版社2001年，第73页。

技术大战，正是这样一场除旧布新的大竞争，谁也不甘落后。这里必须注意的是，人工智能绝不能，也绝不该与人类智能为敌。然而可怕的是，人工智能可能会被用于战争和犯罪，甚至会制造出"人工智能武器"，用于对付人类智能，直至实行人类杀戮。锤子会被用来敲碎人的脑袋——这是人类必须携手防范的大灾难！

我们相信，人类有足够的智慧，像控制核技术泛滥一样，控制人工智能技术的滥用，甚至有必要及早联手，把它控制得更好。这里用到的已经是维特根斯坦的锤子的"敲开功能"了。人工智能为人类打开了一扇了解自身和宇宙奥秘的大门。我们知道，人工智能研究除了制造机器人之外，还有一个更进一步的目标，那就是通过机器的模拟帮助我们了解人类智能的奥秘。由于大脑构造极其复杂，直接对之做神经生理研究是一项几乎难以完成的工作，而人工智能则开辟了一条了解人脑工作原理的新通道。另外，人工智能的兴盛必将大大增强人类认知宇宙的能力，让我们在茫茫太空中看得更远、飞得更远。甚至有人设想，未来的人工智能技术有望帮助人类实现太空移民的梦想。从人类文明进步的视角看，作为一项尖端的科学技术的人工智能完全是无可厚非的。我们甚至可以设想，维特根斯坦也会满怀热忱地关注人工智能的发展，假如他能像罗素一样长寿的话。然而他一定不会赞同强人工智能说的哲学主张。那么，我们到底该如何看待维特根斯坦对于人工智能的贡献与期许呢？

著名人工智能哲学家 Otto Neumaier 发表过一篇题为《一个关于人工智能的维特根斯坦式观点》的长文，详细探讨了维特根斯坦哲学与他逝世以后才兴起的人工智能之间的关联，并得出这样一个结论："维特根斯坦绝没有为人工智能的发展打开大门；所以，不能把他看作人工智能的一位先行者。然而，维特根斯坦却让使人工智能成为一项有意义的事业的大门敞开着；确保这一点的条件也已明朗：唯当我们的生活方式发生了根本的改变，人工智能的各项目标才会实现。"① Otto Neumaier 的这一结论自然有其可取的一面，但也有可以商榷的地方。首先，维特根斯坦以其对数学基础、数理逻辑和工程技术的强烈兴趣和深入研究，对当时已出现发展

---

① Stuart Shanker and David Kilfoyle, eds. *Ludwig Wittgenstein, Critical Assessments of Leading Philosophers, Second Series*, vol. III, Routledge, 2002, pp. 361 - 2.

苗头的人工智能技术表现出极大的关注。他虽然没有像图灵那样着手进行专门的理论和应用研究，但他对这项技术的发展前景保持着清醒而谨慎的看法。他虽没有用到"人工智能"这个字眼，但他对机器感觉、机器意向、机器思维等"智能表现"以及人工肢体、人工疼痛等非自然造物等都做过探讨。因此可以说，他实际已开始思考这项技术的实质内涵了。当然，作为一名哲学家，他在这一领域内的职责，正如 Otto Neumaier 所说的，乃是保障这一技术成为一项有意义的事业。

我们把维特根斯坦的锤喻用到这一领域，正是想借以呈现他在面对这项影响巨大的新技术时所表现出来的一位哲人的良知。这里，我们可以谈及维特根斯坦之锤的"敲醒功能"，它将在人工智能的发展进程中，不断敲响警钟，唤醒人类的理智和良知，使其更好地认识自己、规范自己的行为，更有效地防止人工智能发展过程中的不良倾向，帮助人类奔向美好的未来——人工智能必须成为一项有意义的事业！凭我个人的观察，目前人工智能研究确实出现了一些不大好、至少不值得鼓励的倾向。一种倾向是，把机器人的外形造得越来越接近于真人，甚至制造出了"性爱机器人"。这一方面是为了拉近人机距离，使机器人更容易被人们接受；可另一方面恐怕只是出于商业考虑，这两者都属于技术方面。另一种倾向是，急于给某台机器人以居住权、公民身份等，甚至还会很快有人考虑和机器人结婚等，这是属于社会方面。在我看来，这两种倾向都是为了哗众取宠、混淆视听、谋取利益。实际上，这里面潜藏着一个哲学误导：把机器人的外形做得更像人的身体，是想掩盖模拟人类智能进展的不力；而强人工智能说的倡导者们孜孜以求的、类似人的心灵的东西一直无法在机器中"现身"，所以只有在外形上大做文章了；授予居住权和公民权的做法更是一种露骨的、对尚不成功甚至没有成功希望的智能模拟的乔装打扮。

面对这些不良倾向，我们最好抢起维特根斯坦之锤，为之敲响警钟。从维特根斯坦的视角看，这样一些做法均不属于正常的人工智能语言游戏，必须加以校正，才有助于人工智能研究沿着正常的轨道前进。至于 Otto Neumaier 说到的实现人工智能健康发展的那个条件，我觉得并不一定是维特根斯坦本人的意思。维特根斯坦确实非常明确地说过"想象一种语言游戏就是想象一种生活方式"，但是并不能由此断言，人工智能语汇的进入会实质地改变人们的日常语言游戏，从而实质地影响并改变人们的生活方式。当然,不可否认的是,时至今日人工智能技术的很多成果已经广泛渗透进我们的日常生活,甚至可以说,很多人的生活已经离不开人工智能了。比如,我们有这样的感觉:离开智能手机,就活不下去了。然而,人类生活形式已经发生,或者将要发生根本的改变么?人类历史上的历次技术进步确实改变了人类的生活方式,比如石器制作技术、制陶技术、冶炼技术、种植技术、书写与印刷技术、工业技术、电气技术等等。但是,人工智能技术是否可以算得上一场伟大的技术革命,从而为人类生活带来巨大变革呢?其实,现在还很难做出判断。

对此,维特根斯坦在《哲学研究》第 420 节已经做了一个有趣的设想:

"难道我无法设想我周围的人——尽管他们的行为方式一如既往——都是机器人,都没有意识?——如果我现在——独自在我的房间里——这样设想,我会看见人们目光凝滞(有点像发呆时那样)干这干那——这想法也许有点吓人。

但试试在寻常交往之际,例如走在大街上的时候,坚持这种想法!你对自己说:'那边的孩子都只是些机器人;他们活蹦欢跳,却都是自动装置发动的。'要么这些话对你什么都没说,要么会在你心里产生某种吓人的感觉,或诸如此类的感觉。"[①]

他接下来做出了这样的总结:"把一个活人看作机器人,就像把一个形象看作边界事例或另一个东西的变体,例如把一个窗格看作卐字符。"[②]事实上,随着人工智能技术的发展,机器人会越来越多地进入我们的日常生活,而不需要我们去把活人设想为机器人了。维特根斯坦所设想的是人们如何与假想的机器人相处,而我们很快就会和很多真的机器人共同生活了。但是,不应忘记的是,无论人工智能技术发达到什么地步,我们都完全可以把机器人与活人区分开来,并以适当的方式与它们打交道。很难想象,机器人的介入会对人们的生活方式带来根本性的改变,就像许许多多的自动装置的进入并未对我们的生活造成实质性的影响一样。正像维特根斯坦所总结的那样,我们只消略微转换一下看问题的方式,便可有效地避

---

① 维特根斯坦:《哲学研究》,陈嘉映译,上海人民出版社 2001 年,第 194 页。
② 同上书,第 194 页。

免无意义的言说，同时克服心中的不适乃至恐惧。如此一来，人类智能和人工智能便可相安无事，友好相处了。

有人说，人工智能或许会成为人类的最后一项大发明，因为它可能会使人类自身成为它的牺牲品。如果真有这么一天，我们只能承认这样一个悖谬性的事实：人类智能被自己的产物——人工智能——彻底击败了。这听起来非常类似于这种情况：早期分析哲学家们构造出来的人工语言最终取代了自然语言，成为人们日常交流的工具。但是，这种情况并没有发生，恰恰相反，人工语言的理想早已化作了泡影，日常语言依然如故。另外，当有人急切地盼望着"奇点降临"的时候，我们又会不由自主地联想起曾让多少人痴迷不已的永动机。岂不知，就像任何一台机器的持续运转都离不开能量消耗一样，任何一个机器人的连续行为都有赖于人类智能的介入。"人工智能"这个术语中的"人工"一词就已经在某种程度上限定了它的使用范围，从而明确引导着我们对之做出语法综观。

因此，我们似乎可以断言，当 Otto Neumaier 设想人们必须从根本上转变自身的生活方式以适应人工智能的大发展时，我们所看到的是对这项技术的过于理想化的想象和期待。我们自然会热忱希望人工智能技术继续为人类带来福祉，也会以开放的心态接纳人工智能术语源源不断地进入我们的日常语言，使我们的语言游戏更加丰富，使我们的生活更为便利、更加多彩。我们也完全可以设想，人工智能技术会在越来越多的可程序化的理智领域内大显身手，但是它在人类情感和意志等方面的模拟将无法实现根本的突破。而只要在这些方面无法实现突破，即便会有各色各样迷惑人的新鲜事儿粉墨登场，那也将无法从根本上改变人们的生活方式。人类会时时防备这项技术可能带来的种种负面影响。真正值得信赖的最终还是，也只能是，我们人类自身的智慧。所以说，在享受人工智能带来的福利的同时，维特根斯坦之锤会不时为我们敲响警钟。

（本文的主要内容以"人工智能与人类智能：两套概念，两种语言游戏"为题，发表于《上海师范大学学报》哲学社会科学版，2018 年第 7 期。经编辑部同意，重印于此。）

推荐阅读文献：

1）Shanker, Stuart G. *Wittgenstein's Remarks on the Foundations of AI*, Routledge, 1998.

2）徐英瑾：《心智、语言和机器——维特根斯坦哲学与人工智能哲学的对话》，人民出版社，2013年。

（10月26日"名家讲坛"。录音整理：闫雪；修改审定：王策）

主流人工智能与通用人工智能比较谈

徐英瑾[*]

非常感谢大家给我这个机会,我自己也第一次来西安,以后一定要有机会多来西安,多来西北大学。今天我试图以大家都能接受的程度来讲解这个话题,涉及人工智能引起的信息化发展。

一

有时候媒体会过分放大一些问题,比如已经过世的霍金主倡人工智能灭亡论,马斯特也这样主张。这俩人都有一个特点:都不是人工智能专家,但都很有名,所以他们的观点很有耸动性,很大程度上会引起不少人的恐慌,这叫"人工智能恐慌论"。这是媒体正在热炒、一些学者也呼吁要严控的观点。人们忧虑人工智能几百年后会把我们杀掉,然后动用所有的社会资源去讨论它。这里至少有一个优先性问题,你首先得过好今天,然后再想五百年之后的事情。还有一种言论需要讨论,就是"人工智能速胜论"。这有点像抗日战争时期的两种观点:失败论和速胜论。我坚持的第三种观点有些像持久战。速胜论认为,人工智能能够帮助我们一下子迈向共产主义,这显然不可能。我们现在处于社会主义初级阶段,有个奇技淫巧就可以帮助我们进入共产主义,这是很不负责任的言论。

---

[*] 徐英瑾,复旦大学哲学院教授,博士生导师,全国优秀博士论文获得者,教育部"长江学者"青年学者。主要著作有《心智、语言和机器——维特根斯坦哲学与人工智能哲学的对话》《演化、设计、心灵与道德——新达尔文主义哲学基础探微》《唯物论者何以言规范?——从分析形而上学到信息技术哲学的多角度考察》等。

现在有一个很麻烦也很悲痛的事情：关于人工智能的话语结构都控制在一知半解的媒体和利欲熏心的商人手中。很大程度上科学家的声音倒成了不应该。随便举几个例子：麦克马上要来上海，他是人工智能研究方面的一个重要人物，认为整个人工智能研究还有很多问题、很多地方需要重新考虑。李菲菲是人工智能方面重要的华裔女科学家，她把人工智能和物理学对比，认为今天的人工智能相当于物理学的一个规律。另外要说的是辛顿，他是深度学习的技术奠基者之一，他最近认为对深度学习精心打造的反向传播反馈算法有可能从基础学习中推导出来。很搞笑的是，全世界在跟着辛顿搞深度学习。搞深度学习的大佬说："我可以重来！"你不觉得这种话很有讽刺意味吗？这些大佬都在业界有很强的学术声誉，包括犹太·伯尔 Dudea. Pearl，他是贝叶斯网络的发明人，最近在人工智能会议上指出：人工智能没有大家鼓吹的那么强烈。他是贝叶斯网络的技术奠基人，也是计算机领域的最高奖——图灵奖的获得者。

富有讽刺意味的是，深度学习所引起的技术狂热使这些老同志所说的话很大程度上没人听。即便在美国也产生很大的激变：很多大公司都拼命在高校计算机科学领域挖人，工资成倍提高。拿了人家的钱就替人家说话，公司希望他说什么，他就说什么，这在很大程度上成了推广利益。现在有大量人工智能的新产品推介会，甚至进入了 APA（美国哲学联会）会议。包括人工智能、物理学之类的传统会议有一个特点：你说的东西，大家都有很强的机会去质疑，别人可以举手反驳。而现在更多的人工智能会议已经变成利益寡头的产品推介，变成一种软宣传、软广告，推广它的市场价值，还可以和进行相关科技产品报道的媒体达成利益勾结关系，因为媒体需要一些憾动人的亮点。

我想写一本书，主要章节完成之后想用一个耸动的题目"人工智能尚且还没那么智能"，去对抗那些耸动的人工智能宣传，但是我和某个出版社一谈论，他们说我们不会出版批评人工智能的书，没有商业价值。在这种情况下，我只好和另一个出版社谈。我现在要做的一件事情就是，不能光做学问，要借助某些新媒体的力量扩大声音。我已经和湖南大学教务处及超星公司搞了一个联合视频，大概讲十四五个小时的人工智能哲学，内容就是反鸡汤，让大家知道人工智能现在各个环节所面临的一些瓶颈性困难，它的哲学基础和科学基础仍有成堆的问题没解决。也许人工智能会灭了我们，但那是 2000 年以后的事情，现在不用担心。我们要担心的是，它把牛吹得太大，在经济上导致不良的后果：一些不懂人工智能的人，在二道贩子的忽悠下把大量的金钱投入这些领域，希望马上就能回笼，实现资本的增长，但没有做出产品，就会形成泡沫。

二

我来给大家描画一下人工智能的历史：期望很高，突然发现骗子来了，基金便掉了下来；过一段时间新骗子又出来，期望又高涨，然后再掉下来。我现在讲"深度学习"的例子，这个词的翻译本身就带有非常强大的恶意。凭什么把 deep‐learning 翻译成"深度学习"，日本人把它翻译成"深层学习"是可以的，因为翻译成"深层学习"汉语也讲得通。将它翻译成"深度学习"和深层学习，在汉语的语感上有什么不同？你听到"深度学习"的时候会觉得好神秘、高大上！它一层层挖到很深，我们人类完了，而"深层学习"听上去只是层次多少的技术问题。

所谓"深度学习"，实质的含义是历史上早就存在的人工神经元网络的中间层次又加了很多，循序层次多了以后，它的整个分辨率和学习性能可以得到很大提升，但它的基本工作原理并没有完全超越传统的人工神经网络。但是它为什么不说自己就是人工神经网络？我翻了一些英文教材，写教材的老同志还是很老实，因为他们不知道这个行业怎么来的，直接就说 artificial、connection、deep‐learning 处于一个技术链条。那么为什么有些人要故意隐瞒 deep‐learning 的前身 artificial？因为后者曾经遭遇过不好的名声！它在 20 世纪 60 年代就已经出现，然后遭到批评，害得很多人没有等到经费。80 年代它再度雄起，然后又被打趴下。21 世纪冒出来的时候它觉得应该换一个名号，即便你叫 advanced artificial，听上去还是 artificial，不好骗钱，便彻底换个词叫 deep‐learning。

这就叫 T90 战略。在海湾战争中，大批 T72 俄制坦克被美军打爆。俄军的武器和整个苏联系统武器在国际市场上卖不出去，俄国军火商说我们把 T72 稍微改了改，叫 T90，给人一种错觉：不是 1972 年造的，而是 1990 年造的。T90 年重新借壳上市，但技术基础还是 T72！结果好歹卖给了一些国家，经常发生炸膛、停车事件。在很大程度上 deep‐learning 采用了类似的战略,它不是很老实的发展哲学,它的哲学平台 1988 年就有了,比如美国哲学家杰瑞福特、Helix 或者是 Enskellball,当时已经站在哲学高度对它进行批评,说它是一只被打掉的死狗,又活了过来,还骗了很多人。很多老百姓受了忽悠以后才认为 Deep-learning 就是 artificial intelligence,它们是一个概念。同时,与 deep-learning 相互抗衡的还有另外一支,即 symbolic(符号的)。这个 AI 实际上根更深、叶更大,更加根正苗红。正所谓 symbolic AI 很大程度上就是我们所理解的传统 AI,一个程序和编程语言存在着一定的互动关系,这就是我们所理解的传统。它最后通过符号本身和外部对象的映射关系来完成一个操作系统,预售的电脑本身都已经装了公用系统。但是 artificial general intelligence(AGI)的一个基本想法不一样,如图所示。

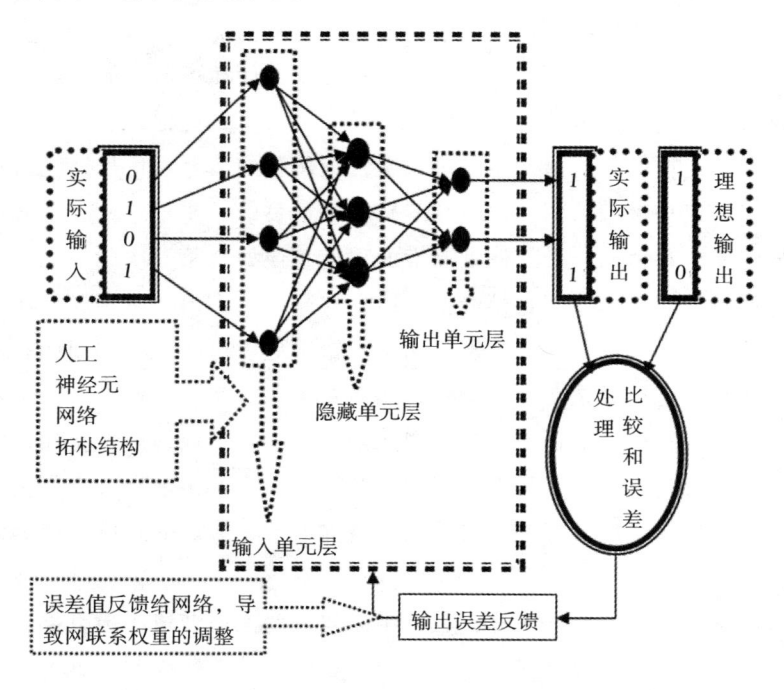

这个图设置一个网络结构,很大程度上要模拟人类神经元的工作方式。网络结构里有很多层,我这里出于简化只放了三层,但实际上可以有很多层,这里第一层是 input,第二层当初叫 kid-units(隐藏层),然后外面是输出层,通过逐层的信息处理,使系统能慢慢学会一件事情。举个例子,你要训练一个人工神经元网络去认识刘德华的脸,很大程度上要把最早的图像进行剪碎，然后一个像素一个像素地"喂"给它最外围的神经元，最外围的神经元再按照形状、颜色等不同维度进行一系列信息抽象，颜色又按照各种明亮的、温暖的亚维度进行抽象，然后高层再给出最后的解读。解读出男性、亚洲人、50岁左右，最后给出结论：刘德华。它会把实际输出和理想输出进行比对，如果和理想输出有反差，就会进行误差反馈。误差反馈会调整神经元之间信息传播的权重，从而给出一个新的结论。

我做个非常简单的比喻。假设有一个外国小伙子完全不懂中文，跑到中国少林寺要找和尚练武功，和尚不懂英文，那怎么办？老师做一件事，洋学生跟着模仿，但是老师没办法用语言告诉他哪里对哪里不对，于是老师发现学生对了就摸他头，不对的话就砸他。摸他头就证明他前面做得是对的，系统会记住和重复这件事情。砸他一下有可能他做得过分或做得不足，洋学生就要猜了，第一次猜想做得过分了，便往后撤一撤，结果老师砸他更重了，他就知道猜反了。人工神经元网络也是这样，它对比较和误差的处理，包括误差反馈，用的都是奖励或惩罚的信号，信号系统自身会猜下一步的权重该怎么调，但最初的猜测是盲目的，要根据调下来的输出结果加以反馈和再调，最终调到满意的程度。比如它第一次调，觉得这个亚洲男性不是刘德华，而是吴彦祖。结果被砸一下，因为它调成了亚洲女性。它再调成王祖贤，结果被砸了两下，错得更没边了，要往回调。调成亚洲男性是对的，只是名字没调对，然后在男性名字里面搜索。整个就是这样一个过程，实际上很不智能，很无聊。为什么它能够体现智能，因为它能在很短时间实现高度的迭代，即使其中每一步都很愚蠢。它在物理时间上占用很少，最后冒出一个好结果，这样的学习方法后来便升级为深度学习。

深度学习没有什么新花样，只是中间层从两三层变成了上百层，优点在于它的信息分辨率提高了。比如你要认识一幅画，很大程度上可以从不同维度去识别，从不同的属性去实现，你的识别标准率当然就高了。就像你用十几把不同的钳子夹一个东西，肯定容易钳住。当然付出的代价是，要支持一个这么复杂的中间层级计算结构会很伤电脑，你的信息输入量、训练量会很大。好在电脑先进了，CPU性能都在提高。然后反馈的传播算法可能更加精细，有人还试图在人工神经网络内装一个有线的工作信系统，使它能够记住一件事情，跟传统人工智能项目神经网络相比性能更复杂。但是这件事情只是工程学上的进步，而不是科学上的进步。现在人工智能的狂妄都建立在工程学的前进上，但它的科学原理和以前没有什么两样。这种工程学上的进步并不能导致 artificial general intelligence（AGI）的产生，AGI 我们翻成"通用人工智能"。

三

下面我介绍一下人工智能产生和演进的具体情况。人工智能这门行业产生于 1956 年的达特茅斯会议，而使人工智能这门行业确定下来的科学家是 John Macson，他是人工智能界的元老，他想出 artificial intelligence 这个词，当时和它竞争的另外一个单词 mechanic intelligence（机器智能）。但是，莫名其妙的是 mechanic intelligence 没有获得广泛认可，而 artificial intelligence 变成了主流词。对于最早的人工智能，人们想做的就是一个通用机器。通用机器就是什么都能干，最早的设想是 1950 年图灵发表的文章。该文章提出图灵测验，也就是一个机器具有智能的充分条件：这个机器和你对话而分不出谁是机器。要做到这一点显然需要通用人工智能，因为保不准人会问什么问题，问你家庭情况，问你是否喜欢吃意大利的冰淇淋，问你度假哪里好，突然问你对康德怎么看。这种谈话的自由性大，让你无法防备我会从什么地方去问，如果没有一定的通用性，这些事情就不可能处理。

最早的人工智能严格地说就想做这件事情，但是随着时间的推移，大家发现这件事情越来越难做！像海文赛门和阿兰纽贝尔搞的 GPS 节奏，像 server 通用问题求解器的路数，就是试图按照某种统一的规范，对各种问题做出统一的求解步骤。但他们发现，除非编程员事先对每一个问题加以形式化，否则计算机没有办法处理，而事先的形式化不仅浪费大量人力，而且往往做不到。有很多矛盾没办法形式化，比如婆媳矛盾，中央和地方的矛盾，解决还是没解决并没有一个统一的形式化标准。大家被 Alpha Go 的胜利吓坏了，其实 Alpha Go 的胜利就是围棋输赢的一个形式化东西。但是很多东西没有办法形式化，比如人类的军事斗争就很难形式化，因为一场战役很难说谁输谁赢。例如，1942 年中途岛海战之前的日美珊瑚岛海战，日本人和美国人是打成平手，日本人宣传他们赢了，美国人宣传他们赢了，听上去都挺有道理的，美国此后的中途岛战役赢了，看上去好像美国的宣传是对的，但这样想不过是事后诸葛亮！所以判断输赢很大程度上取决于你站在什么背景上，战术背景上还是战略背景上。再比如，在日德兰大海战中，如果从基层海军军舰的数量来看，德军发射的炮弹更多击中英军，而德军军舰的损失也非常小，所以表面上看德军好像没输，但德军的战略目的是突破英国人对于北海的封锁，使公海舰队能够冲到大西洋去，而这个战略目的并没有达到。对此军事史家之间充满争议，而这种说不清道不明的问题恰好占据我们日常生活的各个领域。赢和输有着微妙的关系，很多时候你不知道怎么才叫赢。人生关于输赢没有一个很清楚的标准，这些暧昧的事情机器人很大程度上处理不了。

现在我要给出一个论证。这个论证类似于美国哲学家 Jerry Fodor 提出的论证。他认为，深度学习的系统或者人工神经网络的技术原则上不可能达到通用智能，我们看看他论证的大前提、小前提和结论。大前提是，任何一个 AGI 系统都要具有通用智能，要对全局性、整体性的性质进行把握。什么叫对全局性、整体性的性质进行把握？就是要跨出一个问题领域之外，在几个问题领域之间进行全面的思考！这可以举一些大的例子，一些小的例子。比如丘吉尔命令他的部队在北非发动一次攻击，好好教训一下敌人，部下打报告给丘吉尔说搞不定我们的部队，上次被打败以后人员要补充，装备要检修，士气要恢复，得给我两个月时间，否则我们冲出去还是被暴揍一顿。丘吉尔说不行，我下周就要大选，需要一场胜利让我来选赢。这就是一个问题，军事家所考虑的时间周期和政治家所考虑的时间周期在很大程度上不一样，技术往往要满足政治需要。再比如某次火箭发射，如果要赶上某一重要的政治纪念，就必须在政治纪念之前发射，但问题是如果技术准备不完整的话，发射时间有可能超时。技术人员就打电报给政治家说：我可以拼死拼活，缩短某些检查周期，让火箭在那一天发射，但是这会使火箭发射失败的概率上升到 40%，您来决定是否愿意冒这个风险。你会发现，技术逻辑和政治逻辑发生打架，它们不是一个领域的事情，不是说任何时刻技术理性都有道理，因为有些情况下政治逻辑更有道理。

比如太平洋战争爆发以后，罗斯福就考虑一个很棘手的问题，美国造出新军舰的时间不够，日本人现在军力占优，于是美国就买一些破巡洋舰，马上改成航空母舰。然后手下人说那些不符合技术标准，装甲板还要多几个月工期。罗斯福说，多几个月工期我们就输了，于是美国的小兵在没有任何防护的情况下上战场，最早一帮美国航空母舰是裸奔的，有些连防护钢板都来不及装。但是现在看来罗斯福是对的，没有这些应手的家伙，对日本人第一轮就打不过！这要求在非常重要的时刻做出正确决断。日本人就缺乏全局思考能力，南云忠一实际上已经知道美国在中途岛海战里要来袭击他，美国人离日本航母的编队只有二三十分钟的航程。他得到这个信息以后，应该做的正确决定是放出所有甲板上的飞机和美国人撕拼，但他所做的事情竟然愚蠢到命令所有航母上的弹药全部换成能够攻击美国军舰的弹药，他按照教科书流程去做。结果浪费了宝贵的 20 分钟，还导致所有弹药都堆在甲板上，美国人炸弹扔下来全死！

这很大程度上叫应急思维能力，但是我们不只讨论军国大事，来讨论日常生活。其实二者没什么两样，都需要一种跨领域的思维能力，比如家政机器人的研究。对于平民百姓来说，解决老龄化问题有非常明显的意义。家政机器人非常难得，比工业机器人要难 N 倍！工业机器人是一个流水线，可以事先设计好。但是对于家政机器人，我们没有办法预计它所服务的家庭户型，上海有很小的弄堂，家政机器人可能楼都上不了。家政机器人要面对更多的复杂情况，家里有老人、小孩，一孩和二孩的情况不同，孩子闹不闹情况不同，容易闹也有不同情况，有闹的小孩又有瘫痪的老人，如此等等相当麻烦。比如整理图书这件事就碰到两个相互冲突的条件限制，一方面整理图书是为了使图书变得整洁，但是另一方面整理图书是为了图书容易被调取，因而变得整洁和容易调取需要找到一个中庸点。但是这个中庸点在哪里，李教授和张教授习惯不一样，告诉家政机器人二者需要兼顾，但是所谓兼顾没有任何定量的表示，这种话会让机器人疯掉。然而，这就是人类的命运、人类的特点，人类所走的实质上就是各种性能之间和各种要求之间进行协调和折中的路。人类幸福地生活在这个世界上，机器人如果成为我们的帮手，就要和我们分享。机器人和我们有很多不同，它们是硅基的，我们是碳基的，但是必须在彼此冲突的要求间找到中介点、中庸点。这就要求任何一个 AGI 系统都有对全局性质的把握。

小前提是，现在深度学习所依赖的人工神经元网络，原则上没有办法处理全局性的性质。问题就是我们前面讨论过的，这个网络的一个基本特点是：它学会一件事情以后，性能就会固定下来，不能再做第二件事情。比如它学会了进行语音识别，能辨认出什么样的声音，就不会做图像识别，因为图像识别是完全另外一个机制。比如围棋是 19×19 的棋盘，如果任何一个人类棋手要把 19×19 变成 21×21，估计很快，因为他对下棋的基本原则一清二楚，不影响他的基本战术战略。但是如果让一个计算机（比如 Alpha Go）从 19×19 变成 21×21，那么所有的底层设计包括整个网状结构都要重新来，需要谷歌工程师重新开始工作，要做很长时间。这在很大程度上就映射，比如蒙特卡罗算法本身不是那种棋道，它当然比野蛮算法要好一些，但也只是数学上的一种穷举，跟我们所说的棋道根本是两回事。我们所说的棋道是一种哲学上的长效性、抽象性，它凌驾于你的棋盘（不管是 19×19 还是 21×21）之上，完全就是一种凌驾的东西。

再举一个例子，人类很容易认出某某人的漫画，比如我画特朗普的漫画，我相信大家都能认出。但漫画的最大特点是它和真人相比，几何比例发生了重大改变，但是我们不会因为你的底层性质，比如鼻子和眼睛的距离发生一些几何上的改变，就无法识别。可是对机器来说，微小的改变也足以把它认成另外一个人，因为它是从底层的性质慢慢在上升到高层，没有办法从高层再反馈回去。人类的认知过程是从下面到上面和从上面到下面的互动过程，而机器没有办法在上面和下面之间来回进行。胡塞尔现象学讲到意向性的构成过程，很大程度上意向性的投射方式包含着某种期待，包含着期待某一事物的感性显现方式会按照你的期待呈现，从上面的语义性质到下面的感官性质这样一种反向呈现。但是深度学习很难做到，它无法具有这种灵活性。

有些人就会疑问，你说的是现代的深度学习，未来的深度学习是不是能够加强？我认为说加强的人工智能无非就是收更多的钱到处宣传。有人说，可以造一个声音的和一个听觉的，两个模块合在一起，甚至很多模块都合在一起，这种超级组合就是通用人工智能。这是一种很野蛮的工程学思维，类似于以前苏联人造火箭，单发推力不够，便将 20 个火箭捆在一起，我不欣赏这种野蛮的线性思维方式。早期工程学设计的依据是：人类大脑皮层是有分区的，不同的皮层担任不同的任务，有些皮层专门负责视觉，有些皮层专门负责触觉，有些皮层专门负责语言。这是大脑神经的科学常识，但是现有人工智能的工业分布和大脑的分区不一样。你是否愿意相信人类有一个脑区专门进化出来用于下围棋？应该不可能，因为围棋很晚才出现，而在此之前人类大脑早就发育形成，它是根据采集渔猎时代的情况演化的。而且下围棋显然牵涉到很多脑区，而不是某一单个脑区。在这种情况下，你弄一个专门用来下棋的模块，要和什么东西捆绑在一起才能变成 AGI 呢？难道我要装一个下围棋的模块，还要愚蠢地加一个下中国象棋的模块，还要加一个飞行棋的模块（下跳棋）？这种无聊的游戏可以无穷无尽地列下去，显然这不是个聪明的办法。

主流人工智能的学术分类很奇怪，比如自动或演绎推理，我不知道它和常识推理之间的差别是什么，难道常识推理中没有自动或演绎推理？难道常识推理不牵涉知识表征？难道常识推理不牵涉多主体系统？他人的存在是常识，我要根据他人的行为作出反应，也是常识。难道常识推理可以脱离母语，我们在常识层面进行推理，作为中国人难道不是用我们的母语？这自然就牵涉自然语言处理。所有这些领域其实纠缠在一起，我看不出从哲学角度进行这一区分的道理是什么。有关知识论的书里很大程度上区分知觉的知识、演绎的知识、归纳的知识，这样分类要好一些。第一，主流人工智能的分类在逻辑上高度重叠。第二，它不符合现有的神经科学知识。人类大脑肯定不是长成这样，比如常识推理自动或演绎约束处理知识表征，这一不符合生物学，二不符合逻辑和哲学，它只符合计算机工业发展因为偶然原因而形成一些业内规律。美国的一位哲学家叫休伯特·德雷福斯，1965 年写了一本书叫《AI 和炼金术》，说 AI 就是现代炼金术，忽悠大家。这本书影响很大，后来这本书又加以扩充，变成《计算机不能做什么》。后来发现这本书还得扩充一下，写成《计算机依旧不能做什么》。那么在很大程度上，这是我们看到的现在所面临的一个困难。我们要解决所面对的这个困难，很大程度上要向胡塞尔学习。

胡塞尔提出一个观点叫想象力的自由变更，认为我们要知道一个事物的本质，我们就要想想它具有不同的可能样式。比如要知道红的本质是什么，你就把红的东西都列举一遍，脑子列出红领巾、红血、红……列举了很多以后，你就知道想到哪一步红的性质就会失去，由此来把握到红的本质。这就叫想象力的自由变更，通过这种方法来对红进行本质置换。这是一种哲学方法，来反对柏拉图式的通过语言定义的方式来对它的本质进行界定的方法。我们在这里可以部分地借鉴胡塞尔的方法，关于智能，我们不要老盯着机器智能，因为机器智能还没有做出来。我们通过想象力的自由变更来想想智能所具有的各种样态和形式，首先想到人类智能，狗和猫显然也有智能。狗和猫的智能在很大程度上超过现有的机器，因为它们有很强的全局把握能力。你也可以开脑洞想想其他更低等的动物，比如乌鸦、章鱼。在西方动物心理学领域，对乌鸦和章鱼的研究很多，一些心灵哲学家对此也很关注，因为我们平常过多关注哺乳动物，而对软体动物章鱼和鸟类乌鸦过于低估，现在看来它们的智能水平非常高。最开脑洞的想法是，有人认为植物也有智能，只不过反应时间特别慢，如果有一个时间微缩器压缩时间的话，可以发现它们对环境做出很多智能的回应。但是，如果你要说一个植物有智能，那么热带雨林作为一个生态系统也有智能，亚马逊的热带雨林从树冠层到树根层，大概分成十几个亚生态系统，每个系统都有自我调节能力，好像有智能一样。有人又举手，视野更加开阔，说细菌也有智能，一群细菌群聚合在一起，能够通过蛋白质信息的交换构成对外界做出集体反应的一个集聚。植物和细菌这两个例子似乎给我们一种暗示：智能是不是一定和神经系统发生关系，有着很大的争论。

四

那么智能的本质到底是什么？目前对智能的了解，缺乏胡塞尔"想象力的自由变更"这一阶段，因而所讨论的问题很大程度上是对人类的研究。比如对人类心智能力的某种测量方法，测量人的词汇能力、空间辨向能力、归纳推理能力、流畅使用词汇能力、数字能力和联想能力。所有这些心理学概念明显偏向于人类，考虑的是人类量表的易操作性，所以对细菌或植物使用这种量表就很荒谬。这是一种典型的人类中心主义观念。目前有一种对人工智能的讨论，其抽象性稍微强一点，就是"卡特尔－霍恩－卡罗尔三层智力模型"。这个智力模型试图把通用智力因素做成下面模块智力因素的综合，它通过某些数学统计的方法，对所有方向进行综合。有一些能力具有普遍性，不具有普遍性的明显是读写能力，我并不觉得智能和读写有很大关系。一个文盲可以很聪明，而一个受过教育的人，即使会说拉丁文，也可能很笨。但是有一些东西具有普遍性，比如反应速度和处理速度。同样一道题，你在很短时间就做对，我就认为你聪明。做简单的题目用很短的时间，那么做同样复杂的题目你用的时间也会短。

从进化论角度讲，如果从刺激输入到反应输出的时间差越短，你对环境的适应性就越强，快有时候意味着一种技能，因为决策是要有速度的。记得孙权的哥哥孙策在江东时候收服一个山寨大王叫严白虎，和他进行谈判，这件事《三国志》里有记载。谈判时候孙策在重构对方的心理活动，突然要给对方一个智商测验。孙策这个人在打江山收服人的时候，很大程度上要看对方的智商，他之所以特别喜欢太史慈，是通过测验发现，太史慈每个出手都非常快，是真正的可用之才。现在谈判的对方听江湖上说会蛤蟆功，孙策就做出一个威胁性动作，而按照练武人的本能，对于这一危险性动作要有防御性。但是这个严白虎傻坐不动，孙策就知道他反应迟钝，便做了第二件事，拔刀当场斩杀了他。孙策的推理非常简单，如果你的武功真像江湖传说的那么好，我的动作你就能躲开，而如果你不能躲开，那就是废柴一个，将来派你到战场上，也会被敌人"噗"一刀斩了，我现在就杀了你，你下面的部队我可以免费收编，达到利益最大化。孙策之所谓要通过如此快而残忍的方式解决问题，道理很简单，孙策 26 岁就死了，他花几年工夫就把江东那么多军全部打下来，完成他父亲十几年都没有完成的工作，他不靠这种残忍就只能变成 loser。当时中原的各个军阀正在厮杀，如果袁绍或者曹操这样的大军阀已经控制了中原的所有军队，你还没有把江东打下来，那你就死定了。他要利用这个时间差迅速扩张自己，要用尽达尔文式的或马基雅维利式的原则吞并所有其他武装。这很大程度上体现了处理速度和反应速度，因为快是一个泛进化论的基本原则。

另外一些东西也具有通用性，比如流体智力和晶体智力，它们是心理学家提出的概念。流体智力是指在缺乏前提知识的情况下创造新知识的智能，类似于创造性的一种智能。在司马光砸缸以前，人们不知道救小孩还可以拿石头砸，是他变了套路，创造了新知识，把孩子救活了。马未都又提供了新知识，他在一次演讲中说，司马光砸缸不可能成功，因为这个故事是假的，根据他对文物的了解，宋代没有可以把小孩淹掉的大缸，这又提供了新知识。在原始版本的司马光故事里，新知识在于人们没想到把救人和石头砸缸联系在一起。在马未都的故事里，新知识在于我们从没想到要验证这个故事的真假，除了看文献资料，还要看考古学和文物学，马未都帮我们把另外一个领域的知识引了进来。

晶体智力是指怎样在新环境中调动旧知识，这很大程度上也非常难，因为一个人脑子里知识多并不等于他解决问题的能力强。知识多当然是好事，但你要知道在哪个环境调用哪条知识，你要是用错了就很可能导致巨大的失败。希特勒就提供了一个典型例子，他在打莫斯科之前，古德里安告诉他莫斯科必须打下来，因为莫斯科是整个苏联的心脏，擒贼先擒王，结果他不听，命令部队全部攻打基辅，在基辅的确消灭了60万红军，但是苏联红军虽败犹胜，因为他们为莫斯科防御争取到了时间，如果德国军队不顾其他目标而直插莫斯科，整个故事就可能重写。希特勒也许这样推理的，拿破仑当年也打到了莫斯科，但结果莫斯科一把火烧了，拿破仑什么也没得到，所以最终败了。希特勒可能想到这件事，觉得自己不能和拿破仑犯一样的错误。这就有点刻舟求剑，因为有两个情况变了：一是在沙皇俄国时代，彼得堡的地位是超过莫斯科，莫斯科可丢，彼得堡不可丢；二是苏联已经进入铁路时代，莫斯科是苏联所有铁路的枢纽，你占了枢纽会一下子击溃苏联的整个兵力调用系统，对全局产生震撼性影响，而基辅的胜利只能带来边境性影响。

这两种能力实际上都对智能提出很高的要求，现在的人工智能都处理不了。就拿晶体智力来说，人工智能现在碰到一个框架问题，它的技术表达形式是纯粹外延性的编程语言，只是从逻辑的数据上明白了，并不是对其中的语义内涵明白了。比如对"如果……那么……"它只是根据形式上的表征，而不是扮演日常语言中的角色，导致数理逻辑推出来的东西跟日常直觉合不上拍，因为日常生活要求语义之间有关联。语义关联是日常生活中所依赖的东西，我们的生活就是一样东西和另一样东西关联的经验之网。这个经验之网方便我们进行推理，不相关的事情可以被迅速去掉。这种情况对人来说是很容易的事情，而对机器来说却很麻烦，因为你无法通过列举命题的方式指出世界上各种事情的相关性。这牵涉到哲学上维特根斯坦和摩尔之间的争论。摩尔认为我们可以列举常识命题，对常识进行辩护。维特根斯坦始终认为，常识命题本身的常识地位是靠围绕着它们旋转的其他命题动态地呈现的，而不能以愚蠢的方式做一种静态的展现。但现在的人工智能就是摩尔式的愚蠢，它要用公理化的方式把常识命题加以展列，导致计算负担非常大，而且即使计算负担可以忽略，那么多问题本身能不能把我们所有的常识周延地加以列举，也是个巨大的哲学问题，我们倾向于认为做不到。

这表明对于晶体智力,人工智能做不到,而流体智力恐怕更难做到,因为流体智力提出的要求更高。可以设想,任何一个智能体要符合这种能力,跟短期记忆和长期记忆都要有关。短期记忆是在当下任务中需要被激活的信息,长期记忆是暂时放着不用的信息,这样你的效率才会高。类似于干活的时候,你不能把整个修车工具房里的东西都拿过来,检查之后发现需要重新喷漆,就不用拿出千斤顶,把喷漆东西拿出来就行。我们可以设想,任何一个智能体要提高它的效率,就必须做出这种区分。

五

下面列出的最后一张表,很大程度上提出我的分类方案,我认为这更有道理。

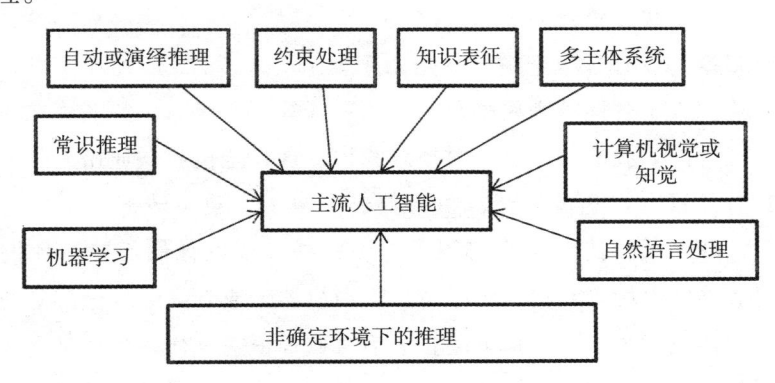

表一

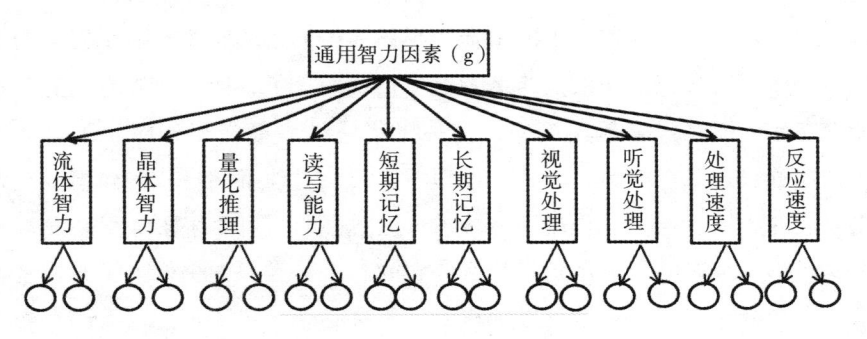

表二

```
           知觉      记忆     社交     动机

    注意力              ↑ ↑ ↑ ↑
                              推理
           → 通用人工智能 ←
    规划                         学习

                                  对自我/他者的建模
       作动（actuation）   情绪
                                  对量化表征的运用
                通讯    建造/创造
```

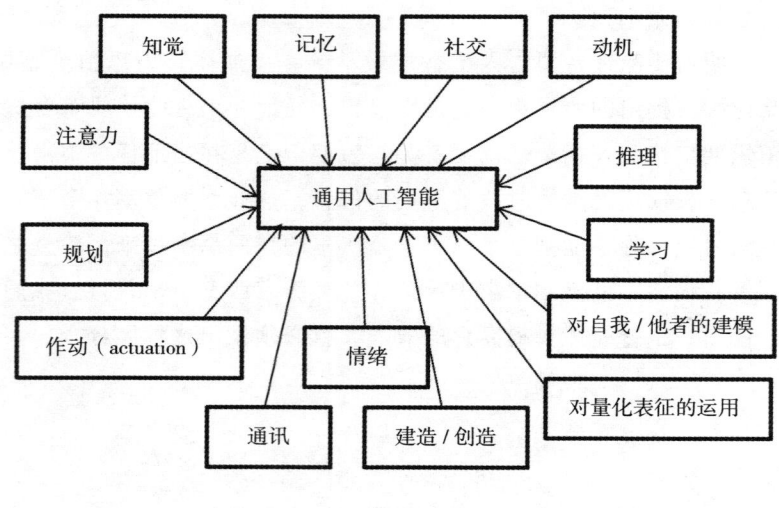

表三

第一张是我要批评的表，主流人工智能对行业的分类一塌糊涂，没有生物学根据，没有哲学辩护，只是用来发 paper。第二张表好一点，第三张表是通用人工智能将来要采取的方法和路径。主流人工智能现在还不是通用人工智能。我的一个合作对象跟我说，现在全世界做通用人工智能的大概只有几百人。全世界计算机行业有多少人？我不清楚，至少几十万吧，而这几百人相比而言简直跟不存在一样。所以你们不要被他们忽悠了，好莱坞的电影给我们一种感觉，大白机器人或者终结者全部是通用机器，能说话也能杀人，上蹿下跳，灵活得像孙悟空一样，当然是通用机器了！但是真正做通用人工智能的人全世界才几百个，而且一般都申请不到重大科研项目，只能靠其他项目养自己的小 hobby，所以通用人工智能只是科幻。现在工业界实际干的事情和媒体界给大家的印象有一个巨大的落差，媒体界给大家的印象是终结者就要把我们灭了，而工业界却只有几百个人在造，而且经常搞不到钱。那你觉得终结者能造出来吗？这显然不行。知觉、记忆、社交、动机、推理、学习、对他者和自我的建模、对量化表征的运用、通讯、作动（actuation）、规划、注意力等，大家发现这个表和第一个表的最大区别是什么？它的整个分类原则更像人了，或者更像一本知识论书或者哲学书里的东西，更有心理学味了。

我在思考一个问题，对于量化表格的运用很大程度上促进了我对黑格尔哲学的思考。黑格尔的逻辑学有三个部分：存在论、本质论和概念论，存在论的第一部分讨论"是"、"不是"和"变"，然后又通过质的范畴慢慢过渡到量的范畴。为什么黑格尔先说质的范畴，再说量的范畴，这和我们一般人的想法相反，觉得应该从量变到质变，但黑格尔真实的逻辑学结构是先谈质再谈量，因为你量的表征首先要有一个质的附着点。所以黑格尔的思想具有一定的心理学真实性，你跟小孩说三，他肯定很难懂，小孩一定说三个东西。三颗苹果、三根手指头等等，如果没有具体的质的规定，你说量他不懂，只有质积累到一定程度，才能对量进行反思性的表达。小孩最喜欢讲的是什么？有苹果吃吧，所以第一个范畴：存在。你说没有啊，第二个范畴：不存在。本来是有苹果的，怎么现在没有了，第三个范畴：变。小孩的思维把黑格尔前面三个范畴弄清楚了。你要想到有三四个苹果，小孩的智力就还要往上走一步，所以我现在考虑怎么用人类能够听懂的话来解释黑格尔，因为黑格尔哲学经常被嘲笑为"黑话"。实际上他描绘的这些范畴很大程度上可以用皮亚杰的儿童发展心理学来解释，好像他们的次序也比较相符！举个例子，黑格尔为什么要在逻辑学很靠后的部分，第三大板块及概念论才讨论三段论？《逻辑学》教材觉得三段论应该一开始就学，我们先学三段论，再做学术逻辑。先学三段论的各种格式，这叫传统逻辑，然后高阶了到学术逻辑，那么黑格尔怎么这么晚讲三段论？小孩一个苹果两个苹果都不会数，你跟他讲三段论合适吗？讲小项、中项、大项之间关系不现实，然后教抽象的概念、判断，他会疯掉的。所以从认知科学和人工智能的角度看，黑格尔的逻辑学实际上给出了一个人工智能建模的路线图。我把黑格尔说成一个不那么神秘的人，很多人会不喜欢，他们喜欢把一个人神秘化，而我不太喜欢过于神秘的东西。

六

我想稍微讲一下类脑人工智能问题，有人认为这种人工智能可以达到通用人工智能。类脑人工智能的英文是 Brain artificial intelligence，这里的 Brain 指受到启发，所以它们的中文意思是"受大脑启发的人工智能"，我认为这里有些哲学上的困难。首先，要知道你做的东西不是克隆人。克隆人有神经元之间的联系、合作和放电现象，但是你做的东西没有大脑本身的放电现象，不是放电现象本身的数理模型。你做的这个模型本身不是聚分，只是一套数理模型。模型的特点是要抽象，而现在最难的哲学问题是你不知道抽象到哪个位置合适。比如关于大脑神经元之间的联系，传统的理解可能是一种电信号的传输，现在高端科学杂志上的最新文章认为是机械波的传输！如果这种观点成立的话，它就是几十年来神经科学的颠覆性见解，你没有任何逻辑上的理由说它是错的。我们传统上整个建模的科学基础有可能被脑科学家颠覆，这是一件很可怕的事情。另外一个麻烦是，能够对我们的大脑进行追踪的很大程度上是它的皮层，对于皮层下面的灰质，我们的追踪手段有限，其实皮层上面也比较丰富。当然，不是说灰质当中的东西不丰富，因为我们的研究对于灰质不清楚。你不能因为不了解而说它不重要，不能因为看不到月球背面就说月球背面没有事情发生。类似于一个人在路灯下面找了两个小时钥匙，旁边的警察问他为什么不到别的地方找，他说别的地方没路灯。现在科学家就是这样，只知道皮层所以就做皮层，其他地方是否重要不知道，所以脑科学研究具有一定的风险性，因为大脑过于复杂。还有一个就是意识问题，也非常复杂，有各种不同的理论，包括量子意识理论，我不知道智能的本质是不是要下降到量子力学层面，主流的大脑建模都不下降到这一层面。如果科学证明量子力学的层面不可忽略，所带来的建模成本将是不可忍受的。

所以，类脑计划有极大的风险。如果类脑计划只是要了解大脑一些粗浅的、辅助性的东西，我认为可以做，但是要建立全局性 AGI 则有一定风险。当然我认为某种意义上的类脑人工智能也许更有借鉴意义，不要先去看人类，甚至不要去看高等灵长类动物，去看更低等的动物。比如果蝇，作为昆虫非常小，它的神经元数量非常少，但是专门做人脑研究的中科院大学曾毅老师告诉我，根据他的研究成果，果蝇的决策系统在大的神经回路方面和猕猴没什么两样，这让我很震惊。如果从更简单的物种上面发现，很少神经元的聚合的昆虫能够完成相当复杂的行为，那么我们就有可能通过更便捷的手段找到智能的本质。人脑和灵长类动物大脑太复杂，要抓住本质太难，所以也许从果蝇这类小动物入手是个更好的方法。有一个问题缠扰我很长时间，毛毛虫变成蛾子的过程中是否有记忆遗存到蛾子阶段，现在好像一些研究证明是有的。毛毛虫爱吃某种东西的某些化学物质、某些染色体的物质留在神经系统，没有被代谢掉，尽管这是一个很弱的证据。这样一想，这个世界很恐怖，我们遇到的整个低等生物都有复杂的认知能力，这会让佛教徒很开心，助长他们不吃动物的想法。

最后，我要稍微讲几个概念，你们很可能听过，比如强人工智能和弱人工智能，专用人工智能和通用人工智能。流行的讲法认为，专用人工智能就是弱人工智能，通用人工智能就是强人工智能，这个讲法是错的。

强人工智能和弱人工智能的区分来自美国哲学家约翰·R. 塞尔1980年的文章《心灵、大脑与程序》，该文章认为，即使我们的人工智能能够完美地成为通用机，能解决所有的问题，行为上完全符合智能的所有标准，这样的系统也只是模拟智能而不具有真正的心智，所以在这种意义上强人工智能和弱人工智能的区别跟宽窄关系不大，因为弱人工智能也可以通用。现在所说的专用和通用人工智能，实际上是指宽窄的区别，而强弱的区别是真假的区别。把这两类范畴混在一起就犯了范畴错误。所谓超级人工智能，很可能是比强人工智能更高端的东西。我认为通用人工智能的实现是一件很困难的事情，所以不用看强人工智能，更不用谈超级人工智能。我在逻辑上始终没有排除这样一种可能性：在主流的人工智能技术之外，其他的技术路径可以实现通用的性质。我也一直在向大家暗示：向动物学习，然后通过胡塞尔想象力的自由变更，找到智能真正的本质要素，由此重塑AGI的学术版图才有可能做成AGI。如果这种可能性变成现实的话，通用人工智能通过某些哲学辩护就可以变成强人工智能，甚至变成超级人工智能的可能性也是存在的。超级人工智能的能力体现在前面那张图，就是通用智力因素下面的每一个子项目的能力都超过人，比如流体智力和晶体智力方面的灵活性要比人还强。你要想三天才能想到的能力，它很快就想到。想得快和想得慢，最典型的案例就是卡尔纳普和冯·诺依曼，哥德尔还没把不完备性定理的证明说完，冯·诺依曼就听懂了，然后过一个月卡尔纳普写了封信给哥德尔，说"我听懂了！"这是逻辑学史上的一个笑话。如果有比冯·诺依曼反应快得多的智能出来的话，的确会对人类构成一定的威胁，因为我们的存在很大程度上成为不必要的事情。

我还有一个额外的问题在文化共同上面。我认为，即使这样的人工智能出现了，也不用特别担心会灭了我们，因为我们把它们做成硅基的而不是碳基的，那么它们的基本物质需求是充电，我们在很多地方就给它们充电。它们没有别的需要，不像人和人之间还有生物性的需要，生物学的性能不重合导致整个供求关系的错位,而这种错位是我们和机器人和平相处的基本保障。所以我们要通过机器人的性能设计,让它们在物质世界的能量获取方式上尽量和我们错开。我真正担心的绝对不是机器人统治我们,我真正担心的是机器人从属于不同的集团以后,会使某些控制技术优势的集团获得对另外一些弱势集团进行降维打击的能力。今天的演讲就到这里!

(5月17日"侯外庐学术讲座"第133讲。录音整理:无名氏;修改审定:王策)

后　　记

　　这里结集的是西北大学哲学学院 2018 年所邀请的中外哲学专家的学术报告。报告既反映这些国内外有影响的知名学者多年研究的成果，也同时显示哲学普及所需要的深入浅出的表达方式。所以，我们希望它们能使曾经的聆听者有回味的机会，更希望那些未能聆听的广大读者从中受益。

　　报告的分栏带有一定的权宜性质。很多报告在讨论一些复杂的问题时明显有将马克思主义哲学、中国哲学、外国哲学打通的趋向。这种学科交叉恰好是以问题为导向的研究和讲述的正常现象，因为学科（哲学尤甚）划分是一件人为性质太多的事情，很可能为我们理解和研究复杂问题设置不必要的藩篱。阅读这些报告，不仅使我们看到这些知名学者如何思考问题，如何清楚表达，而且有助于我们打破学科壁垒，专注问题本身。

　　我们在此衷心感谢应邀前来为西北大学师生做精彩演讲的知名学者。尤其感谢哲学学院名誉院长赵敦华教授，他在百忙之中为本报告集撰写具有提纲挈领性质的总序，对我们继续进行这项工作是莫大的激励。我们将努力每年提供一本中外哲学学术报告集。

　　报告的筹划、举办、整理、校对都是一件耗时费力的事情。在学生录音整理的基础上，我们邀请校内外年轻教师初步审阅，在报告人最终审定前后，编者又进行两遍修改校订。本报告集能够及时而高质量的出版，要特别感谢中国社会科学出版社编审冯春凤主任，她的细致耐心、勤恳敬业使我们非常感佩。尽管如此，由于我们编校人员的疏忽，一些错讹之处在所难免，敬请读者批评指正。

编者
2019 年 6 月 26 日